W0087132

DAS EUROPA DER RELIGIONEN

Ein Kontinent zwischen Säkularisierung und Fundamentalismus

**Herausgegeben von
Otto Kallscheuer**

Mit Beiträgen von
Rémi Brague, José Casanova, Dan Diner,
Bernard Lewis, Niklas Luhmann, David Martin,
Trutz Rendtorff, Martin Riesebrodt,
Robert Spaemann, Charles Taylor und
Michael Walzer

S. Fischer

Originalausgabe
(Kürzere Fassungen der Beiträge von José Casanova
und David Martin erschienen bereits im
Heft 8 der Zeitschrift *Transit*)
© 1996 S. Fischer Verlag GmbH, Frankfurt am Main
Satz: Fotosatz Otto Gutfreund GmbH, Darmstadt
Druck und Einband: Clausen & Bosse, Leck
Printed in Germany 1996
ISBN 3-10-040212-X

Inhalt

Zu diesem Buch

Vorwort, Danksagung, Erinnerung

Zur Erinnerung an Ernest Gellner
Paris 1925 – Prag 1995

I.

In der Außenwahrnehmung Europas, aber auch im Innern
der europäischen Nationen ist spätestens seit einem halben
Jahrzehnt die Religion – als Code des kollektiven Gedächt-
nisses, als Quelle moralischer Verpflichtungen und als Hin-
tergrund-»Kultur« (Niklas Luhmann) – erneut zum Terrain
und Akteur symbolischer Kämpfe geworden. Im Südosten
Europas und jenseits des Mittelmeers wird mit der Erinnerung an Kreuzzüge und heilige Kriege neuerlich Kriegsführung oder Machtpolitik betrieben. Im Westen und Norden
Europas befürchten heute die ehemals christlichen Mehr-
heitskulturen als Ergebnis transnationaler Migration den
Verlust ihrer symbolischen und institutionellen Privilegien.
Die liberale Öffentlichkeit erwartet von einer neuen Präsenz
des Religiösen auch in der Innen-, in der Gesellschafts-,
Schul-, Familien- und Gesundheitspolitik nur zivilisatorische
Rückschritte. Auseinandersetzungen über die Angst vor der
islamischen Immigration, über Kruzifixe und schleiertra-
gende Schülerinnen in staatlichen Schulen, über staatlichen
Ethik- oder Religionsunterricht, über Sexualmoral, Verhü-
tungspolitik und die Legalität der Abtreibung haben in allen

Ländern Europas neue Schärfe angenommen. Ein direkter Rückgriff auf einen kulturell gemeinsamen Fundus an »Gemeinsinn« und sittlichen Normen oder auf fraglose (»zivilreligiöse«) Routinen der Konfliktschlichtung aber wird mit wachsender Heterogenität zunehmend unplausibler.

Dieses Buch stellt einen mehrstimmigen und aus verschiedenen theoretischen, religiösen und disziplinären Perspektiven unternommenen Versuch dar, diese neuen ›Kontrasterfahrungen‹ des Religiösen in Europa zu verstehen: Privilegiert werden dabei »der fremde Blick« und die vergleichende Perspektive. Die Autoren sind europäische und US-amerikanische Sozialwissenschaftler und Historiker, politische Philosophen und Religionswissenschaftler von Rang; aber pluralistisch sind nicht nur ihre Qualifikationen. Sie alle – Vertreter oder Kenner des jüdischen, christlichen und islamischen Glaubens an den *einen* Gott – verbindet das Wissen darum, daß die religiöse Identität des Alten Kontinents niemals *ein*-fach war.

Das Europa der Religionen – das Thema dieses Buchs – ist kein fixer Kontinent, sondern war stets ein umkämpftes Einflußfeld. Das normative Profil der europäischen Kultur ist im letzten Jahrtausend entstanden aus den Begegnungen zwischen den *drei* »Religionen des Buchs« – Judentum, Christentum, Islam – und auch aus den Spaltungslinien innerhalb dieser Bekenntnisse des *einen* Gottes.

Diese Begegnungen waren oft kriegerisch (und dies nicht nur während der Kreuzzüge) und unterdrückerisch (und dies nicht nur im Zuge von Pogromen). Sie waren auch philosophisch, akademisch und wissenschaftlich produktiv (und dies nicht nur bei der arabischen Transmission der Bücher des Aristoteles oder der christlichen Rezeption der jüdischen Kabbalah). Sie produzierten kulturelle Segregationen und neue Vermischungen; sie führten ebenso zur Verfeinerung kultureller Reinheitsnormen wie zu ihrer Übertretung, zur wechselseitigen Ansteckung und zur Promiskuität. Manchmal gab es sogar synergetische Effekte – in Al Andalus oder Sarajewo, in Czernowitz oder Prag.

Schon das »christliche Abendland« des zweiten Jahrtausends *post Christum natum* war in sich vielfältig gebrochen; und das »post-christliche«, schon heute *de facto* (und vielleicht morgen auch *de jure*) »multi-kulturelle« Europa des 21. Jahrhunderts wird sich in mehr und nicht weniger Brechungen spiegeln. Dieses Buch ist der Versuch, einigen von ihnen auf die Spur zu kommen. Das Europa der Religionen, dieser geographische und symbolische Raum, der durch Unterschiede konstituiert ist, wird nach dem Versuch, in der Einleitung den Zusammenhang von Religionskonflikten und politischen Ordnungsvorstellungen aus aktueller Perspektive zu benennen, mit drei Filtern durchleuchtet:

Im ersten Teil – ORIENT UND OKZIDENT – geht es um die politische Tiefendynamik historischer Erinnerungen, um die (»Ost-West«) Kontraste zwischen byzantinischer und lateinischer Christenheit und um die politischen Ambivalenzen des (»Ost-Ost«) Konflikts zwischen orthodoxer *oikumene* und dem Osmanischen Reich.

Im zweiten Teil – GEISTLICHES UND WELTLICHES SCHWERT – geht es um die widersprüchliche Beziehung von Religion und Politik in der christlichen und jüdischen Tradition und um die radikalen historischen und konstitutionellen Unterschiede bei der Institutionalisierung des Glaubens in Ost und West, mit einem komparatistischen Seitenblick auf den Westen des Westens: auf die Neue Welt.

Im dritten Teil – SÄKULARISIERUNG UND MODERNE – geht es um die Frage nach den normativen Konsequenzen des heute im Westen erneut umkämpften Säkularisierungsprozesses; und also auch um das Verhältnis von Religion zur modernen politischen und Gesellschaftstheorie.

Thematisch ausgewählte Literaturhinweise geben schließlich im Anhang Anregungen für alle, die sich weiter mit den in diesem Buche angesprochenen Fragen beschäftigen wollen.

II.

Ein solcher ebenso interdisziplinärer wie kulturell und konfessionell pluralistischer Band hätte nicht ohne die Mithilfe mehrerer formeller wie informeller Netzwerke entstehen können. Es ist mir darum eine angenehme Pflicht, den entscheidenden Institutionen und Personen zu danken, die das Entstehen dieses Buches ermöglicht haben.

Ich danke vor allem Dr. Alois Mock, dem früheren Außenminister der Republik Österreich, und Professor Krzysztof Michalski, dem Direktor des Wiener Instituts für die Wissenschaften vom Menschen (IWM). Ein Großteil der Beiträge dieses Bandes geht nämlich auf einen internationalen kultur- und sozialwissenschaftlichen Kongreß »Das Europa der Religionen« zurück, der vom 29. November bis zum 2. Dezember 1994 in der Wiener Hofburg stattfand – in dieser Architektur gewordenen Erinnerung an den Zusammenprall zweier Vielvölkerreiche, der Osmanischen Hohen Pforte und des Heiligen Römischen Reiches, wie an Versuche und Modelle zivilisatorischer wie diplomatischer europäischer Neuordnung, von der Gegenreformation bis zum Wiener Kongreß.

IWM-Direktor Michalski hat meinen Vorschlag zu einem sozialwissenschaftlichen Wiener Kongreß über alte und neue religiöse Konflikte im Nach-Jalta-Europa von Anfang an uneigennützig und voller Enthusiasmus unterstützt, hat den *staff* und die Infrastruktur des IWM mobilisiert und auch das kulturelle Kapital dieser unabhängigen Institution geltend gemacht. Bundesminister Dr. Mock, der bereits in früheren Jahren christlich-islamische Dialogkonferenzen initiiert

12

hatte, mußte freilich nicht überredet werden, diese Begegnung möglich zu machen. Als gläubiger Katholik und kluger Staatsmann war er von der Unabdinglichkeit einer auch spirituellen Auseinandersetzung mit dem anderen und also auch dem Andersgläubigen zutiefst überzeugt. Dem österreichischen Bundesministerium für auswärtige Angelegenheiten sei an dieser Stelle für die generöse Unterstützung des Kongresses und der Publikation dieses Bandes noch einmal besonders gedankt.

Ohne jede Einmischung in die wissenschaftliche Autonomie der Diskussionen hat Dr. Mock in seiner Person und durch seine Institution dem vom Bundespräsidenten Klestil eröffneten Wiener Treffen zu Gewicht verholfen. Dieses wurde wohl am deutlichsten durch die Teilnahme von bedeutenden Würdenträgern aus den drei »abrahamischen« monotheistischen Religionen des Buchs: Elhassan bin Talal, Kronprinz von Jordanien, Franz Kardinal König aus Wien und der Oberrabbiner der Vereinigten Jüdischen Gemeinden des Britischen Commonwealth, Jonathan Sacks, hielten öffentliche Abendvorträge in der Hofburg.

Das IWM ermöglichte mir großzügig die Vorbereitung und Durchführung des Kongresses; am Institut unterstützten mich Christine Huterer und Elisabeth Zickbauer in allen logistischen Fragen. Am IWM drängte Klaus Nellen zu einer Publikation; und beim S. Fischer Verlag danke ich Wolfgang Mertz für sein Interesse und Martin Bauer für seine Geduld.

Dieses Buch führt einige sozialwissenschaftliche Themen aus den Wiener Diskussionen weiter und spitzt einige Thesen noch zu. Was diese offenen Fragen angeht, so waren auch Gespräche mit Peter L. Berger (Boston University), Bernard Lewis (Princeton University) und Michael Walzer (Institute for Advanced Study, Princeton) für mich wichtig.

III.

Einem der temperamentvollsten Teilnehmer des Wiener Kongresses, einem großen Sozialwissenschaftler, einem Mitteleuropäer mit britischem Querkopf, den ich diesmal nicht mehr als Autor gewinnen konnte, von dessen Werk aber so gut wie alle anderen Autoren dieses Buchs außerordentlich viel gelernt haben, möchte ich diesen Sammelband widmen.

Ernest Gellner, 1925 in Paris geboren, studierte in Prag und in England, u. a. bei Jan Patočka und Karl R. Popper; er lehrte an der London School of Economics und später an der Universität Cambridge Philosophie und Anthropologie. Seit 1992, nach seiner Emeritierung, leitete er an der Central European University in Prag das Zentrum für Nationalismusforschung. In Prag ist Ernest Gellner fast ein Jahr nach seiner Teilnahme an der Wiener Diskussion – er war Chairman des ersten Panel, aber Protagonist aller Runden – am 5. November 1995 gestorben. Die Sozial- und Religionswissenschaften haben dem Philosophen und Anthropologen Gellner viel zu verdanken.

Gellners eigene wissenschaftliche Helden, deren Einstellungen und Methoden gerade in seinen Büchern über die industrialistische, die nationale und die islamische Moderne zu spüren sind, waren David Hume und Ibn Khaldun. Ein Gespräch zwischen diesen dreien können wir uns, wie ich meine, gut vorstellen als eine nichtfideistische Ökumene des Buchs. Wenn alle drei, der mitteleuropäische Jude und skeptische Rationalist Gellner, der »islamische Montesquieu« Ibn Khaldun und der »heilige David« Hume, ein Empirist aus calvinistischem Hause, im Jenseits an der Diskussion der folgenden Beiträge teilnehmen könnten, dann wäre dies keine ewige Seligkeit. Aber es wäre ein spannender – bissiger Streit.

O. K. im Mai 1996

EINLEITUNG

Otto Kallscheuer
Zusammenprall der Zivilisationen oder Polytheismus der Werte?
Religiöse Identität und europäische Politik

> Pour les religions, il faut être
> sincère: vrais paiens, vrais juifs,
> vrais chrétiens.
>
> Blaise Pascal

1. Privatsache und öffentliches Gedächtnis

Die meisten Länder der Europäischen Union messen dem Glaubensbekenntnis ihrer Bürger nur noch private Bedeutung bei. Auch die betonte »Christlichkeit« von Volksparteien der Mitte scheint auf ihre relativen Wahlerfolge (in Deutschland) oder Mißerfolge (das Ende der katholischen Partei in Italien, ihre Krise in Österreich) nur wenig Einfluß zu haben. Die christlichen Kirchen gelten im Westen allenfalls als historisch bedeutsame Ressourcen für Moral und Caritas. In Europa sind sie zwar – anders als in den USA – mit teilweise erheblichen institutionellen und steuerlichen Privilegien ausgestattet und verwalten eine Art semi-offizielle Tugendwächterrolle. Deren verfassungsgemäße und tatsächliche Reichweite müssen sie jedoch beständig gegenüber einer aus diversen Kulturkämpfen der letzten beiden Jahrhunderte mißtrauischen weltlichen Öffentlichkeit rechtfertigen – zuletzt in der deutschen Debatte um katholische (oder »abendländische«) Kruzifixe in bayerischen Schulen sowie im Streit um die Einführung eines »Lebensgestaltungs-Ethik-Religionskunde« (LER)-Unterrichts, der im neuen Bundesland

Brandenburg den kirchlich verantworteten Religionsunterricht ersetzen soll, um damit den christlichen Kirchen ihr »Wertemonopol« zu entziehen.[1]

Von außen (und für Fremde) sieht dieses nachchristliche Europa allerdings keineswegs so tolerant und neutral aus, wie es das (west)europäische Selbstverständnis nahelegt. Solange es etwa im Lande Voltaires Jungfrauen nicht einmal gestattet wird, sich nach den Vorschriften des Propheten bekleidet zur Schule zu begeben, mag die laizistische Schule der französischen Republik muslimischen Mitbürgern als recht intolerant erscheinen.[2] Und natürlich: Als in den Jahren 1992 bis 1995 im ehemaligen Jugoslawien Menschen angegriffen, vertrieben und getötet wurden, weil sie »Muslime« waren, da glaubten viele Bosnier in der Tat, diese ihre (angeblich) religiöse Identität sei dafür verantwortlich, daß die westlichen Demokratien sie nicht vor den Aggressionen serbisch-orthodoxer Christgläubiger schützen wollten. Heute darf es darum niemanden verwundern, wenn nach zwei Jahren Verfolgung, »ethnischer Säuberung« und Vertreibung der Muslime aus den serbisch beherrschten Teilen des Landes auch in Sarajewo der Traum vom multiethnischen, religiös toleranten Gemeinwesen für viele seine Plausibilität verloren hat.

Das Ende des kalten Krieges hat in für viele unerwarteter Weise die Religionen wieder als Quelle von Identitäten und Loyalitäten ins Spiel der politischen Herrschaftsordnung und sogar der psychologischen Kriegsführung hineingeführt. Bereits die symbolischen Fronten im Golfkrieg (als Saddam Hussein das Erbe der ursprünglich laizistisch-nationalistischen panarabischen Bewegung mit der Rhetorik eines islamischen »Heiligen Krieges« verband) signalisierten eine neue Relevanz des Religiösen in der Welt(innen)politik. Die öffentliche Meinung der europäischen Länder hat sich allerdings zu schnell daran gewöhnt, nur den integristischen Splitter im Auge des arabischen Bruders wahrzunehmen – und die ge-

18

fährlichen nationalistischen Traditionen innerhalb der europäischen Christenheit zu vergessen.[3]

Hinter dem durchgerosteten Eisernen Vorhang des ersten atheistischen Staatensystems der Weltgeschichte waren in den postkommunistischen Nachfolgestaaten die christlichen Kirchen als einzig halbwegs stabile ideologische Institutionen vor die erstaunten Augen des Westens getreten. Doch alsbald wurde das religiöse *revival* des christlichen Ostens auch schon wieder überlagert durch die Forderungen nationaler Minderheiten und den oft religiös gefärbten Terror nationaler Mehrheiten. Im Südosten und Osten Europas, auf dem Balkan und in den Auseinandersetzungen zwischen den Völkern des ehemaligen Sowjetischen Reiches wurde und wird seit dem Ende des Kommunismus der rechte Glaube als Hilfstruppe ethnischer Eroberungs- oder Verteidigungskriege eingesetzt. In diesen Volkskriegen werden nicht nur Staatsgrenzen neu gezogen, Menschenleben zerstört und Siedlungen ausradiert. Auch kollektive Identitäten und historische Erinnerungen werden neu vermessen, bisherige Tabus werden »entweiht« oder neue errichtet, Gotteshäuser und Friedhöfe wurden zerstört, die Bibliothek von Sarajewo ist eine Ruine, Gedenkstätten verfallen...[4]

2. Das »westfälische« System der Staatsräson

Bisher scheint »der Westen« frei von solcherart religiös codierten ethnischen Konflikten – der »Krieg der Erinnerungen«[5] wird in den Kernländern der Europäischen Union noch weitgehend ohne konfessionelle Anklänge geführt. Kollektive Erinnerungen betreffen hier bereits staatlich verfaßte Nationen. Auch in den zunehmenden xenophoben Einstellungen und Ausschreitungen in Westeuropa stellen z. B. die älteren, religiös codierten Vorurteile eher vereinzelte Ausnahmen dar – ob sie nun aus der christlich-antijudaistischen Tradition stammen oder auch aus den Anti-Türken-Predigten von Papisten und Antipapisten der frühen Neuzeit.[6] Weitaus prägender sind jüngere, direkt rassistische und/oder »kulturalistische« Ideologien und Erfahrungen, Erinnerungen und ihre aggressive Verdrängung.

Hatte man sich in Europa nicht schon zu Beginn der Neuzeit, nach dem Dreißigjährigen Krieg, mit dem Westfälischen Frieden darauf geeinigt, keine konfessionellen Kriege mehr zu führen? Die damals, 1648, bekräftigte Formel *Cuius regio – eius religio* (»Wessen Reich – dessen Glaube«[7]) beendete ein Jahrhundert blutiger religiöser Auseinandersetzungen – und ermöglichte das erste bewußt als »Bilance« (Leibniz) konstruierte System des europäischen Gleichgewichts.[8] Fragen der Konfession wurden zur Prärogative des Souveräns; der europäische Bürgerkrieg zwischen Katholiken und Protestanten konnte zum Mächtekonflikt neutralisiert werden.

Aber diese Konfessionalisierung verstaatlichte zugleich die innere Glaubensfreiheit, um derentwillen doch die Reformation einst begonnen hatte. Dies sollten später – im Kontext von Französischer Revolution und deutschem Idealismus – nicht zuletzt freiheitliche Protestanten, zumeist aus pietistischem Geiste monieren: Genannt seien Johann Gottfried Herder, Friedrich Schleiermacher und Novalis (Friedrich von Hardenberg) – dessen Manifest »Die Christenheit oder Europa« (1799) paradoxerweise häufig als poetisches Programm der Gegenrevolution mißverstanden worden ist.[9]

Das lutherische Landeskirchentum hatte die Freiheit des Gewissens verstaatlicht und in landeskirchliche Grenzen gepfercht. Damit »trennten (die Protestanten) das Untrennbare, theilten die untheilbare Kirche und rissen sich frevelnd aus dem allgemeinen christlichen Verein, durch welchen und in welchem allein die ächte, dauernde Wiedergeburt möglich ist«, so die Kritik Novalis': »[U]nd so wurde die Religion irreligiöser Weise in Staats-Grenzen eingeschlossen, und damit der Grund zur allmähligen Untergrabung des religiösen cosmopolitischen Interesses gelegt.« In dieser obrigkeitlichen Einschränkung der kommunikativen Freiheit durch die fürstliche Indienstnahme der landeskirchlichen Konsistorien lag für pietistische Radikale – auch die »Tübinger« Hegel, Hölderlin und Schelling wären hier zu nennen – zugleich die Hauptursache »für die Vertrocknung des heiligen Sinns«. Die weltliche Rationalität der landeskirchlichen Institution und die staatsfrommen »Moderatisten behalten die Oberhand, und die Zeit nähert sich einer gänzlichen Atonie der höhern Organe, der Periode des praktischen Unglaubens« an die universelle Verkündigung der Freiheit (Novalis).

»Alles versteinert sich, sowie [die Verstaatlichung der religiösen Gesellschaft] erscheint«, heißt es bei Schleiermacher, also »sooft ein Fürst eine Kirche für eine Korporation erklärte, für eine Gemeinschaft mit eigenen Vorrechten, für eine ansehnliche Person in der bürgerlichen Welt«.[10] Der Lutheranismus mit seiner skripturalistischen Verengung auf die Bibel als einzige Quelle der Verkündigung tötet oder gefährdet außerdem die Religion der Erfahrung (welche zur selben Zeit, in der Novalis und Schleiermacher ihre Kritiken am Staatskirchentum verfassen, in den großen Erweckungsbewegungen des amerikanischen Protestantismus ihre Wiedergeburt erfährt[11]). Mit Ausnahme mystischer und pietistischer Minderheiten vom Typus der Herrnhuter Brüdergemeinde verkümmert im kontinentalen Protestantismus zunehmend der ›innere‹ religiöse Sinn – und die Fähigkeit zur sinnlichen Darstellung und sinnhaften Verkörperung der allgemeinen Gotteskindschaft. Die erfolgreiche katholische Konteroffensive durch die vom Jesuitenorden international koordinierte Gegenreformation erscheint im Rückblick Novalis' geradezu als zwangsläufiger, ja wohlverdienter Gegenschlag gegen eine unvollendete, ›national‹ auf den konfessionellen Staat fixierte und spirituell versteinerte Reform.

Das konfessionelle Zeitalter bedeutete freilich zugleich einen wichtigen – mit Schwert und Bibel, mit Gewalt und Predigt, durch Raumordnung und Bildungsordnung vollzogenen – Schritt zur kulturellen Homogenisierung der großen Territorialstaaten Europas. (Das Ergebnis war eine mehr oder minder erzwungene Integration von Bekenntnis und Obrigkeit, wie sie etwa das in bezug auf die Rechte der nicht-muslimischen *millets,* der unterworfenen christlichen und jüdischen Volksgruppen und Religionsgemeinschaften, weitaus weniger rigide Osmanische Reich an seinen Untertanen niemals vollzogen hat.[12]) Mit der Territorialisierung, ja »Verlandung« der Bekenntnisse – im Gegensatz zur »seeschäumerischen« calvinistischen Freiheit des Handels und der Meere[13] – leitete die Raumordnung der europäischen Moderne zugleich massenhafte »religiöse Säuberungen« ein. Sie provozierte Völkerwanderungen, vor allem protestantischer Christenmenschen: von Deutschland nach Osten, von Frankreich nach Norden, aus Europa gen Westen, in die Neue Welt. Und diese »westfälische« Glaubens- und Staatsordnung bildete dann auch die Voraussetzungen der politischen »Nationenbildung« des 18. und 19. Jahrhunderts.

Mit der bekannten Ausnahme des »Corps Germanique« (wie der Abbé de Saint-Pierre bzw. sein Redakteur Jean-Jacques Rousseau das Heilige Römische Reich Deutscher Nation nannte[14]) – und natürlich abgesehen von einigen mehrere Bekenntnisse zulassenden Konföderationen: den Vereinigten Provinzen der Niederlande, der Helvetischen Föderation oder der Polnisch-Litauischen Adelsrepublik[15] – verfügten die wichtigsten großen Monarchien des alten Kontinents seit Ende des 17. Jahrhunderts über eigene (oder »gleichgeschaltete«) Staatskirchen: Gallikanismus, Anglikanismus, lutherische Kirchen Skandinaviens, deutsche protestantische Reichsstände usw. In der Tat: Das idealtypische Gegenstück zu den multikonfessionellen »Republiques fédératives« (Montesquieu) wie der Schweiz oder den Niederlanden ist die absolute Monarchie mit Staatskirche. Entweder ist deren Oberhaupt, wie im anglikanischen Fall, zugleich selbst der Souverän – oder aber er kontrolliert, wie im Falle Frankreichs, »seine« (gallikanische) Kirche. Dieses Modell hat der Begründer der politischen Wissenschaft der Neuzeit, Thomas Hobbes, in den zumeist ungelesenen Büchern III und IV seines »Leviathan« theologisch begründet. Und dieses Modell sollte in der europäischen Neuzeit siegreich bleiben – bis ins 20. Jahrhundert.[16]

3. Drei christliche Reiche?

Nach 1989 ist nun auch die Friedensformel des kalten Krieges »Wessen Reich – dessen Wirtschafts- und Herrschaftssystem« obsolet geworden. Das kommunistische Reich des Bösen existiert nicht mehr. Doch hat deshalb noch nicht das westlich-liberale »Ende der Geschichte« (Francis Fukuyama) eingesetzt. Werden da – wie der amerikanische Politologe Huntington vermutet – andere, ältere Spaltungslinien wieder in den Vordergrund rücken, in der Innenpolitik Europas und in der Außenabgrenzung des Westens?[17]

Doch wo beginnt überhaupt – politisch, kulturell, religiös – der »Westen«? Wo endet er? Die Geschichte des Westens ist jedenfalls stets eine der Konfrontationen mit verschiedenen Versionen des »Ostens« gewesen.[18] Welcher aber ist heute der für das Selbstverständnis des Westens paradigmatische Osten? Die östliche Christenheit – Byzanz? Moskau? Oder die Hohe Pforte – gar der Islam? Oder der konfuzianische Kapitalismus – und Kommunismus – des Fernen Ostens? Werden die Europäer in der Lage sein, andere Spielregeln bei

der Abgrenzung zwischen Kirchen und Staaten zu finden als
das 16. Jahrhundert der Konfessionskriege und das 19. Jahrhundert der Nationalkämpfe?

Bisher hat noch niemand darauf hingewiesen, daß Samuel
Huntingtons in Alternative zur mehr oder weniger hegelianischen Vision Fukuyamas vom »Ende der Geschichte«
vorgeschlagenes »Zivilisations-Paradigma« eine Art alteuropäischen Vorläufer hat:[19] Ebenfalls in einer Situation weltpolitischen Umbruchs hatte vor einem halben Jahrhundert
Alexandre Kojève, der russische Emigrant in Paris, mit französischem Erkenntnisinteresse eine außenpolitische Doktrin
skizziert, die erstaunliche Parallelen zum Huntingtonschen
Denkmodell aufweist. Dies geschah zwar aus einer geographisch beschränkteren, fast exklusiv europäischen und kolonialistischen Optik heraus, freilich mit einer (geschichtsphilosophisch motivierten) expliziten Leitidee – der des
»Reiches« (während heute Huntingtons ordnungspolitische
Konsequenzen eher vage bleiben). Kojèves posthum veröffentlichter Text »L'Empire latin« entstand *nach* dem Zusammenbruch des Dritten Reiches, aber noch *vor* der Etablierung der geopolitischen Ordnung von Jalta und dem
Ausbruch des kalten Krieges.[20] Daß dieses Memorandum
weltpolitisch sehr bald durch den amerikanisch-sowjetischen Bipolarismus überholt werden sollte, dürfte der wesentliche Grund dafür sein, daß es unveröffentlicht blieb —
dieser Umstand ist heute auch ein Motiv, es nach dem Ende
dieser Weltordnung erneut zu lesen.

Kojèves »Skizze« ist ein Vorschlag an die französische
Politik, die Vorkriegsrolle der Weltmacht Frankreich nach
dem II. Weltkrieg unter einer neuen Ordnungsidee, der Leitperspektive eines »lateinischen Reiches« zu rekonstruieren.
Ausgangspunkt ist die These, daß die »Nationalstaaten aufgehört (haben), *politische* Realitäten, ›Staaten‹ im starken
Sinne des Wortes darzustellen, ebenso wie zuvor die mittel-

alterlichen Fürstentümer, die Städte und Erzbistümer aufgehört hatten, Staaten zu sein. Der moderne Staat, die aktuelle Wirklichkeit des Politischen erfordern eine breitere Grundlage, als die Nationen sie darstellen.«

Die These, daß die Nation eine zu eingeschränkte Machtbasis für die zeitgenössische Wirklichkeit des Politischen sei, liefert Kojève zugleich auch eine geschichtsphilosophische Erklärung der Niederlage des deutschen »National-Sozialismus« – in seinem Gegensatz zum sowjetischen »Imperial-Sozialismus« wie zum angelsächsischen »Imperial-Kapitalismus«: Deutschlands Zusammenbruch war das »totale militärische und also auch politische Scheitern eines National-Staates«, der zwar für seine imperialen Zwecke alle politischen Möglichkeiten ausgeschöpft hatte, sich dabei aber nur auf die Machtmittel der deutschen Nation stützen wollte: »Man kann mithin feststellen, daß Deutschland den Krieg verloren hat, weil es ihn als *National*-Staat gewinnen wollte.«[21]

Daß die welthistorische Entwicklung auf einen »universalen und homogenen Staat« hinauslaufen werde, war bekanntlich bereits die These in Kojèves legendären Pariser Vorlesungen der dreißiger Jahre über die Dialektik der Anerkennung in Hegels »Phänomenologie des Geistes« gewesen.[22] Dieser universale und homogene ›Weltstaat‹ würde zugleich die welthistorische Lösung der Herr-Knecht-Dialektik darstellen, indem er mit der allgemeinen Verwirklichung der rechtlichen Bürgergleichheit »alle ›besonderen Unterschiede unterdrückt‹, nämlich Nationen, soziale Klassen, Familien«. In seiner »Esquisse d'une Phénoménologie du Droit« aus dem Jahre 1943 hatte Kojève dieses »Ende der Geschichte«, welches kein halbes Jahrhundert später sein Washingtoner Epigone Fukuyama im internationalen Liberalkapitalismus sehen sollte, noch identifiziert mit einem Weltreich des Sozialismus: als *Empire socialiste*. Das schrieb der Exil-Russe Kojevnikov in Frankreich, nach der ersten großen Niederlage des nationalsozialistischen Europa, der Kapitulation der deutschen 6. Armee in Stalingrad: Nichts ist zeitabhängiger als die Geschichtsphilosophie.

Diese Perspektive des sozialistischen Weltsystems war aber – spätestens seit der alliierten Landung in der Normandie im Juni 1944 – obsolet geworden: Hitler sollte nicht durch den sozialistischen Internationalismus besiegt werden, sondern im Zweifrontenkrieg durch zwei Imperien: Zum einen durch den imperialen Sozialismus, »der sich im und durch den derzeitigen imperialen Staat der Sowjetunion verwirklicht und nichts mit dem ›klassischen‹ Internationalismus, ob nun der ›zweiten‹, der ›dritten‹ oder sonstigen Internationale zu tun hat«; und zum anderen durch die »imperiale Wirklichkeit« des britischen Commonwealth bzw. das transatlantische »angelsächsische Reich«.

In geschichtsphilosophischer Bilanz also impliziert der Ausgang des II. Weltkriegs, daß nach dem machtpolitischen Ende des Nationalstaats nicht die Stunde des universalen und homogenen Weltstaates geschlagen hat, sondern eine imperiale Struktur der internationalen Politik das nationalstaatliche System überlagert. Weder der liberale Völkerbund-Pazifismus noch der kommunistische Internationalismus seien freilich in der Lage gewesen, »die vermittelnde politische Tatsache der Reiche zu entdecken, d. h. der internationalen Vereinigungen oder Fusionen von *verwandten Nationen.* Diese nämlich sind die politischen Realitäten der Tagesordnung. Wenn die Nation aufgehört hat, eine politische Wirklichkeit zu sein, so ist – politisch gesehen – die Menschheit eine *Abstraktion.* Und darum ist heute der Internationalismus eine ›Utopie‹ [...]. Nachdem der Hegelsche Weltgeist die Nationen verlassen hat und bevor er sich in der Menschheit verkörpert, verweilt er in den Imperien.«

Diese Diagnose leitet Kojève dann nicht nur bei seiner Analyse der französischen Niederlage, sondern auch bei sei-

26

nen Prognosen für die Zukunft Europas: Die internationale Politik wird nach dem Weltkriege eine v. a. ökonomisch geführte Auseinandersetzung zwischen Imperien sein. Wehe da den Nationen, denen es nicht gelingt, sich mit anderen in einer imperialen Struktur zusammenzuschließen: Sie laufen Gefahr, auf den Status abhängiger ›Dominions‹ abzusinken. Dies betreffe ebenso Nachkriegsdeutschland, das sich entweder ›sowjetisieren‹ oder dem angelsächsischen Reiche anschließen müsse (wobei Kojève letzteres für wahrscheinlicher hält), wie Frankreich, an dessen politische Führung sich Kojève mit seiner außenpolitischen »Skizze« offenbar wenden wollte: Um nicht zwischen dem transatlantischen Reich Anglo-Amerikas und dem sowjetisch-russischen Reich – als *nation une et indivisible* – auf sich allein gestellt zur zweitrangigen Macht abzusinken, müsse Frankreich sich dazu entschließen, mit »geistig verwandten Nationen« ein Reich zu bilden – »il faut créer un *Empire* latin«.

Kojèves Vorschläge zur Schaffung des lateinischen Reiches – einer Verbindung zwischen Frankreich, Italien und Spanien, den »verwandten« lateinischen Nationen des Mittelmeers samt ihren Kolonien vom Maghreb bis zum Horn von Afrika unter der politischen und militärischen Hegemonie Frankreichs – sind recht weitgehend. Innenpolitisch richtet sich seine ganze Hoffnung auf die weltgeschichtliche Führergestalt de Gaulle. Eine Verbindung zwischen den kommunistischen Arbeitermassen (geführt von einer für Kojève welthistorisch gesehen konservativ gewordenen Kommunistischen Partei), der Partei des politischen Katholizismus (M.R.P. in Frankreich, Democrazia Cristiana in Italien) und den funktionalen und kulturellen Eliten der liberalen Berufe war in den lateinischen Ländern vor dem Ausbruch des kalten Krieges so unrealistisch nicht: In der unmittelbaren Nachkriegszeit haben solche Regierungen der *union nationale* sowohl in Frankreich als auch in Italien bestanden.

Kojèves mehr oder minder operative Prognosen und Vorschläge – von einer romanischen Montanunion bis zur gemeinsamen Kolonialverwaltung und einer (natürlich unter
französischem Kommando stehenden) »armée impériale« –
können wir hier getrost vernachlässigen. Mich interessiert
vielmehr an der Diagnose Kojèves – und hier liegt natürlich
auch die Parallele zu Huntingtons ›Zivilisationsparadigma‹ –, daß sein entscheidendes Kriterium für transnationale Blockbildungen das der ›spirituellen‹ Verwandtschaft,
der Verwandtschaft der Mentalitäten, in letzter Instanz: der
Religion ist. Siegreich waren die Westalliierten und die Sowjetunion über das national beschränkte »Dritte Reich« als
transnationale Imperien auf der Basis zivilisatorischer Verwandtschaft: der der *protestantischen* Mentalität der anglo-
amerikanischen Nationen und der *slawisch-orthodoxen* Ge-
meinsamkeit der Völker Sowjetrußlands und seiner Einfluß-
sphäre. Daraus nun folgt für Kojève, »daß diese beiden modernen imperialen Gebilde einen Teil ihres Zusammenhalts
und also ihrer Stärke aus einer mehr oder minder offiziellen
Assoziation mit ihren entsprechenden Kirchen gewinnen.
Und man mag zugeben, daß unter den aktuellen historischen
Bedingungen die Existenz der katholischen Kirche einen Auf-
ruf zur Bildung eines katholischen Reiches darstellt, welches
nur ein *lateinisches* (oder romanisches) Reich sein kann.«
Das lateinische Reich findet zwar seine Ressourcen in den
Kolonien, aber seine Einheit in seiner Katholizität, welche –
wie der russische Denker zu Recht bemerkt – auch den spezifisch romanischen Antiklerikalismus einschließt. Hier die
protestantisch-kapitalistische Zivilisation des transatlantischen angelsächsischen Reiches mit seiner engen Verbindung
zwischen Kirche und Staat[23] und der Privilegierung der Arbeit als zivilisierender Macht, dem sich wohl das Nachkriegsdeutschland anschließen werde – dort eine russisch-imperiale
Sowjetunion, die im Großen Vaterländischen Krieg »die or-

thodoxe Kirche wiederentdeckt hat und ihre Unterstützung sowohl im Inneren wie nach außen (v. a. auf dem Balkan) einsetzt, so daß die UdSSR immer mehr nicht nur die Gestalt eines sowjetisch-slawischen, sondern ebenfalls orthodoxen Reiches annimmt«. Die kulturelle Verwandtschaft der romanischen Länder kann sich da nur auf die katholische Religion beziehen.

4. Kulturzonen, Ethnokratie, Mitgliedschaft

Kojèves konkrete politische Vorschläge wurden durch den kalten Krieg schnell obsolet. Doch der Grundgedanke des exil-russischen Hegelianers, die konfessionelle Operation des Westfälischen Friedens gewissermaßen auf Makro-Ebene zu wiederholen und die lateinische, byzantinische und protestantische Christenheit zu politischen, ökonomischen, militärischen Großreichen zusammenzufassen, wirkt heute, *nach dem Ende des Kommunismus*, erneut verführerisch. Er ist – *mutatis mutandis* – vom Harvard-Professor Huntington wiederholt und auf das Weltsystem ausgeweitet worden, gewissermaßen noch einmal auf die Weltreligionen vergrößert und auf Weltregionen vergröbert: »Wir reden von einer Trennungslinie, die fast ausschließlich entlang verschiedener Religionen verläuft. Man muß einsehen, daß Europa dort endet, wo die moslemische und die orthodoxe Welt beginnt.«[24]
Nun gibt es – um bei diesem südosteuropäischen Beispiel zu bleiben – in der byzantinisch-orthodoxen Tradition gewiß zahlreiche Anknüpfungspunkte für ethno-nationalistische Gefahren, die im »Phyletismus« (Stammeskirchentum) von Nationalkirchen lebhafte Unterstützung finden. Und doch wäre es eine Umkehrung der Kausalitäten, wollte man religiösen Haß für den ethnischen Vernichtungskrieg zwischen den Volksgruppen unterschiedlicher Religiösität verantwort-

29

lich machen. Jahrhundertelang haben griechisch-orthodoxe und römisch-katholische Bevölkerungsgruppen in der Habsburger-Monarchie relativ friedlich zusammengelebt; und auch das osmanische Vielvölkerreich kannte entwickelte Formen der religiösen Selbstverwaltung von »ungläubigen« Volksgruppen (das *millet*-System), die jedoch gerade kein politisches Territorialprinzip darstellten.[25] Der nach dem Zusammenbruch der multinationalen Staatswesen auf dem Balkan wiederholt unternommene Versuch, die ethnische Nationalität als Basis für territoriale Ansprüche zu begreifen und zugleich die Religionszugehörigkeit als ethnisches Charakteristikum zu definieren — also nicht allein die Staatsgebiete und Volksgruppen, *demoi* und *ethnoi*, zur Deckung zu bringen, sondern auch noch die *confessiones* bzw. *cultus* —, ist ein politisches Projekt, kein religiöses Dogma. Aber dieses Projekt der Ethnokratie produzierte im Falle der durchmischten Siedlungsgebiete von Ethnien und Religionsgemeinschaften des ehemaligen Jugoslawien unweigerlich den religiösen Konflikt.

Die These vom »Zusammenprall der Zivilisationen« — welchen Huntington im Grunde ja als »clash« zwischen dem christlich-liberalen Westen und den übrigen Weltreligionen präsentiert: »The West Versus The Rest«[26] — stellt diese Kausalität auf den Kopf. Es ist nicht der Konflikt zwischen östlichem und westlichem Christentum oder zwischen Orthodoxie und Islam per se, der den ethnischen Krieg auf dem Balkan hervortreibt; es ist ein moderner Säuberungskrieg — mit dem Ziel einer »Ethnisierung der Gesellschaft«[27] —, der als sich selbst bewahrheitende Prophezeiung im Ergebnis auch einen Religionskonflikt verursacht. Man könnte die ethnokratische Produktion von Religionshaß im ehemaligen Jugoslawien durchaus mit der politischen Produktion von Stammeshaß in Ruanda vergleichen, wo »der Krieg nicht das Mittel darstellt, mit dem eine bereits bestehende politische Gruppe das eigene Territorium verteidigt oder erweitert, sondern eine Methode, mittels derer bereits die Vorstellung ihrer selbst als einer selbständigen politischen Einheit ins Leben gerufen und am Leben gehalten wird«.[28]

Huntington verweist aber nicht nur auf die neueren osteuropäischen Spannungen zwischen Völkern der westlichen Christenheit einerseits und Orthodoxie und Islam andererseits; er betont darüber hinaus die kulturellen Voraussetzungen von ökonomischer Kooperation – die Bedeutung von »cultural commonality« für »economical regionalism«.[29] Die »realistische« Botschaft Huntingtons für die US-Außenpolitik, die heute auch von anderen Vordenkern wie Henry Kissinger oder Zbigniew Brzezinski geteilt wird[30], lautet: Statt übertriebene Hoffnungen in die neuen osteuropäischen, asiatischen und pazifischen Märkte und Mächte zu setzen, sollten sich Regierungen und Investoren, Staaten und Volkswirtschaften des Westens nicht nur politisch, sondern auch ökonomisch stärker auf die euro-(nord-)atlantische Brücke konzentrieren, auf die Verbindung zwischen zwei Weltregionen also, die aufgrund der gemeinsamen nachchristlichen Zivilisation über eine gemeinsame Wertebasis verfügen. Historische, kulturelle und religiöse Spaltungslinien sollen somit auch zur Grundlage künftiger ökonomischer Weltregionen (bzw. regionalen Wirtschaftspolitiken) werden.

Diese Vorstellung, man könne *inter*-zivilisatorische Krisen und Bruchpunkte dadurch isolieren und limitieren, daß man kulturelle Grenzziehungen – analog zu politischen (Reichs- oder Staats-)Grenzen – nunmehr auch als Grenzen der ökonomischen Zusammenarbeit auffaßt, leuchtet freilich nur auf den ersten Blick ein. Sie mag protektionistischen Neigungen (oder Lobbies) bestimmter traditioneller amerikanischer Industriezweige entsprechen – oder sie mag die nationalen Interessen einiger mitteleuropäischer Volkswirtschaften ansprechen und andere osteuropäische Nationen ausschließen.

Die sog. Višegrad-Länder, die ehemals kommunistischen Staaten Polen, Tschechien, Slowakei und Ungarn, haben in der Tat ein hohes Interesse daran, daß die »zivilisatorische Bruchstelle« (*fault-line,* wie sich Huntington ausdrückt) zwischen der östlichen und der westlichen Christenheit, welche historisch gesehen *cum grano salis* identisch ist mit der Ostgrenze dieser Staaten, auch zur Leitlinie westlicher Investitions- und Bündnisentscheidungen gemacht wird: zum Kriterium dafür, wer in die wirtschaftliche Union Europas und/ oder das militärisch-politische Bündnis der NATO oder ihrer Nachfolgerin aufgenommen wird und wer nicht.

Dazu forderte etwa der bedeutende polnische Mittelalterhistoriker und Politiker Bronislaw Geremek auf – sinnigerweise auf einem Kolloquium in der Sommerresidenz des anwesenden (west-)römischen Heiligen Vaters. Doch trotz des katholischen *genius loci* waren die anwesenden westlichen Intellektuellen und Politiker vom Vorschlag, die Erweiterung der Europäischen Union auf ein – im Gegensatz zur »karolingisch« beschränkten Mentalität Westeuropas – nach Mitteleuropa offenes »ottonisches Programm« zu stützen, das auch der »katholischen Identität« Mitteleuropas Rechnung trage, eher konsterniert.[31] Es mag ja zahlreiche Gründe (nicht zuletzt aus den Erfahrungen dieses Jahrhunderts) geben, eine Aufnahme der baltischen Nationen, der Ukraine oder anderer exsowjetischer Staaten in den (west- oder zentral-)europäischen Wirtschaftsraum oder in einen restrukturierten nord-atlantischen Militärpakt zu befürworten – oder erst gar nicht zu erwägen. Aber diese sollten dann als solche klar benannt und nicht zivilisatorisch verbrämt werden.

Angesichts der zunehmenden Globalisierung und gleichzeitigen Fragmentisierung von Interessen- und Konfliktlagen versagt jedenfalls das klassische – territoriale – Paradigma einer geographischen Grenzziehung zwischen Wirtschaftszonen oder Kulturräumen. Das gilt *a fortiori* für die »exzentrische« kulturelle Identität Europas, aber auch für den europäischen Wirtschaftsraum von EG und EU: Würde man nämlich die Europäische Union ausschließlich als Erbin der (west-)römisch-katholischen Christenheit und der westlichen (nach-)christlichen Aufklärung auffassen, dann würde gewiß die soziale Binnenintegration nicht-westlicher Immigranten aus dem Süden und Osten des prosperierenden Europa kulturell behindert. Diese bereitet im sozialen Mikromilieu (Kreuzberg oder Barbés) weitaus weniger ökonomische Schwierigkeiten, als daß sie politisch-normative Selbstverständlichkeiten verschiebt: Wie weit sind westeuropäische Bürger bereit, reale *und* symbolische Solidaritätsverpflichtungen ihrer politischen und Sozial-Systeme auch auf nicht-christliche Minderheiten und Mehrheiten Anwendung finden zu lassen?

Der interzivilisatorische Dialog oder Konflikt ist ja keineswegs auf Grenzregionen oder auf Huntingtons »torn countries« beschränkt, die zwischen zwei Kulturzonen hin- und hergerissen sind. Wirtschaftlich beginnt er vielmehr oft auf informellen Märkten (zu deutsch: Schwarzmärkten); in höchst flexiblen, manchmal halblegalen Dienstleistungssektoren; über oft durch Familien oder Clans – zunehmend transkontinental – vermittelte Investitions- und Immigrationspfade: den Netzwerken der Zirkulation von Menschen, Information und Kapital. Diese aber sind zugleich die Pfade und Nischen, über die sich Weltreligionen ausbreiten: Das Imperium Romanum besiegte »seinen« Osten militärisch; aber es waren die orientalischen Kulte und *communities,* der Mithras-Kult, die jüdischen Gemeinden, Christen und Gnostiker, die »Rom« unterwandern und neu definieren sollten.[32]

Der kulturelle oder Zivilisationskonflikt lauert heute nicht allein (wie Hans Magnus Enzensberger sich einmal zum Bürgerkrieg geäußert hat) in jedem U-Bahn-Wagen: Er sitzt längst in jedem von uns selbst. Das gilt für die ästhetische Wahrnehmung, für Anmut und Würde, für Scham- und Tabuschwellen, für die Geschlechtsstereotypen, für Gottes Ehre und der Menschen Pflicht: *Wer ist mein Nächster?* (*Lk* 10.29.)[33]

5. *Multikulturelle Konflikte und religiöser Markt*

Inzwischen geht es bekanntlich auch im Abendland längst nicht mehr nur um die christlichen Traditionen allein – oder um ihre Folgen für den Rest der Welt. Doch das Wissen um die christlichen Tiefenstrukturen unseres ›moralischen Raumes‹ und ihre Muster sozialer Plausibilität, um die christliche Codierung der ›Neuzeit‹, bleibt in einer Situation wachsender (und gerade deshalb ständig gefährdeter) kultureller Durchmischung weiterhin wichtig. Freilich ist die Analyse des religiösen Feldes komplizierter geworden: Nicht nur hat der weltanschauliche Pluralismus durch die Anwesenheit fremder und historisch gesehen oft gegnerischer Populationen, Kulturen und Religionen *innerhalb* der westlichen Gesellschaften selbst ein ungeahntes Ausmaß an Vielfalt und potentieller normativer Bedrohung angenommen. Neben etablierten Kirchen und Religionsgemeinschaften als klassischen intermediären ›Sinn‹-Institutionen besetzen zunehmend auch ›neue religiöse Bewegungen‹, quasi-religiöse Interessengruppen, Psychokulte, Jugendsekten, Identitätslobbies und andere ›identitäre‹ Gruppenbildungen und -rituale den öffentlichen Raum und konkurrieren um das Kapital der Aufmerksamkeit.[34]

Die Grenzpfähle zwischen Religion und Politik können dabei durchaus wandern; sie können von politischen Konjunkturen und sozio-kulturellen Bewegungen umkämpft, verschoben und versetzt werden. So haben sich in Westeuropa in den letzten Jahrzehnten – seit der 68er Bewegung – fast alle ›neuen‹ kollektiven Bewegungen quasi per definitionem nur noch als ›soziale‹ oder ›politische‹ Bewegungen verstanden. Jedenfalls galten sie als rein diesseitige, wenn nicht sogar antireligiöse Bewegungen.[35] Letzteres war vor allem bei dem Teil der in diesen Bewegungen engagierten linken Aktivisten der Fall, der seinerseits quasi-religiöse innerweltliche Heilserwartungen kultivierte.

Doch fast gleichzeitig – d. h. bereits in der feministischen Kritik der Linken und dann natürlich mit der ökologischen Bewegung – wurden klassische liberale Trennwände porös und die Unterscheidungen der etablierten »Moderne« flüssig: Trennungen wie ›privat/politisch‹, ›sozial/natürlich‹, ›ökonomisch/kulturell‹ wurden nunmehr auch überschritten oder in Frage gestellt. Die Transgression war zumeist bereits durch die umkämpften Thematiken (»issues«) gegeben: Konflikte um die Geschlechterrollen, um die Grenzen menschlichen Lebens und die Formen des industriellen Wachstums transzendieren die Unterscheidungen ›Natur/Kultur‹ oder ›öffentlich/privat‹. Sie überschreiten die Grenzmarken auch dann, wenn alle beteiligten Konfliktparteien diese Unterscheidungen nicht preisgeben wollen: weil sie diese Grenzen jeweils anders interpretieren.

Dies liegt natürlich daran, daß es sich bei »issues« wie Feminismus, Bio-Ethik und Ökologie nicht allein um (»materialistische«) Verteilungs-, sondern auch um (»postmaterialistische«) Definitionskämpfe handelt, daß nicht allein die Interessen, sondern auch die Identitäten der Konfliktparteien im Spiel sind. Auch religiöse – oder, was auf dasselbe hinausläuft: anti-religiöse – Identitäten betreffen aber immer beide Seiten der Trennlinie privat/politisch.[36] Wie weit etwa im Konflikt um eine Abtreibungsgesetzgebung die Grenzen des Strafrechts zu ziehen sind, ist nicht nur eine politische Frage. Es betrifft auch das moralische Selbstverständnis – und u. U.

die religiöse Identität – der Beteiligten selbst: Wieviel Autonomie wollen sie in dieser Lebensfrage dem Bereich des politischen Gemeinwesens zuerkennen?[37]

Vermutlich ist nun für Sozialwissenschaftler die Kenntnis der internen Ambivalenzen und generativen Identitätsmuster der Weltreligionen heute, im Zeichen ihrer unweigerlichen Konfrontation und Konkurrenz auf einem religiösen Weltmarkt, eher noch wichtiger als ›früher‹: d. h. als zu der Zeit, da die offiziellen Kirchen das normative Feld der Orientierung ihrer Gläubigen und Klienten noch mehr oder minder kompakt, als Monopolisten der Verwaltung von Transzendenz, beherrschten. In einer Situation des fraglosen kirchlichen Monopols auf ›Glauben‹ reichte es zur Orientierung nämlich aus, sich an die offizielle(n) Generallinie(n), an das *magisterium* der jeweiligen Religionsgemeinschaft zu halten, um neuralgische Konfliktpunkte, Wahlverhalten, ›verhandelbare‹ und ›nicht verhandelbare‹ *issues* z. B. einer konfessionell homogenen regionalen Population prognostizieren zu können. Um in der oben für die internationale Politik verwandten Metapher zu bleiben: in Kontinentaleuropa hatte bis in die 60er Jahre auch die soziale Welt noch ihre »westfälische« Ordnung: »Wie die Kirche – so das sozial-moralische Milieu«.[38]

Heute hingegen, in einer Situation der wachsenden Krise des klerikalen Monopols auf Transzendenz und angesichts zunehmender Entkirchlichung des Glaubens werden die ›Logiken‹ der Identitäts*wahl*, -verteidigung, -veränderung, welche die normativen Optionen und symbolischen Handlungen von Individuen und Gruppen bestimmen, zunehmend wichtiger als die durch konfessionelle Milieus (vor)gegebenen religiösen Identitäten.[39] Normative Traditionen, Routinen an ästhetischer und ethischer Sensibilität und Identifikation werden unter diesen Bedingungen des Wandels wichtiger als institutionelle Zugehörigkeiten – nicht etwa, weil solche Traditionen und Sensibilitäten im Konfliktfalle die moralisch-praktischen Entscheidungen der in ihnen aufgewachsenen Individuen und Kollektive prädeterminieren könnten, sondern eher, weil sie die symbolische wie affektive ›Besetzung‹ (und ›Bedeutung‹) dieser Identitäts-Entscheidungen und Identitäts-›Verhandlungen‹ verstehen lassen.[40]

Bei einer institutionell vorgegebenen rein kirchlichen Zuständigkeit für letzte Werte, für moralische oder Grenzfragen geht es um Ja-oder-Nein-Stellungnahmen: Gehorsam oder Ablehnung. Und es ist diese Reduktion von Komplexität, die fundamentalistische, integristische oder andere radikale religiöse Bewegungen wieder herbeiführen wollen. Doch in einer Situation fraglich gewordener Identitätsroutinen muß auch die Entscheidung für den Gehorsam *als* kreative Entscheidung verstanden werden (als Entscheidung für eine spezifisch ›gefärbte‹ Identität, aus der sich das Ja oder Nein erst versteht).

Dies gilt – so paradox es auch erscheinen mag – gerade in einer Situation, in der auch in Europa mit dem zunehmenden Verlust des kirchlichen Monopols im ›religiösen Felde‹ (Bourdieu) nicht allein der Markt ritualisierter Praktiken der Aktualisierung von Transzendenz immer unübersichtlicher wird, sondern auch die klassischen soziomoralischen ›Milieus‹, ähnlich wie die politischen ›Subkulturen‹, in Auflösung begriffen sind. Erfahrungen ›kognitiver Dissonanz‹, Situationen weltanschaulicher ›Diaspora‹ und ›Enklave‹ vermehren und verallgemeinern sich zudem auch als Ergebnis transnationaler Migrationen, internationaler Teil- (etwa: Jugend-) Kulturen, aber auch aufgrund wachsender sozialer, geographischer, familiärer, intellektueller Mobilitäten der eingeborenen Mehrheitspopulationen der westlichen Länder.

Das Wissen um christliche Tiefenstrukturen in der europäischen normativen Tradition ist also auch wichtig in der Situation der aktuellen Krise kirchlicher Religiosität – sei diese nun durch Indifferenz induziert oder durch normative Konkurrenz. Dies nicht allein aus religiösen Motiven: Es ist vornehmlich wichtig, um Anschlußsemantiken für die politischen Spielregeln einer multi-religiösen Zukunft des Alten Kontinents (er)finden zu können. Wenn nämlich politische oder soziale Kritik, um verstanden und also wirksam zu werden, immer auch ›kontextuelle‹, ›verbundene‹ oder ›interne Kritik‹ sein muß[41], dann muß eine *de facto* pluralistische Gesellschaft auch in den Tiefenstrukturen ihrer eigenen (in unserem Falle: der christlich codierten) Mehrheitskultur Ansatzpunkte eines verschiedene religiöse und säkulare Codierungen ›übergreifenden Konsensus‹ (John Rawls) finden, um die multikulturelle Situation politisch zu bewältigen.

Der Prozeß einer normativen *Re*interpretation des Eigenen als Bedingung (und Form) der Kommunikation mit dem Fremden verkörpert im übrigen eine Form kommunikativer Rationalität, welche insbesondere die Immigrantenpopulationen aus nicht-westlichen Ländern schon seit etlichen Jahrzehnten zu einer (gewiß oft prekären und nicht unproblematischen) Routine ausgebildet haben.[42] In Zukunft wird eine solche Entwicklung, in der die eigenen Selbst- und Fremdbilder in neuen, pluralistischeren Kontexten (mit Bezug auf ihre Kompromiß- und Anschlußfähigkeit) neu austariert werden müssen, auch von den westlichen Mehrheiten erwartet werden.

Die Alternative zu diesem offenen Prozeß wäre in der Tat ein »clash«: ein gewaltsamer Zusammenprall von Zivilisationen. Dieser könnte aber schwerlich noch in die geographischen oder sozialen Außengrenzen unserer Gesellschaften abgeschoben werden.

I.
ORIENT UND
OKZIDENT

Einführung des Herausgebers

> *In der Praxis hat der Marxismus überall, wo er durchgesetzt wurde, zu einem, wie man es nennen könnte, Cäsaro-Papismus-Mammonismus geführt, zu der fast völligen Verschmelzung der politischen, ideologischen und ökonomischen Hierarchien. [...] Diese Tendenz war vielleicht besonders ausgeprägt in einer Gesellschaft, die ohnehin schon vor der Einführung des Marxismus entschieden cäsaropapistisch war.*
>
> Ernest Gellner
> (Bedingungen der Freiheit)

Der Gegensatz von Osten und Westen ist eine westliche Erfindung – Bernard Lewis geht in seinem Beitrag darauf ein –, und er hat ebenso religiöse wie politische Gründe. Der Kontrast zum Islam wird in allen drei folgenden Beiträgen skizziert; doch der innerchristliche Ost-West-Konflikt von Lateinern und Griechen, auf dessen moderne machtpolitische Bedeutung Dan Diner eingeht, ist weitaus älter. Darauf weist Rémi Brague in seiner Rekonstruktion der lateinisch-christlichen Europaidee hin. Zur Einführung sei darum kurz an diesen politisch-theologischen Ost-West-Konflikt erinnert.

Die von Konstantinopel aus missionierten slawischen Nationen, die erst mit ihrer Christianisierung selbständig (und später auch kirchlich »autokephal«: mit eignem Ober-

41

haupte) geworden waren, hatten auch das Legitimitätsmuster von Byzanz übernommen: ein Cäsar – ein Patriarch – ein Volk. Sie zersetzten den Universalismus »Roms«, ohne gleichzeitig den bereits *vor*modernen Rationalisierungsschub einer Ausdifferenzierung zwischen Kirche und Staat, Recht und Souverän, ziviler und merkantiler Stadtgesellschaft und geistlicher wie weltlicher *potestas* durchzumachen, der die Grundlagen der westlichen Moderne legte. »Phyletismus« (= Stammeskirchentum) lautet der kirchenhistorische Ausdruck für dieses nationalistische oder »Stammesdenken« in den Kirchen, das auch heute, nach dem Untergang des Kommunismus, im orthodox-christlichen Europa wieder um sich greift. Die mit jeder neuen Grenzziehung im ehemaligen Ostblock wieder- oder neu entstehenden ›schismatischen‹ Nationalkirchen – oder aber umgekehrt: die wider bestehende Grenzen agierenden, implizit expansionistischen Bestrebungen von Vertretern der serbischen oder griechischen Orthodoxie – zeigen, daß diese »phyletistische« Gefahr einer völkischen Militanz kirchlicher Gemeinschaften und Würdenträger nicht als bloße Randerscheinung abgetan werden kann.

Der heilige Augustinus ist der wichtigste Kirchenlehrer des Westens, während er im griechischen oder römischen Osten so gut wie überhaupt keine Rolle spielt. Wo im Westen Augustinus, der intellektuelle Bischof von Hippo, den Gegensatz von geistlicher und weltlicher Ordnung – von *civitas Dei* und *civitas terrena* – theoretisierte, da war es im Osten der Cäsar Konstantin, der als weltlicher Herrscher das kirchliche Konzil einberief und das nikaianische Glaubensbekenntnis mit der vom Alexandriner Athanasius vorgeschlagenen theologisch korrekten Lösung der schwierigen Frage der Definition der göttlichen Dreifaltigkeit durchsetzte.

Diese Lösung war allerdings auch politisch-theologisch durchaus von Belang: Erst mit der Verurteilung des Arianismus durch die dogmatische Definition der ›Wesens-Gleichheit‹ *(homo-ousia)* von Christus und Gott, von Gottvater und Gottsohn, auf dem unter Beteiligung des großen Konstantin zustande gekommenen Konzil von Nikaia i. J. 325, wird gewissermaßen die Position frei, die der im Streit unterlegene Arius dem Christus hatte einräumen wollen: »der Status: *Geschöpf* Gottes, gott*ähnlich,* aber Gott untertan und ihm zum Gehorsam verpflichtet« zu sein (Marie-Theres Fögen) — und diese Stellung beanspruchte nun der Kaiser des neuen, christlichen Ostrom. Konstantins Sieg sollte später die Westkirche dazu zwingen, sich von der imperialen Ostkirche zu distanzieren: »Die Kirche als Braut Christi [unterscheidet sich] von der Kirche als Gemahlin des Staates.« (Joseph Brodsky)

Ein weiterer »religions-politisch« entscheidender Unterschied zwischen der katholischen *Una sancta* und den diversen nationalen Ostkirchen liegt darin, daß Byzanz und dann, nach dessen Fall, auch seine Nachfolgerin Moskau als Drittes Rom keinen Investiturstreit um die institutionelle Autonomie der Kirche *(libertas ecclesiae)* zwischen politischer Macht und *dictatus papae* erlebt hat. »Diesem vierhundertjährigen Konflikt schulden wir [westlichen Nationen] den Aufstieg der Bürgerfreiheit«, schrieb im vorigen Jahrhundert der große britische Historiker und liberale Katholik Lord Acton: »Hätte nämlich [im 11. Jahrhundert] die katholische Kirche fortgefahren, die Throne des Königs abzustützen, oder aber: hätte ihr Kampf nach kurzer Zeit in einer totalen Niederlage geendet, so wäre ganz Europa unter das Joch eines byzantinischen oder moskovitischen Despotismus gefallen.«

Statt der dogmatischen Autonomie der römischen Kirche, die den Intellektuellen radikale Kritik und dem Papst einen flexibleren Umgang mit der Staats- und Staatenräson ermöglicht, ist der kulturelle Code der orthodoxen Christenheit — wo er politisch wird — häufig frömmelnd und brutal, diktatorisch und mystisch, konformistisch und zynisch gewesen.

Theologische Kritiker dieses »byzantinischen« Erbes Moskaus wie der Philosoph Peter Tschaadajew wurden darum im 19. Jahrhundert als »Westler« diffamiert.

Ernest Gellners Deutung des russischen Kommunismus als eine Art atheistischer Staatsreligion hat also selbst noch einmal theologische, in der Geschichte der Ostkirchen strukturell verwurzelte Hintergründe. Die politische Kontrolle der ›wissenschaftlichen Weltanschauung‹ durch einen obersten Synod der Staatspartei und das Verschwinden jeglicher Trennung zwischen den Sphären des Heiligen und des Profanen – diese Elemente byzantinischen Zarentums waren auch Charakteristika der kommunistischen »Ideokratien« selbst (wie der russische Religionsphilosoph Nikolai Berdjajew schon in den dreißiger Jahren die bolschewistische Herrschaft charakterisiert hatte). Als Weltanschauungsdiktaturen waren diese etwas anderes und weitaus mehr als bloße »politische Systeme«. Das monokratische Regime des Parteistaats der kommunistischen Orthodoxie hat im letzten halben Jahrhundert mit der gleichzeitigen Unterdrückung der zivilen *und* der religiösen Freiheiten selbst zur Vermengung von religiöser und politischer Sphäre beigetragen. Und die orthodoxen Kirchen haben diesen Prozeß noch verstärkt – nicht nur als Kollaborateure, sondern auch in der Opposition.

Rémi Brague
Orient und Okzident
Modelle »römischer« Christenheit

Wenn in diesem Beitrag die Vorstellung von europäischer Identität im Kontext der Religionen behandelt wird, so gehe ich dabei von zwei Voraussetzungen aus: Erstens müssen Begriffe wie »Identität« oder »kulturelle Identität« in ihrer Anwendung auf Europa neu definiert werden. Eine übergreifende Standarddefinition von »kultureller Identität« greift hier zu kurz. »Identität« kann für Europa nicht die gleiche Bedeutung haben wie für alle anderen gegenwärtigen oder vergangenen Kulturen, etwa für die chinesische oder die der griechischen Antike. Die europäische Identität bezieht zweitens ihren spezifischen Charakter direkt und indirekt aus jener Religion, durch die Europa als kulturelle Einheit geformt wurde, nämlich aus dem Christentum.[1]

1. Drei Morgenländer

Beginnen wir mit der Erläuterung des Titels: Was heißt Orient? Orient und Okzident – »Morgenland« und »Abendland« – werden gemeinhin als Gegensatzbegriffe verstanden. Dies ist jedoch bereits deshalb verwirrend, weil die Vorstellung des »Orients« in sich selbst verworren ist. *Ex Oriente caligo.* Das Wort »Orient« hat viele Jahrhunderte lang als eine Art Abstellkammer (um nicht zu sagen: Müllhaufen) für all das gedient, was als nicht »europäisch« galt. Der Klarheit halber werde ich darum im Folgenden drei Bedeutungen des Wortes »Orient« unterscheiden.

Europa sieht sich drei Formen von Orient gegenüber. Wir befinden uns im Westen dreier verschiedener Osten. Jedem dieser drei steht freilich ein anderer Westen gegenüber. Jedem dieser »Morgenländer« korrespondiert eine andere Schicht der europäischen Identität.

1) Europa ist zunächst Teil eines größeren Ganzen, das auch die Welt des Islam miteinschließt. Sein Pendant ist das, was wir heute als den Fernen Osten bezeichnen.

Europa und der Islam sind zusammengenommen: der Westen dieses Ostens. Der »Westen« im Sinne dieser weitgefaßten kulturellen Einheit speist sich auf weltlicher und religiöser Ebene aus zwei gemeinsamen wesentlichen Quellen: Einerseits hat er Anteil am hellenistischen Erbe, andererseits bildet der Glaube Abrahams seinen gemeinsamen Bezugspunkt. Die hellenistische Welt umfaßt auch die Welt des Islam, oder zumindest jene Regionen, in denen er als Religion entstand, also die arabische Halbinsel und das Zentrum der islamischen Zivilisation, den Nahen Osten mit Mesopotamien, Ägypten und Persien. Auf der arabischen Halbinsel war der Hellenismus im Bereich der Kunst und der Religion schon früh präsent.[2] Im Zuge seiner militärischen Eroberungen absorbierte der Islam große Teile des kulturellen Erbes, das er in den christlichen Gebieten, aber auch in Persien vorfand: Architektur, Wissenschaft, Philosophie, Medizin etc. In dieser Hinsicht ist das größere Ganze, von dem Europa einen Teil ausmacht, entschieden westlich. Als solches wird es von den Ländern des Fernen Ostens wahrgenommen, die zwischen Europa und dem Islam keinen großen Unterschied machen.

2) Europa gehört zusammen mit den orthodoxen Ländern zur Christenheit und unterscheidet sich dadurch von seinem zweiten Gegenspieler, dem Islam.

Europa ist der »Westen« der islamischen Welt – freilich nur

in einem Pickwickschen Verständnis. Denn aus der Sicht seiner Bewohner liegt Europa nicht so sehr westlich als vielmehr nördlich von der Welt des Islam. Der sogenannte muslimische »Orient« – der z. B. auch Marokko und Mauretanien umfaßt – liegt von Europa aus gesehen tatsächlich südlich. Daher kann der zweite »Osten« treffender als Süden bezeichnet werden. Dies galt noch viel mehr für die Zeit, als Europa sich als kulturelle Einheit herausbildete: Wenn wir die aktuelle Weltkarte betrachten, dann liegt in der Tat der Großteil der bis Indonesien reichenden islamischen Welt eindeutig östlich des heutigen Europas. Andererseits liegt die christliche Welt als eine Einheit, die bis zur Halbinsel Kamtschatka oder gar bis Amerika reicht, immer noch nördlich des Islam.

3) Wenn wir schließlich Europa so eingrenzen, daß es nicht mehr Teil eines größeren Ganzen ist, sondern nur mehr Europa selbst, so gelangen wir zum westlichen Teil des Christentums, seiner lateinischen katholischen Hälfte. Später, zu Beginn des 16. Jahrhunderts, wurde auch dieses Europa auseinandergerissen – die eine Hälfte blieb katholisch, die andere umfaßte das gesamte Spektrum der protestantischen und reformierten Kirchen einschließlich der anglikanischen *via media*. Außerdem aber expandierte die europäische Kultur immer weiter und umfaßt heute auch jene Teile der Welt, die von Europäern »entdeckt« und kolonialisiert wurden, d. h. die gesamte Neue Welt, Australien etc. Weder die konfessionelle Spaltung noch die spätere Expansion ändern jedoch etwas an der Tatsache: Was sich spaltete und was die Welt eroberte – das war bereits Europa.

Nun mag diese Definition jedoch zu eng erscheinen. Heißt dies etwa, daß der östliche, griechische, orthodoxe Teil der Christenheit nicht mehr zu Europa gehört? Hier muß die Antwort differenziert ausfallen. Zunächst entspricht die lateinische Christenheit genau dem, was Europäer und Nichteuropäer seit Jahrhunderten »Europa« genannt haben. Um nun allerdings historische Einheiten, die entstehen und sich wieder auflösen, nicht zu hypostasieren, scheint es mir angezeigt, sie bei den Namen zu nennen, die sie sich selbst gegeben und von den Nachbarregionen erhalten haben. Namen sind für mich weder platonische Ideen noch bloße Etiketten, die wir Dingen verpassen. Wir können einen Mittelweg zwischen Platonismus und extremem Nominalismus einschlagen, und – in einer milden historischen Übertragung des aristotelischen Konzeptualismus – Namen als Zeugen eines gemeinsamen Bewußtseins auffassen, ein und demselben Ganzen anzugehören.

»Europa« wurde im späten 8. Jahrhundert geboren, als Karl der Große von einer Art Wiedergeburt des Römischen Reiches im damaligen Fernen Westen träumte. Für dieses Verdienst wurde er später als »Vater Europas« *(pater Europae)* gepriesen. Das Wort »Europa« war allerdings schon vorher geläufig. Als sie dieses semitische Wort prägten, das u. a. mit dem arabischen Wort Maghreb *(magrib)* verwandt ist, hatten die phönizischen Seefahrer und Händler wohl kaum mehr als eine Himmelsrichtung – den Sonnenuntergang – im Sinn. Seit Karl dem Großen bezeichnet Europa ein abgegrenztes Territorium, einen Fleck auf der Erdoberfläche. Natürlich stimmte dieser Fleck nie mit dem Heiligen Römischen Reich überein, da er im Westen Spanien und die Britischen Inseln, im Osten aber auch die slawischen und magyarischen Gebiete umfaßte.[3]

2. *Europa und Byzanz*[4]

Die Frage, ob nun das antike Griechenland und Byzanz zu Europa gehörten, möchte ich mit einem klaren »Nein« beantworten. Die alten Griechen verstanden sich nicht immer als

zu Europa gehörig. Aristoteles lokalisiert Griechenland z. B.
zwischen Europa und Asien und stellt dabei eine Klima-
Theorie auf, nach der Europa zu kalt und Asien zu warm ist.
Daher sind die Europäer zu dumm, die Asiaten dagegen zu
faul.[5] Und die alten Griechen maßen, wenn sie sich selbst als
Europäer bezeichneten, der Tatsache, daß sie zum größeren
Teil westlich der Ägäis siedelten, selten eine tiefere, »kultu-
relle« Bedeutung bei.

Das gleiche gilt für das Byzantinische Reich. Natürlich
verstand es sich in religiöser Hinsicht immer als christlich, auf
politischer Ebene immer als römisch, und kulturell, d. h.
sprachlich, als griechisch. Aber es bezeichnete sich selbst nie
als europäisch. Das ist nicht weiter erstaunlich, wollte Karl
der Große mit seinem »Europa« doch gerade die Vormacht-
stellung und Legitimität von Byzanz anfechten. Aus byzantinischer Sicht waren die Europäer somit wenn nicht Feinde, so
doch zumindest Fremde. Ich möchte hier als Beispiel Michael
Apostolis anführen, einen byzantinischen Gelehrten aus der
Mitte des 15. Jahrhunderts. Einige Jahre bevor Konstantinopel von den Truppen Mehmets II., »des Eroberers«, eingenommen wurde, verfaßte er eine Abhandlung, in der er die
Griechen mit Völkern verglich, die er als »europäisch« bezeichnete, um die Überlegenheit der erstgenannten auf dem
Gebiet der Literatur festzustellen.[6]

Aber es sprechen auch gute Gründe dafür, die These der
Nichtzugehörigkeit von Byzanz zu Europa nicht auf einen zu
großen zeitlichen und geographischen Rahmen auszudehnen.
Ich will wenigstens zwei dieser Gründe anführen:

Erstens kann Mitteleuropa als Raum der Vermittlung zwischen Ost und West verstanden werden. Dieser Raum gehörte
bekanntlich nie zur Gänze dem Heiligen Römischen Reich
an; und er wurde erst Teil der christlichen Welt, als sich die
Völker, die sich dort nach einem langen Zug aus dem Osten

niedergelassen hatten, taufen ließen. Das war ein langer Prozeß, der um das Jahr 1000 mit den Polen und den Ungarn einsetzte und bis zum 14. Jahrhundert andauerte, als auch die Letzten schließlich dem Heidentum abschworen. Die Päpste, etwa Sylvester II., erlaubten den bekehrungswilligen Völkern, Christen zu werden, ohne deshalb auch Teil des Imperiums zu werden. Diese Entkoppelung von Bekehrung zur Kirche und Zugehörigkeit zu einem politischen Verband schuf die Voraussetzungen für die zukünftigen »Nationen«.

Sowohl in politischer als auch in ökonomischer Hinsicht besitzt dieser mitteleuropäische Raum spezifische Züge, die sich zu einer ganz eigenen Geschichte entwickelten.[7] Kulturell gesehen hingegen erscheinen mir die Unterschiede, die »Mittel«- von »West«-Europa abgrenzen, kaum relevant, denn das gesamte Gebiet, etwa Polen, machte einen massiven Prozeß der »Latinisierung« durch. Außerdem erlebte ganz Mitteleuropa bekanntlich die gleiche Aufeinanderfolge architektonischer Stile und intellektueller Strömungen wie Westeuropa: romanische und gotische Kirchen finden wir bis zur Ostgrenze Polens; Humanismus, Renaissance und moderne Naturwissenschaften hielten in Polen, Ungarn und Kroatien genauso ihren Einzug wie in Italien.

Zweitens ist heute auch die orthodoxe Welt nicht mehr durch und durch byzantinisch, wenn sie es denn jemals war. Die Legende von Moskau als dem »dritten Rom« z. B., die im späten 15. Jahrhundert aufkam, diente zur Legitimation der aufkommenden Macht der Zaren. Aber auch davon abgesehen ist der Pfad, der uns von Byzanz zu den heutigen orthodoxen Ländern führen soll, äußerst verschlungen. Die sich auf Byzanz stützende Legitimation Rußlands ist in vielen Punkten schlicht gefälscht oder zumindest überbetont, wohingegen andere Einflüsse – skandinavische etwa oder mongolische – von der offiziellen Geschichtsschreibung lange Zeit an den Rand gedrängt wurden. Auch hier nur ein Beispiel:

Nachdem Ivan III. 1478 das Reich von Nowgorod erobert und verkündet hatte, daß Moskau das dritte Rom werden, also Konstantinopel beerben sollte, ernannte er Guennadi zum neuen Bischof. Als dieser feststellen mußte, daß seine Bibel nicht vollständig war, ließ er die fehlenden Bücher ins Altkirchenslawische übersetzen. Allerdings nahm er als Vorlage nicht den griechischen Text (die Septuaginta-Fassung), sondern die lateinische Vulgata.[8]

Begnügen wir uns mit der Feststellung, daß die Gebiete der orthodoxen Christenheit – zeitlich, räumlich, kulturell – irgendwo zwischen Byzanz und Europa angesiedelt sind. Folglich ist der Grad ihrer Nähe, das Ausmaß ihres Wunsches, der gleichen kulturellen Einheit wie Europa anzugehören, eine Frage, die nur an sie gestellt und nur von ihnen beantwortet werden sollte und nicht von den Westeuropäern. Wir können einzig hoffen, daß ihre Antwort positiv ausfallen wird.[9]

3. Der Westen welchen Ostens?

Wenn wir nun die europäische Identität als »Okzident« definieren, dann müssen wir uns die Frage stellen: *welcher* Okzident – der Okzident *welchen* Orients – ist genau gemeint? Wir können natürlich antworten: der Westen aller drei Oriente – also all dessen, was (1) weder hellenistisch noch Abrahamisch geprägt, (2) noch christlich, (3) noch lateinisch-katholisch ist.

Das ist eine einfache und zugleich weitverbreitete Antwort; aber ihr Preis ist eine vollständige Verwirrung auf beiden Seiten. Einerseits wird damit nämlich der Orient zum Patchwork, zu einem »Haufen zerbrochener Bilder«, und gleichzeitig zu einem Spiegel, in dem Europa sich selbstgefällig betrachten kann, zu einer Fläche, auf die es die Träume oder Alpträume von seinem »anderen« projizieren kann.

Auf der anderen Seite, und das wiegt weitaus schwerer, beansprucht Europa nach dieser Definition all das, was es vom Orient unterscheidet, für sich selbst – gleichgültig, ob diese Charakteristika ausschließlich auf Europa zutreffen oder nicht. Das hat nun weitreichende und beklagenswerte Konsequenzen, von denen ich einige andeuten will:

1) Europa wird – etwa in dem berühmten Essay von Novalis[10], ganz zu schweigen von gewöhnlicheren Träumen von einem »christlichen Westen« – mit der Christenheit gleichgesetzt: Als ob östlich von Europa keine Christen lebten und in Europa selbst nur Christen! Es gibt auch nichteuropäische Christen – man denke nur an die Ostkirchen in Armenien, Georgien oder Äthiopien, oder in muslimischen Ländern wie in Ägypten und Mesopotamien, ganz abgesehen von den Christen in Südwest-Indien und den Nestorianern. Und umgekehrt finden wir in Europa auch nichtchristliche Gemeinden wie die jüdischen, die noch vor der Entstehung des Christentums, ja schon vor Christi Geburt im europäischen Raum existierten.

2) In diesem christlichen Europa sieht man den einzigen Erben des Abrahamischen Glaubens: Als ob die westliche Christenheit ein Monopol darauf hätte! Das Judentum kannte Abraham viele Jahrhunderte vor Christus, innerhalb und außerhalb der europäischen Grenzen, und sogar bevor so etwas wie eine Vorstellung von Europa überhaupt existierte! Der später entstandene Islam sieht sich im Glauben Abrahams verwurzelt; ja, er definiert sich als Rückkehr zur »Religion des Abraham«, welche in seinen Augen den Moses und Jesus offenbarten Gesetzen zugrunde liegt.

3) Europa gilt damit außerdem als der einzige Erbe des Hellenismus: Als ob die griechische Wissenschaft und Philosophie nicht auch in den Ländern des Islam eine Blüte erlebt hätte, und dies sogar weitaus früher als in Europa selbst! Zudem stammt ein großer Teil der europäischen Wissen-

schaft und Philosophie aus der arabischsprachigen Welt, zahlreiche Texte des Aristoteles wurden im 13. Jahrhundert in Toledo oder Sizilien übersetzt und dem lateinischen Westen so zum ersten Mal zugänglich gemacht. Und die Philosophie oder Scholastik wurde grundlegend durch arabische Philosophen beeinflußt, v. a. durch Avicenna und Averroes.

4. Das »römische« Modell

Bisher habe ich weitgehend eine »Geschichte zweier Städte« erzählt: von Athen und Jerusalem, die gemeinhin für die hellenistischen und die jüdischen Elemente in der europäischen Geschichte stehen. Wieso habe ich dann aber das Christentum mit einer dritten Stadt, nämlich Rom, verbunden? Der Titel meines Aufsatzes spricht von einer »römischen« Christenheit. Worin nun besteht das »römische« Element im Christentum? Meine These ist, daß eben dieses römische Element Europa von den beiden letztgenannten Formen des Orients unterscheidet, die ich oben voneinander abzugrenzen versucht habe. Dies werde ich nun genauer darlegen.

Zunächst muß ich jedoch präzisieren, was ich unter »römisch« verstehe. Im Titel meines Beitrags ist dieses Wort in Anführungszeichen gesetzt, weil ich es in einer besonderen Bedeutung verwenden möchte. Was ich unter »römisch« verstehe, hat wenig mit der römischen Geschichte oder gar mit den widersprüchlichen Träumen zu tun, welche diese mehr oder weniger bewußt im Gedächtnis jedes einzelnen von uns auslöst. Ich bezeichne mit »römisch« keinen Inhalt, vielmehr verstehe ich darunter ein bestimmtes Modell kultureller Praxis, und damit auch ein Muster kultureller Identität. Dieses Modell, behaupte ich, gilt für den gesamten europäischen Raum und nur für diesen. In diesem Sinne beruht die Identität Europas auf dem römischen Modell. Meine Antwort auf die im Titel dieses Abschnittes implizierte Frage lautet: Die europäische Identität ist »römisch«.

Freilich auch hier in Anführungszeichen; denn ich will damit nicht behaupten, daß beispielsweise Länder mit einer romanischen Sprache europäischer wären als solche, in denen eine germanische oder slawische Sprache gesprochen wird. Auch meine ich nicht, daß Länder mit einer katholischen Tradition europäischer wären als protestantische.

Was ich vielmehr behaupte, ist dreierlei: Europa wird (erstens) nicht von einem bestimmten Erbe definiert, sondern von der spezifischen Art und Weise der Aneignung dieses Erbes – eine Art und Weise, welche ich »römisch« nenne. Dieses Modell der Aneignung hat (zweitens) seinen Ursprung im Wesen des Christentums selbst; und die kulturelle Identität Europas ist (drittens) aus der Übertragung dieses ursprünglich religiösen Musters auf den Bereich der weltlichen Kultur hervorgegangen.

Ich habe dieses Modell »römisch« genannt nach der Art und Weise, wie die Römer reagierten, als sie im zweiten Jahrhundert vor unserer Zeitrechnung das erste Mal mit der griechischen Kultur in Berührung kamen. Zuerst fühlten sie sich klein. Die Kunstwerke, die Literatur und die Wissenschaft, vor denen sie standen, riefen in ihnen ein Gefühl der Unterlegenheit hervor. Vergil bringt dies in einigen Versen seiner »Aeneis« zum Ausdruck. Der Held ist zu seinem Vater Anchises in die Unterwelt hinabgestiegen. Dieser skizziert vor den Augen seines Sohnes das künftige Geschick seiner Nachfahren. Hier spricht er die berühmten Worte, die dem römischen Imperialismus seine ideologische Rechtfertigung liefern sollten: »Du sollst, Römer, beherrschen des Erdreichs Völker mit Obmacht« *[Tu regere imperio populos, Romane, memento etc.]*.

Doch unmittelbar zuvor sagt er:

»Excudent alii spirantia mollius aera

(Credo equidem), vivos ducent de marmore vultus,
Orabunt causas melius, caelique meatus
Describent radio et surgentia sidera dicent«
[»Andere mögen das Erz viel lebensvoller beseelen,
Sei's – und lebendiger Züge Gestalt abringen dem Marmor,
Besser zu reden verstehn vor Gericht,
mit dem Zirkel die Bahnen zeichnen des kreisenden Rundes
und das Nahn der Gestirne verkünden«].[11]
Andere Völker also als die Römer – hier wird deutlich auf
die Griechen angespielt – werden bessere Bildhauer, bessere
Redner, bessere Astronomen sein; daher wird Rom die niede-
ren Aufgaben des Kriegswesens und der Politik wahrnehmen
müssen.

Ein solches Gefühl von Unterlegenheit ist nichts Unge-
wöhnliches, die Römer gingen damit allerdings auf eine ganz
spezifische Weise um. Minderwertigkeitsgefühle führen oft
zu einer Abwehrhaltung: Wenn wir uns etwas Mächtigerem
gegenüber sehen, sind wir versucht, die Authentizität unserer
vermeintlichen Tradition(en) zu bewahren, gleichgültig, ob
den Dingen, die von außen kommen, ein höherer Wert inne-
wohnt als dem, was wir schon besitzen. Man kann sogar dem
Primitiven eine ursprüngliche Reinheit zusprechen, das Wei-
terentwickelte hingegen als dekadent betrachten. Es besteht
mithin keine Notwendigkeit, andere Völker zu imitieren,
vielmehr sollten wir unsere Ursprünglichkeit bewahren und
uns von fremden Einflüssen fernhalten. Ja, es ist geradezu
unsere Pflicht, ein Volk, das es wagt, uns etwas beibringen zu
wollen, zu »regenerieren«.

Eine solche Haltung bietet gewisse Vorteile: Man erspart
sich die Anstrengung, etwas zu lernen, da man schon zu
besitzen vermeint, was andere Völker bieten könnten, ja sogar in reinerer Form. Diese Versuchung wird andererseits
noch verstärkt durch die Vorliebe fortgeschrittener Kulturen,
vermeintlich primitiven Völkern unverdorbene Sitten und

Gebräuche zuzuschreiben, um so die eigene Kultur indirekt zu kritisieren. So zeichnete Tacitus ein idealisiertes Bild der germanischen Stämme, das nicht an diese adressiert war und nicht einmal einem Interesse an ihnen entsprang, sondern mit dem er seinen Landsleuten eine Lehre erteilen wollte. Es ist natürlich für (derart) dargestellte Völker und Kulturen verführerisch, solche Projektionen, die kaum mehr sind als eine umgekehrte Parodie der »fortgeschritteneren« Kulturen, für bare Münze zu nehmen und sich so von ihr die eigene Trägheit legitimieren zu lassen.

Die Römer widerstanden nun einer solchen Versuchung. Sie drückten die Schulbank und bemühten sich, das zu lernen und sich anzueignen, was ihnen überlegen erschien. Zudem vermittelten sie den von ihnen unterworfenen Ländern nicht nur das römische Recht und die römischen Sitten, sondern auch die griechische Kultur. So handelte Rom nicht allein zu seinem eigenen Nutzen und Frommen. Und genau dies hat Europa meiner Meinung nach im Laufe seiner Geschichte vollbracht: Europäische Entdeckungen, Eroberungen und Kolonisierung vermittelten der Welt nicht nur den europäischen »way of life«, sondern kulturelle Fakten, welche eine universelle Dimension besaßen (von denen die moderne Technologie die bedeutendste sein mag).

5. Minderwertigkeitsgefühle

Europa konnte sich so verhalten, weil es sich bezogen auf seine Quellen sowohl im weltlichen als auch im geistigen Bereich stets zweitrangig fühlte. Im religiösen Bereich ist Europa als Teil der Christenheit vom christlichen Gefühl der Abhängigkeit gegenüber der älteren Religion Israels geprägt, deren heiliges Buch auch für die Christen heilige Schrift ist.

Darin unterscheidet sich das Christentum vom Islam. Dieser kennt die biblischen Gestalten des Alten und des Neuen Testaments und respektiert die Botschaften Mosis und Jesu, d. h. die Thora und das Evangelium (al-Inğíl, im Singular). Aber er erkennt ihre schriftlichen Aufzeichnungen, wie sie heute verbreitet sind, nicht an, weil sie, nach muslimischem Dogma, von ihren jüdischen und christlichen Hütern verfälscht *(tahríf)* wurden.

Wenn nun das Christentum auch wenig Anlaß zum Stolz darauf haben kann, wie es im Verlauf seiner Geschichte die konkreten jüdischen Gemeinden behandelt hat – so hat es doch das Alte Testament als das unverfälschte Dokument einer Offenbarung anerkannt, die dem Christentum vorausging und ohne die seine Heilsbotschaft schlicht unverständlich wäre. Diese Einstellung zum Judentum einzunehmen war keineswegs selbstverständlich oder ein leichter Schritt. Er beruht auf einer Entscheidung der Kirche im 2. Jahrhundert gegen Marcion. Marcion schrieb – im Gefolge gnostischer Vorstellungen – das Alte Testament dem unfähigen und mißgünstigen Weltschöpfer zu. Die Heilige Schrift des Judentums war also für die Erlösung irrelevant; einzig das Neue Testament war in Marcions Augen das Werk des wahrhaften Gottes und mußte – wenngleich in einer gereinigten Version – beibehalten werden. Die Kirche widerstand jedoch dieser Versuchung; sie entschloß sich, am Alten Testament als kanonischer Heiliger Schrift festzuhalten. Der Preis, den sie dafür bezahlen mußte, bestand im Eintritt in eine lange und komplizierte Geschichte der allegorischen Bibelinterpretation. Diese Zurückweisung des Marcionismus ist keineswegs auf Europa beschränkt, sie gehört im Gegenteil zum Christentum als solchem.

Im kulturellen Bereich finden wir ein ähnliches Unterlegenheitsgefühl, nämlich das ständige Bestreben der europäischen Kultur, sich das Erbe der klassischen Literatur und Kunst wiederanzueignen. Dies führte dazu, kulturellen Fortschritt als die Übernahme von Errungenschaften zu definieren, die deutlich als fremde bewußt waren. Europa versuchte nicht, das zu »werden, was es war«, sondern das, was es niemals gewesen war und sein konnte. Europa verstand, daß es seine eigene Identität außerhalb seiner Grenzen suchen mußte.

Darin liegt der Unterschied zwischen Europa und dem dritten Orient, den ich oben angeführt habe. Byzanz fühlte sich nie dem klassischen Griechenland entfremdet. Die Byzantiner sprachen griechisch, und die Gelehrten unter ihnen pflegten weiterhin in ihren Schriften die klassische Form der Sprache. Das Europa des Mittelalters hingegen fühlte sich dem Griechentum entfremdet und war es auch tatsächlich. Die herrschenden Eliten hatten nie Griechisch gesprochen oder es seit Jahrhunderten vergessen. Diese Erniedrigung trieb Europa in eine Serie von Renaissancen, die mit dem Beginn des europäischen Projekts selbst – der »Karolingischen Renaissance« – einsetzten und in gewisser Weise bis in unsere Zeit andauern.

6. *Eine exzentrische Identität*

Man kann durch die gesamte europäische Geschichte hindurch das Bestreben verfolgen, das Imperium Romanum wiederherzustellen. Die europäische Geschichte kann daher auch als eine ausgedehnte und beständige *translatio imperii* beschrieben werden.[12] Auch diesem kontinuierlichen Bemühen lag ein gewaltiger Minderwertigkeitskomplex zugrunde. Um ihn zu verstehen, müssen wir uns nur eine ganz simple geographische Tatsache bewußt machen. Versuchen wir, uns vor Augen zu führen, wie die Welt aussah, als »Europa« aufhörte, bloß eine Himmelsrichtung zu bedeuten – den Westen: wahrscheinlich hat das Wort dieselbe Wurzel wie das arabische »Maghreb« – und zum Namen eines Gebietes wurde: des lateinischen Westens also, wie Karl der Große ihn am Ende des 8. Jahrhunderts sah. Europa war alles andere als das Zentrum der Welt. Niemand vermutete die Existenz von Amerika oder gar Australien. Die *oikoumene,* wie sie von den Völkern, die »Europäer« genannt werden sollten, mehr oder weniger deutlich empfunden und von ihren Kartographen skizziert wurde, war ein einziger Block. Sein physisches Zentrum lag irgendwo im Nahen Osten. Sein moralisches Zentrum sahen manche in Jerusalem, andere in Mekka oder Bagdad, aber sicherlich nicht in Europa.

(Bei dieser Gelegenheit sei eine Randbemerkung zum Begriff »Eurozentrismus« gestattet: Allgemein wird angenommen, das Europa des Mittelalters habe sich als den Nabel der Welt verstanden, bis die Entdeckung der Neuen Welt diesem Narzißmus einen ersten Schlag versetzte. Die Wahrheit sieht genau umgekehrt aus. Geographisch war es vielmehr die Entdeckung Amerikas, die Europa aus seiner Randposition holte und in das Zentrum des aufgetauchten Landes versetzte. Abgesehen davon läuft es fast auf ein Oxymoron hinaus, wenn man vom Selbstbildnis Europas als einem eurozentrischen spricht. Denn keine Kultur hat sich selbst weniger als das »Königreich der Mitte« verstanden als die europäische, keine Kultur war je weniger auf sich selbst bezogen. Keine zeigte lebhafteres Interesse an den anderen Kulturen, keine schaute erwartungsvoller auf sie, keine war mehr bemüht, sie objektiv zu sehen.)

Als nun »Europa« zum geographischen Begriff wurde, war der lateinische Westen tiefe Provinz, abgeschnitten von den Quellen der Macht und von kultureller Legitimität. »Europa« lag insbesondere weit entfernt von Byzanz, das über materiellen Wohlstand und zugleich über geistige Legitimität verfügte: Byzanz besaß die politische Kontinuität eines »rein« römischen Imperiums ohne barbarische Makel; die kulturelle Kontinuität der griechischen Gelehrsamkeit; die

Präsenz unzähliger Reliquien, welche die religiöse Kontinuität einer Kirche garantierte, die auf dem Blut der Märtyrer begründet war. Europa ist in mancher Hinsicht ein Kontinent der Parvenus, die dieses ihr Legitimitätsdefizit kompensieren mußten. Das geschah auf verschiedene Weisen. Die Idee, im westlichen Teil des Kontinents ein neues Römisches Imperium zu errichten, war nur eine davon und zudem keine sonderlich erfolgreiche. Das Bewußtsein mangelnder Legitimität kam immer wieder an die Oberfläche.[13] Zudem war das Gelingen dieses Vorhabens von Anfang an dadurch in Frage gestellt, daß es innerhalb und außerhalb des »Imperiums« zahlreiche Völker gab, die sich keiner Zentralmacht unterwerfen konnten – zum Glück, muß man in Anbetracht der Auswüchse sagen, die einige dieser Versuche einer Wiederherstellung des Reiches gezeitigt haben.

Dasselbe trifft auch für den geistigen Bereich zu. Ein Historiker der mittelalterlichen Philosophie hat dies deutlich erkannt und spricht für den Beginn des 12. Jahrhunderts deshalb treffend von einem »geokulturellen Paradox Europas«, welches er folgendermaßen charakterisiert: »Die griechischsprachige Welt von Byzanz verschließt sich gegenüber der philosophischen Kultur des Islam; ihr geistiger Reichtum, ihre Tradition, ihr Erbe enthebt sie der Notwendigkeit, ihren Blick nach außen zu richten. Die lateinische Welt dagegen ist philosophisch gesehen arm, und diese Armut öffnet sie nach außen.« Die Chance der westlichen lateinischsprachigen Welt sei daher gerade ihr »Mangel an philosophischer Kultur« gewesen, der sie gezwungen habe, »Sinn mit Hilfe von Problemen statt mit Instrumenten zu erzeugen«.[14]

Die paradoxe Beziehung, die zwischen Europa und seinen kulturellen Quellen besteht, wird sehr anschaulich durch ein einfaches geographisches Faktum illustriert, das gleichwohl häufig übersehen wird: Keine der beiden Städte, welche die Quellen der europäischen Kultur symbolisieren – Athen und

Jerusalem –, liegt in Europa. Diese schlichte Tatsache spiegelt treffend die europäische kulturelle Identität wider: eine ihrem Wesen nach exzentrische Identität.

7. Das christliche Modell von Macht

Bisher habe ich versucht, ein Modell zu entwickeln, das uns helfen soll, zu verstehen, was ›europäische Identität‹ sein kann – und vor allem, was sie nicht sein kann. Ich will dieses Modell nun am Problem der Religionen im heutigen Europa erproben.

Die europäische Identität, so lautete meine These, hat etwas mit einer spezifischen Religion, nämlich dem Christentum, zu tun. Das ist zunächst einmal ein Gemeinplatz, denn auch minimale historische Kenntnisse reichen aus, um diese Tatsache einzusehen. Aber ist mit diesem Gemeinplatz nicht der mehr oder weniger implizite, mehr oder minder bewußte Anspruch der Christen verbunden, bessere Europäer zu sein als die Nichtchristen? Und wäre damit nicht auch der Alptraum der Nichtchristen gerechtfertigt – ihre Angst vor einer christlichen *Reconquista* Europas?

In der Tat beanspruche ich, mehr als nur die Präsenz christlicher Elemente in der europäischen Kultur aufgezeigt zu haben: Ich habe schließlich die spezifische Identität Europas nicht nur mit einigen Inhalten des Christentums in Verbindung gebracht, sondern mit der Struktur der christlichen Religion selbst. Auf den ersten Blick mag dies zwar noch schlimmer erscheinen; zu Ende gedacht sollte meine These aber jeden Ansatz für einen christlichen »Integrismus«[15] im Keim ersticken: Wie ich gezeigt habe, geht Europas sekundäre und exzentrische Identität zurück auf den abgeleiteten und exzentrischen Charakter des Christentums selbst. Ebendiese Struktur der christlichen Verkündigung bewirkte nun zugleich, daß das Christentum einen Spielraum offenließ für weltliche Angelegenheiten. Diese konnten spontan nach ihren eigenen Prinzipien geregelt werden – vorausgesetzt, sie standen nicht mit dem moralischen Gesetz in Konflikt. Daß dieses *nach* dem heidnischen Gesetz entstanden war und es fast durchgängig übernahm, stellte kein echtes Problem für das Christentum dar. Denn dieses mußte sie ja selbst von Anfang an und im Innersten als etwas verstehen, das *nach* etwas anderem kam: d.h. nach dem Alten Bund. Das Christentum war nie gezwungen, die alten Gesetze und Bräuche völlig durch ein neues Gesetz zu ersetzen, das seine Autorität einem göttlichen Ursprung entlehnt.

Es kann also keine christliche *shari'a* geben.[16]

Überläßt aber das Christentum damit das Feld nicht den Mächten des Bösen? Das Gegenteil ist der Fall. Zur Erläuterung möchte ich kurz auf eines der berühmtesten Worte Jesu eingehen.

8. Ohnmacht als Allmacht

Jeder kennt den Spruch: »Gebt dem Kaiser, was dem Kaiser gehört, und Gott, was Gott gehört« (*Mat* 22,17 und 22). Diese Unterscheidung wurde oft mißverstanden. Sie bedeutet nicht, daß Gott und der Kaiser jeder einen bestimmten Anteil an der Wirklichkeit erhalten sollen. Gott kann sich als Gott nicht mit einem Teil begnügen. Er ist der Herr über alles, und nichts kann dieser Herrschaft entgehen. Da bleibt dem Kaiser auch nicht der geringste Bereich, auf den er Anspruch hätte. Daher dürfen wir auch nicht den kleinsten Teil von allem, was besteht, einer anderen Macht überlassen als Gott allein. Dieses Argument finden wir z.B. im Islam, für den die geläufige Interpretation dieser Textstelle des Evangeliums schlicht unakzeptierbar ist. Vielleicht sogar mit einem gewissen Recht – doch sehen wir uns das Wort Jesu einmal genauer an.

Die Unterscheidung bedeutet nicht Geringeres als eine Revolution des Begriffs der Macht selbst, eine neue Weise, der Herr zu sein. Keine irdische Gewalt kann behaupten, über göttliche Macht zu verfügen. Kein Herrscher darf sich für Gott halten. Es genügt nicht, eine Linie zwischen verschiedenen Bereichen zu ziehen, etwa zwischen religiösen und weltlichen Angelegenheiten. Diese Unterscheidung ist wichtig, entspringt aber selbst der Art und Weise, wie Gott – nach der Lehre des Christentums – handelt und regiert. Gottes Art zu regieren hat nichts mit der des Kaisers gemein. Der wahre Grund, warum der Kaiser kein Gott sein kann, liegt darin, daß Gott kein Kaiser ist. Der absolute Herrscher gebietet über niemanden. Gott übt keinerlei politische Macht aus. Herrschaft und Macht sind zwei verschiedene Dinge. Macht kann die Freiheit zerstören; Herrschaft respektiert sie. Da Gottes Herrschaft uns in unserer Freiheit anspricht, und nur in unserer Freiheit, ist seine Herrschaft machtlos.

Betrachten wir die Sache nun umgekehrt. Einerseits ist die Macht der Mächtigen ohnmächtig. Nicht nur die Moral verbietet uns, die Freiheit zu unterdrücken. Wir sind dazu auch gar nicht imstande. Wir können ihren äußeren Gebrauch vereiteln, wir können sie aber nicht von innen kontrollieren. Andererseits ist Gottes machtlose Herrschaft tatsächlich die mächtigste, ja sie übt die einzige wirkliche Macht aus. Im Gegensatz zu allem, wodurch nur Unterwerfung erzwungen werden kann, ohne doch je zur Wurzel des freien Willens vorzudringen, wendet sich Gottes Herrschaft an die Freiheit als solche und vermag sie so umzuwenden.

Diese paradoxe Herrschaft kann ganz verschiedene Namen haben, je nach dem Betrachter: Humanisten etwa werden sie nicht »Gott« nennen, sondern die stille Autorität des moralischen Gewissens; Juden würden sie vielleicht die schlichte und stotternde Stimme des Moses nennen, dessen »Mund und Zunge schwerfällig *[kevad lasōn]*« sind (*Ex* 4,10); Christen werden in ihr den letzten, unartikulierten Aufschrei des am Kreuze sterbenden Jesus erkennen (*Mat* 27,50; *Mk* 15,37).[17] Der Kreuzestod ist daher kein Zeichen von Gottes Ohnmacht oder gar der Ohnmacht des Geistes angesichts des irdischen Bösen. Er ist Macht. Johannes Chrysostomus sagte einmal: »Ich nenne Ihn einen König, weil Er gekreuzigt wurde.« Die Dornenkrone ist keine Spottkrone, sondern die wahre Krone einer paradoxen Herrschaft.

Wenn dies das christliche Modell der Herrschaft ist, so müssen Christen sich einzig der Autorität des moralischen Gewissens beugen. Sie müssen das Recht beanspruchen, sich frei zu äußern, und sich für die institutionellen und materiellen Bedingungen der Redefreiheit einsetzen, ohne deshalb ihre Botschaft zu verfälschen oder zu verstümmeln. Versuchten sie hingegen, irgendeinen anderen Anteil an der Macht zu ergreifen, so würden Christen den Sinn ihrer eigenen Botschaft ins Gegenteil verkehren.

9. Gewissenserforschung

Ich behaupte nicht – und wie könnte ich dies auch? –, daß die Christen dieser Grundstruktur ihrer Verkündigung stets treu geblieben sind. Im Gegenteil fordere ich sie auf, ihr Gewissen angesichts der Probleme des heutigen und morgigen Europa zu erforschen. Aus genau diesem Grund habe ich versucht, einen neuen, ungewohnten Blick auf die Vergangenheit zu werfen; denn es geht mir nicht um bloße Gelehrsamkeit oder gar Nostalgie. Vielmehr möchte ich mit meiner Rekonstruktion Europa helfen, seine mögliche Zukunft zu bewahren oder wiederzuerringen.

Europa wird dann eine Zukunft haben, wenn es seinem

»römischen« Wesen (in dem Sinne, den ich hier skizziert habe) treu bleibt, d. h., wenn wir das Bewußtsein wach halten, daß wir alles, was wir haben und sind, fremden Quellen verdanken, und wenn wir die Ideale, deren Vorteile wir genießen – Wohlfahrtsstaat, Rechtsstaatlichkeit usw. – nicht als bloße lokale Folklore ansehen, sondern davon überzeugt sind, daß sie es verdienen, allen Menschen und Kulturen vorgeschlagen (nicht aufgezwungen!) zu werden.

Aus dem Französischen von Andrea Marenzeller

Bernard Lewis
Die islamische Sicht auf und die moslemische Erfahrung mit Europa

1. Natürliche und religiöse Geographie

Europa ist eine europäische Idee, die in Griechenland entstand, in Rom gehegt wurde und sich nun, nach einer langen, unruhigen Kindheit und Jugend im christlichen Zeitalter, dem Erwachsenenstadium einer säkularen, supranationalen Gemeinschaft annähert.

Asien und Afrika sind ebenfalls europäische Ideen, europäische Beschreibungen des anderen. Alle Menschengruppen haben häufig abwertende Ausdrücke zur Bezeichnung derer, die sich außerhalb der Gruppe befinden. Einige dieser Ausdrücke haben eine nahezu allgemeine Bedeutung erlangt. Barbaren waren ursprünglich Nichtgriechen, Heiden sind Nichtchristen, Asiaten und Afrikaner sind Nichteuropäer, die geographisch in östliche und südliche unterschieden wurden. Die Barbaren betrachteten sich selbst natürlich ebensowenig als Barbaren, wie sich die Heiden als Heiden betrachteten, bevor ihnen durch die Prozesse der Hellenisierung beziehungsweise der Christianisierung beigebracht wurde, sich in diesem fremden Licht zu sehen. Die Hellenisierung der Barbaren geschah im Altertum; die Christianisierung der Heiden im Mittelalter. Die Asiaten und Afrikaner wurden sich dieser von Europa ihnen aufgedrängten Identität im großen und ganzen erst in der Neuzeit bewußt, als ihnen diese Klassifizierung von europäischen Herrschern, Lehrern und Predigern beigebracht wurde. Inzwischen wird die griechische Erfindung der drei Kontinente der Alten Welt allgemein akzeptiert. Der Unternehmungsgeist der meist europäischen Forschungsreisenden und Geographen hat dem weitere hinzugefügt.

Die Moslems des Mittelalters hatten ein starkes Interesse an Geographie und brachten eine reichhaltige geographische Literatur in arabischer, persischer und später auch türkischer Sprache hervor. Der Name Asien aber ist in dieser Literatur und in der Verwaltungsgeographie, die sie widerspiegelt, unbekannt, während Afrika in der Form von *Ifrīqiya* nach römischem Gebrauch nur als Name einer Provinz an der Mittelmeerküste vorkommt, die sich ungefähr mit dem heutigen Tunesien deckt. Europa taucht als Name – in der Form *Urūfa* – in den frühmittelalterlichen Werken über Geographie, die aus dem Griechischen übersetzt und überarbeitet wurden, kurze Zeit auf und verschwindet anschließend.

Die frühe moslemische Literatur über Geographie unterteilte die Welt nach zwei Klassifikationssystemen, wovon eines physischer, das andere hingegen zugleich religiöser und politischer Natur war. Die physische Unterteilung erfolgte nach »Klimas« *(iqlīm)*, ein Wort und ein System, das auf die Griechen zurückging. Sie ist rein geographischer Natur und bezieht sich in keiner Weise auf Religion, Ethnizität, Kultur oder politische Souveränität. Sie spielt einzig in geographischen Schriften eine Rolle und wird anderswo kaum erwähnt. Weitaus bedeutender war die religiös-politische Klassifikation, welche die Erörterungen der Moslems über die Welt, in der sie leben, und über ihre Beziehungen zu anderen beherrschte und in manchen Kreisen noch immer beherrscht.

Nach traditioneller moslemischer Auffassung unterteilt sich die Welt grundsätzlich in das »Haus des Islam« und das »Haus des Krieges«: das heißt in die Regionen, in denen eine moslemische Regierung die Herrschaft ausübt und moslemische Gesetze gelten, und die übrige Welt. Nicht jeder, der im

Hause des Islam wohnt, ist ein Moslem. Tatsächlich gibt es dort umfangreiche Gemeinschaften von Nichtmoslems, die ihre Religion weiterhin ausüben und innerhalb bestimmter Grenzen auch ihre eigenen Angelegenheiten regeln dürfen. Eine wesentliche Bedingung für diese Toleranz ist allerdings, daß sie die Oberhoheit des Islam und die Vorherrschaft der Moslems anerkennen.

Jenseits der Grenzen der moslemischen Macht liegt das Haus des Krieges: also die Länder, die nicht nur von Nichtmoslems bewohnt, sondern (was wichtiger ist) auch von Nichtmoslems regiert werden. Es ist die moralische und religiöse Pflicht der Moslems, ihr glückliches Schicksal mit der übrigen Welt zu teilen und also Gottes letzte Offenbarung nicht eigennützig für sich selbst zu behalten, sondern unablässig bestrebt zu sein, sie der ganzen Menschheit zu bringen, wenn möglich in Frieden, wenn nötig durch Krieg. Dies ist eines der grundlegenden Gebote des moslemischen Glaubens. Es heißt *dschihad,* was wörtlich »Streben« bedeutet und gewöhnlich mit »Heiligem Krieg« übersetzt wird.

Die Ungläubigen gehörten nicht alle zur selben Gruppe und wurden auch nicht im selben Licht wahrgenommen. Im Süden und Osten der islamischen Länder, in den Regionen also, die von den Europäern, nicht aber von den Moslems als Asien und Afrika bezeichnet wurden, lebten Polytheisten und Götzenanbeter, die zahlreiche Götter und keine Schrift Gottes kannten. Manche standen auf niederer Kulturstufe, andere waren zivilisiert und hätten den Moslems in den Künsten und Wissenschaften durchaus nützliche Lehren erteilen können. Aber es gab dort keine Weltreligion, die mit dem Islam hätte konkurrieren können – und kein Weltreich, das dem Kalifat hätte den Rang streitig machen können. China, das eine Ausnahme hätte bilden können, war zu fern und zu wenig bekannt, und die Chinesen unternahmen ohnehin keine großen Anstrengungen, ihre Glaubensvorstellungen, ihre Kultur oder ihre Macht über ihre unmittelbaren Nachbarn hinaus durchzusetzen. In den Augen der moslemischen Welt waren der Osten und der Süden von belehrbaren Barbaren bewohnt, die mit der Zeit zum Islam bekehrt und in den Dienst des moslemischen Staates und Glaubens gestellt werden konnten. So verlief denn auch die historische Erfahrung des Islam in Asien und Afrika.

2. *Römer und Franken im »Hause des Krieges«*

In den Gebieten an der nordwestlichen Grenze der islamischen Länder, die manchen ihrer Bewohner, nicht aber den Moslems, als Europa bekannt waren, gestaltete sich die Lage völlig anders. Unmittelbar im Norden lebten Menschen, die in der modernen Fachliteratur als Byzantiner bezeichnet werden, sich selbst aber Römer nannten und ihren moslemischen Nachbarn auch als solche bekannt waren. In diesem alten Weltreich, das von einer kaiserlichen Dynastie regiert wurde und sich zur christlichen Religion bekannte, erblickten die Moslems einen Staat, einen Glauben und eine Mission nach ihrer eigenen Art: Das war eine rivalisierende religiöse Ordnung, die von einer gegnerischen Macht aufrechterhalten wurde und mit den Moslems über den Besitz von Gottes letzter Wahrheit und die universelle Mission, sie der ganzen Menschheit zu bringen, im Streit lag.

In gewisser Weise definierte sich der frühe Islam selbst in Abgrenzung zum christlichen Glauben und zur christlichen Macht. Die frühesten religiösen Denkmäler der Moslems, der Felsendom in Jerusalem und die große Omajjaden-Moschee in Damaskus, wurden auch bewußt in Konkurrenz zur Auferstehungskirche in Jerusalem und zu den großen christlichen Kirchen von Syrien erbaut. Die Inschriften innerhalb des Doms und auf den Goldmünzen, die die Kalifen in der Absicht prägen ließen, das bislang geltende römische Vorrecht in Frage zu stellen, weisen die christlichen Irrtümer zurück und künden von der Ablösung der römischen Macht durch die Träger der neuen islamischen Ordnung. In mittelalterlichen moslemischen Schriften ist das Byzantinische Reich das »Haus des Krieges« schlechthin, gegen das der letzte und größte *Dschihad* zu führen ist. Das waren keine einfachen Heiden, die man belehren und sich einverleiben konnte, sondern die allergrößten Rivalen, und mit dem Mißtrauen – und dem Respekt –, der diesem Status entsprach, wurden sie auch behandelt.

Mit wenig Mißtrauen und in keiner Weise mit Respekt hingegen begegneten die mittelalterlichen moslemischen Schriften den übrigen Völkern Europas. Die Nachrichten über sie waren spärlich, und es gab kaum den Wunsch oder Anreiz, mehr in Erfahrung zu bringen. Nur wenige beherzte Reisende wagten sich bis ins dunkelste Europa vor, und der überwiegende Teil des begrenzten Wissens über diese Gebiete bestand aus den merkwürdigen Geschichten, die diese Reisenden heimbrachten. Bekannt war, daß westlich der Römer ein Volk namens »Franken« lebte, die zu gewisser Zeit selbst eine Art Reich errichtet hatten, dem jedoch wenig Bedeutung beigemessen wurde. Dieser Name, der die Moslems wahrscheinlich über Byzanz erreichte, war ursprünglich zur Bezeichnung des Reichs Karls des Großen in Gebrauch und wurde später für die Europäer insgesamt, insbesondere für die katholischen (und später auch für die protestantischen) Länder Europas verwandt. Die orthodoxen Christen – einschließlich derer, die innerhalb des Kalifats lebten – waren als »Rhomäer« *(Rŭm)* bekannt, obgleich angenommen wurde, daß einige von ihnen mit den weiter nördlich lebenden *Saqaliba*, den Slaven, zusammenhingen. Noch weiter im Norden lebten heidnische Völker, die in arabischen Schriften als *Majus* oder »Magianer« bezeichnet wurden, ein Terminus, der ursprünglich für die Zoroastrier des vorislamischen Persien in Gebrauch war, später jedoch auch auf die Wikinger und andere Nordländer angewandt wurde, in dem Glauben, sie praktizierten eine ähnliche Form des Heidentums. Das wenige, das über die Geographie Europas bekannt war, stammte aus einer arabischen Übertragung der *Geographiké Hyphégésis* von Ptolemäus, ergänzt durch bruchstückhafte Nachrichten, die Kaufleute, Diplomaten und gelegentlich heimkehrende Kriegsgefangene mitbrachten.

Für die Moslems des Mittelalters stellte Europa somit eine doppelte Herausforderung dar. Auf der einen Seite war da das rivalisierende christliche Weltreich, dem sie die Stirn bieten und das sie überwinden mußten; auf der anderen die Mission, die schon andere Reichsgründer vor und nach ihnen verspürten, die barbarischen Völker jenseits der Reichsgrenzen zu erobern, zu bekehren und zu zivilisieren.

Die westliche Geschichtsschreibung und Mythenbildung stellt den Sieg von Karl Martell über die Sarazenen in der Schlacht von Tours und Poitiers im Jahr 732 als Wendepunkt in der Auseinandersetzung zwischen Christentum und Islam dar, als die entscheidende Schlacht, die den Vormarsch der Moslems zum Stehen brachte und zurückwarf und damit das Überleben des christlichen Europa sicherte. In moslemischen Schriften wird diese Schlacht bestenfalls im Vorübergehen erwähnt – nicht etwa um eine Niederlage zu verheimlichen (die klassischen moslemischen Historiker gehen bei der Aufzeichnung von Niederlagen ebenso wie von Siegen oft bemerkenswert ehrlich zu Werke), sondern aufgrund einer anderen und, in weiterer und umfassenderer historischer Perspektive, wohl auch exakteren Wahrnehmung.

Für die westlichen Christen war Poitiers die Entscheidungsschlacht zwischen Christentum und Islam. Für die Moslems war es ein kleineres Scharmützel, das einige Plünderer dem Feind im wilden Land weitab von der Reichsgrenze

lieferten. Als westliche Parallele hierzu mag man sich die
Schlappe eines Spähtrupps aus Britisch-Indien im 19. Jahrhundert vorstellen, der im tiefsten Afghanistan von einigen
Stammesleuten gefangengenommen wird. Die Moslems des
frühen Mittelalters hatten ein ausgeprägtes Bewußtsein von
der überragenden Bedeutung ihres Kampfes gegen die christliche Welt, von den Problemen, um die es dabei ging, und den
Dingen, die dabei auf dem Spiel standen. Auch waren sie sich
durchaus bewußt, daß ihr Versuch, Europa zu erobern und zu
bekehren, zurückgeschlagen wurde. Den eigentlichen Wendepunkt im Angriff auf Europa bildete in ihrer Wahrnehmung jedoch, daß es den Armeen und Flotten des Kalifats
Ende des siebten und Anfang des achten Jahrhunderts wiederholt nicht gelang, Konstantinopel einzunehmen. Die
Hauptstadt von Byzanz galt zu Recht als die Zitadelle der
christlichen Welt, als Bollwerk, das Europa erfolgreich vor
der Islamisierung rettete. Und als man den Versuch aufgab,
wurde die Einnahme Konstantinopels in eine eschatologische
Zukunft verschoben und entwickelte sich zum Gegenstand
einer ganzen Reihe von überlieferten Geschichten und Legen-
den. All das steigerte die religiöse Bedeutung des Ereignisses
von 1453 ins Ungeheure, als die Stadt einem türkischen
Sultan, der zudem noch den Namen des Propheten des Islam
trug, in die Hände fiel.

3. Drei Wellen der Eroberung

Die moslemischen Versuche, Europa zu erobern, sahen drei
Hauptphasen: die Zeit der Araber, die der Tataren und die
der Türken. Als die moslemischen Armeen im 7. Jahrhundert
aus Arabien aufbrachen, waren die Levante, Ägypten und
Nordafrika noch christlich geprägt und Teil eines christlichen
Reichs. Einer der wenigen, die den Namen »Europa« erwäh-

nen, der persische Geograph Ibn Khurradadhbeh (gest. 846), zählt Nordafrika denn auch zu Europa.[1] Die Eroberungswelle, die sich über diese Länder ergoß, setzte sich fort, und eine Zeitlang gehörten Sizilien und andere Mittelmeerinseln, nahezu die gesamte iberische Halbinsel und kurzzeitig sogar Teile von Südfrankreich zum islamischen Reich. Die Kreuzzüge, jener großangelegte Versuch, die durch den heiligen Krieg verlorenen christlichen Länder im Osten durch einen heiligen Krieg zurückzugewinnen, schlugen fehl. Der länger dauernde Kampf zur Rückgewinnung von Sizilien, Spanien und Portugal war hingegen von einem Erfolg gekrönt, der 1492 durch die Rückeroberung von Granada, der letzten moslemischen Stellung auf westeuropäischem Boden, vervollständigt wurde.

Die zweite Welle, die Einfälle der Tataren, brachte einen Großteil Osteuropas eine Zeitlang unter moslemische Herrschaft. Die Kiptschak-Türken, die weite Gebiete Südrußlands eroberten, waren ursprünglich keine Moslems, wurden aber ebenso wie die weitaus mächtigeren Mongolen, die Rußland im 13. Jahrhundert eroberten, mit der Zeit zum Islam bekehrt. Mit der Bekehrung des mongolischen Khan der Goldenen Horde zum Islam herrschte eine bedeutende moslemische Militärmacht über weite Teile Osteuropas, und zahlreiche lokale christliche Fürsten, auch die Herrscher des Großfürstentums Moskau, kamen zeitweilig unter mongolische Hoheit. Wie in Südwesteuropa beendeten in Osteuropa eine Reihe von Rückeroberungskriegen schließlich, was die Russen als »tatarisches Joch« bezeichneten, und gewannen diese Länder für die Christenheit zurück. So wurden die Grenzen und in gewisser Weise auch die Identität von Europa an dessen östlichen und südwestlichen Ausläufern zunächst durch den Vormarsch, dann durch den Rückzug des Islam festgelegt.

Der letzte und in mancher Hinsicht umfassendste moslemische Angriff auf Europa wurde von den Türken vorgetragen, zunächst unter Leitung des seldschukischen, später dann des osmanischen Herrscherhauses. Bereits im 11. Jahrhundert entrissen die seldschukischen Türken den Byzantinern Anatolien und verwandelten das ehemals griechisch-christliche Land in ein türkisch-moslemisches. Im 13. Jahrhundert überquerten osmanische Expeditionsstreitkräfte die Meerengen des Bosporus – die Grenze zu Europa – und markierten damit den Beginn der ungeheuren Ausweitung des osmanischen Machtbereichs. Auf dem Höhepunkt dieser Entwicklung, als das Khanat der Krim unter osmanische Oberherrschaft fiel, umfaßte das Osmanische Reich sämtliche Küstenstreifen des Schwarzen Meeres, die gesamte Balkanhalbinsel und halb Ungarn. Osmanische Seestreitkräfte nahmen Otranto ein, während osmanische Vortrupps bis in Sichtweite auf Venedig vorrückten. Am bedeutendsten war jedoch, daß sie es zweimal schafften, Wien zu belagern. Die zweite Belagerung Wiens im Jahr 1683 endete erstmals mit einer unzweideutigen Niederlage der Hohen Pforte; und im folgenden Friedensvertrag von Karlowitz (1699) mußte sich der osmanische Sultan erstmals dem Willen eines siegreichen christlichen Feindes beugen.

Bis zu diesem Zeitpunkt jedoch befand sich der Islam, zumindest in seiner Selbstwahrnehmung, auf dem Siegespfad; die Einverleibung der widerspenstigen europäischen Barbaren mochte sich hinauszögern, aber sie würde letzten Endes nicht abgewendet werden können. Sicher gab es einige Verluste in abgelegenen und wenig bekannten Gebieten wie Spanien und Rußland, ja sogar gelegentliche Rückschläge wie die Niederlage zur See vor Lepanto (1571), eine Schlacht, die die Stimmung in Europa zwar merklich, aber nur kurzzeitig hob und kaum Auswirkungen auf das unmittelbare Kräftegleichgewicht hatte. Aber solange die moslemischen Kräfte in den Stammländern die Oberhand behielten, waren sie wie andere Reichsgründer vor und nach ihnen weiterhin von der Überlegenheit ihrer Waffen und der unverrückbaren Vorrangstellung ihres Glaubens und ihrer Lebensweise überzeugt.

Die osmanische Wahrnehmung des christlichen Europa war zwar um einiges schärfer als die ihrer sarazenischen Vorläufer im Mittelalter, aber immer noch sehr begrenzt. Die Osmanen waren natürlich wohlinformiert über die christlichen europäischen Völker innerhalb ihres Herrschaftsbereichs, und die Urkunden im osmanischen Reichsarchiv in Istanbul spiegeln den tagtäglichen Umgang der osmanischen Behörden mit diesen Gemeinschaften auf allen Ebenen bis ins Detail wider. Aber in der osmanischen Literatur oder Geschichtsschreibung findet diese Erfahrung kaum Niederschlag.

Noch weniger interessierte man sich für die christlichen Völker Europas jenseits der Reichsgrenzen. Selbst bedeutenden Ereignissen wie dem Dreißigjährigen Krieg – in den schließlich auch Gebiete in unmittelbarer Nähe der osmanischen Länder verwickelt waren und der Probleme aufwarf, welche die osmanischen Interessen und Einflußsphären direkt betrafen – schenken die zeitgenössischen osmanischen Schriften sehr wenig Aufmerksamkeit, und noch das wenige, das sich darin findet, ist mitunter ungenau. Über das europäische Geistesleben war praktisch nichts bekannt, wenn man davon absieht, daß einige Sultane sich von europäischen Künstlern porträtieren ließen und ein paar wissenschaftliche Werke, hauptsächlich medizinischen und geographischen Inhalts, übersetzt wurden.

Osmanische Beamte hatten einige Kenntnis von der Auseinandersetzung zwischen Protestanten und Katholiken und versuchten sie gelegentlich in recht planloser Weise zu ihrem eigenen Vorteil zu nutzen. Aber weder die Renaissance noch die Reformation weckte ihr Interesse oder bereitete ihnen

Sorgen. Eine Darstellung des Christentums, verfaßt von einem osmanischen Gelehrten des 17. Jahrhunderts, fußt auf arabischen Darstellungen aus dem Mittelalter. Darin wird den christologischen Kontroversen der ersten Ökumenischen Konzile große Aufmerksamkeit geschenkt, aber weder die Kirchenspaltung durch Photios noch die Häresie Luthers, die, wie man meinen könnte, für die osmanischen Leser von größerem Interesse hätte sein sollen, finden auch nur Erwähnung. Ebensowenig bereitete den Türken die Rückeroberung Spaniens Sorgen. Ereignisse am Rand des islamischen Machtbereichs waren von relativ untergeordneter Bedeutung. Worauf es ankam, das war nur die Lage im Kernland, und dort war der Islam in bester Verfassung.

4. Der lange Rückzug des Osmanischen Reiches

Mehr als tausend Jahre lebte Europa, das heißt die christliche Welt, unter der ständigen Drohung eines islamischen Angriffs. Wurden die Moslems hier zurückgeworfen, tauchten sie dort in größerer Stärke wieder auf. Selbst im fernen Island beteten die Christen in ihren Kirchen zu Gott, er möge sie vor der »Schreckensherrschaft des Türken« retten. Diese Ängste waren nicht unbegründet, denn im Jahre 1627 plünderten moslemische Piraten aus Nordafrika die isländischen Küstenstreifen und machten vierhundert Gefangene, um sie auf dem Sklavenmarkt von Algier zu verkaufen.

Die Ereignisse im ausgehenden 17. Jahrhundert – die mißlungene Einnahme Wiens im Jahr 1683, der Verlust von Buda 1686, das anderthalb Jahrhunderte Sitz des türkischen Paschas war, der Rückzug der Türken auf dem Balkan und die Besiegelung ihrer Niederlage durch den Frieden von Karlowitz im Jahr 1699 – waren von mehr als nur lokaler oder regionaler Bedeutung. Sie markierten einen wesentlichen

Wendepunkt in der Beziehung zwischen der europäischen Christenheit und dem osmanischen Islam.

Die Türken selbst machten sich über das Ausmaß der Veränderung keinerlei Illusionen. Ein zeitgenössischer osmanischer Chronist beschreibt den Fehlschlag vor Wien als »eine katastrophale Niederlage von solchem Ausmaß, daß es seit dem ersten Auftreten des osmanischen Staates nichts Ähnliches gegeben hat«.[2] Die allgemeine Stimmung kam in einem Klagelied über den Verlust von Buda zum Ausdruck:

In den Moscheen wird nicht mehr gebetet;
In den Wasserbecken werden keine Waschungen mehr
    vorgenommen;
Die volkreichen Plätze liegen verlassen:
Der Österreicher hat unser schönes Buda genommen.[3]

In den Verhandlungen, die zur Unterzeichnung des Friedens von Karlowitz im Jahr 1699 führten, ersuchten die Türken den britischen und niederländischen Botschafter um Unterstützung und erhielten diese auch, da die britische und niederländische Regierung alles mit Sorge beobachteten, was sie als ungebührlichen Machtzuwachs Österreichs wahrnahmen. Nach dem Friedensvertrag unternahm die osmanische Regierung den ersten einer langen Reihe von Versuchen, ihre Streitkräfte zu reformieren und zu modernisieren, um ihren europäischen Feinden wirksam entgegentreten zu können.

So schlugen die Herrscher des in der Auseinandersetzung mit Europa führenden islamischen Staates zu Beginn des 18. Jahrhunderts auf diplomatischem wie auf militärischem Gebiet eine neue Strategie ein. In beider Hinsicht folgten sie dabei europäischen Methoden; auf beiden Gebieten mit dem Zweck, diese Methoden gegen Europa zu wenden. Die Übernahme der europäischen Diplomatie, des europäischen Drills und der europäischen Bewaffnung reichte zwar nicht aus, die verblassende Macht des Islam wiederherzustellen, aber sie versetzte den osmanischen Staat in die Lage, bis zu seiner endgültigen Auslöschung dem Westen ein sich lange hinziehendes Rückzugsgefecht zu liefern.

In den zweieinhalb Jahrhunderten zwischen dem türkischen Rückzug aus Mitteleuropa und dem Rückzug der großen westeuropäischen Imperialmächte aus Asien und Afrika Mitte des 20. Jahrhunderts übernahm Europa, das von den Moslems als christliche Welt wahrgenommen wurde, die Offensive. Nunmehr erfuhr der Islam die Gefahr und – mit Blick auf einen Großteil seines Hoheitsgebiets und der darin lebenden Menschen – auch die Realität fremder, das heißt christlicher Herrschaft.

Die beiden Phasen – die des moslemischen Vormarsches und christlichen Rückzugs und die des christlichen Vormarsches und moslemischen Rückzugs – bildeten keine zeitlich klar abgrenzbare Abfolge, sondern überlappten einander eher. In einigen Regionen begann der Rollentausch bereits Jahrhunderte vor der Belagerung Wiens. Bereits im Mittelalter versuchten Christen, die moslemischen Eindringlinge zurück- und aus der christlichen Welt hinauszuwerfen und die verlorenen Landstriche zurückzugewinnen. Schon im 9. Jahrhundert, als eine sarazenische Flotte Ostia einnahm, den Tiber hinaufsegelte und Rom plünderte, ersuchte der damalige Papst die Könige und Fürsten der christlichen Welt um die Entsendung von Streitkräften zur Verteidigung des Glaubens. Manche der von ihm und seinen unmittelbaren Nachfolgern verwandten Formulierungen, mit denen er versuchte, die christlichen Kräfte gegen die Eindringlinge zu sammeln, erinnern an die moslemische Sprache des *Dschihad* und nehmen auch die spätere christliche Rhetorik der Kreuzzüge vorweg.

Zwischen dem *Dschihad* und den Kreuzzügen gab es natürlich einen bedeutenden Unterschied. Der *Dschihad* war eine heilige, von der Schrift auferlegte und in das heilige

Gesetz aufgenommene Mission, die so lange fortzusetzen war, bis die ganze Welt für die Erleuchtung des Islam offenstand. Der Kreuzzug hingegen war eine menschliche Unternehmung, welche die christliche Heilige Schrift keineswegs geboten – manche würden sogar eher sagen: verboten – hatte und die dem begrenzten Zweck diente, christliche Territorien zu verteidigen oder, wo diese verlorengegangen waren, zurückzugewinnen. Erfolgreich waren die mittelalterlichen Kreuzzüge in Italien, auf der iberischen Halbinsel und in Rußland, wo sie der islamischen Herrschaft die einst verlorenen Länder entreißen konnten. Sie scheiterten hingegen in der Levante. Beides, diese Erfolge und Fehlschläge, definierten, was sich zu den akzeptierten Grenzen Europas entwickeln sollte.

In der damaligen Zeit standen diese Grenzen noch keineswegs fest. Weder die Spanier und Portugiesen im Südwesten noch die Russen im Osten sahen irgendeinen Grund, warum sie ihre siegreich geschlagenen früheren Herren nicht weiter verfolgen sollten, als sie die Grenzen dessen erreichten, was später einmal ihr nationales Staatsgebiet wurde. Im Osten verfolgten die Russen die Tartaren bis weit nach Asien hinein; im Südwesten folgten die Portugiesen und Spanier den Mauren nach Afrika und setzten ihren Eroberungszug um Afrika herum bis nach Südasien fort. Bereits zu Beginn des 16. Jahrhunderts waren sich einige osmanische Staatsmänner der Bedrohung durch die europäische Macht zur See bewußt. Als Sultan Selim I. (1512–1520), der das osmanische Herrschaftsgebiet bereits um Ägypten und Syrien erweitert hatte, seinem höchsten Berater gegenüber äußerte, er hege die Absicht, die Länder der Franken zu erobern, erwiderte der Berater: »Mein Sultan, Ihr lebt in einer Stadt, deren Wohltäter die See ist. Wenn die See unsicher ist, kommt kein Schiff; wenn kein Schiff kommt, ist Istanbuls Wohlstand verloren.« Wenige Jahre später besprach Lutfi Pascha, der Großwesir von Süleiman dem Prächtigen, die Frage erneut mit seinem Herrscher und gab ihm zu bedenken: »Von den früheren Sultanen beherrschten viele das Land, aber nur wenige die See. In der Kriegsführung zur See sind uns die Ungläubigen überlegen. Wir müssen sie überwinden.«[4]

Aber die Türken konnten die europäische Vorherrschaft zur See nicht überwinden, und im weiteren Verlauf des 16. Jahrhunderts erhoben sich immer mehr warnende Stimmen und wiesen auf die neuen Gefahren hin, welche den Osmanen und dem Islam aus der Ausweitung der europäischen Flotten- und Handelstätigkeit nach Asien und dem gleichzeitigen Vormarsch der Russen nach Süden und Osten erwuchsen. Die Osmanen unternahmen auch in der Tat einige Versuche, der europäischen Expansion zu begegnen. Im Jahr 1569 erwog die Regierung des Sultans den Plan, einen Kanal zwischen Don und Wolga auszuheben, auf dem die osmanischen Flotten vom Schwarzen zum Kaspischen Meer segeln könnten. Das Projekt erwies sich als undurchführbar. Die Flottenexpeditionen, die von verschiedenen osmanischen Häfen am Roten Meer und am Persischen Golf entsandt wurden, um den bedrängten Glaubensgenossen in Indien und auf Sumatra zu Hilfe zu eilen, waren den hochseetüchtigen Schiffen der Seemächte, die für den Atlantik ausgelegt waren und daher ein schwereres Kontingent an Waffen und Mannschaft transportieren konnten, nicht gewachsen. Die in erster Linie mit Europa beschäftigten Osmanen gaben ihre Versuche in beide Richtungen auf und konzentrierten sich auf das, was damals klüger schien: den Schlag geradewegs gegen das Herz des Feindes zu führen.

Aber die Attacke auf das Herz des Feindes wurde zum Stehen gebracht und abgewehrt, und im Laufe des 18. Jahrhunderts gewann der europäische Gegenangriff auf die islamischen Länder im Zentrum an Stärke und erzielte an den Ausläufern rasche Fortschritte. Gegen Ende des 18. Jahrhunderts befand sich ein Großteil der moslemischen Gebiete

Indiens und Südostasiens unter der Herrschaft der europäischen Großmächte. Die beiden bedeutendsten Herrscher im Nahen Osten, der Sultan der Türkei und der Schah von Persien, waren sich dieser Gefahren wohlbewußt, konnten jedoch nichts dagegen unternehmen, da sie beide nunmehr selbst durch den europäischen Vormarsch in ihren Stammländern unmittelbar bedroht waren.

Die Annexion der Krim durch Rußland im Jahr 1786 markierte einen weiteren Wendepunkt. Bislang waren die Osmanen lediglich gezwungen gewesen, zahlreiche reiche Provinzen in Südosteuropa wieder aufzugeben, die ausnahmslos eine christliche Bevölkerungsmehrheit hatten. Der Rückzug hatte hauptsächlich die osmanischen Soldaten und Verwaltungsbeamten betroffen und nur verhältnismäßig kleine moslemische Mehrheiten zurückgelassen. Aber die Krim war seit dem Mittelalter moslemisches und türkisches Land gewesen, und ihr Verlust war ein bitterer Schlag. Daran anschließend weitete sich der russische Machtbereich östlich und westlich der Krim entlang der Küste des einst von den Moslems beherrschten Schwarzen Meeres rasch aus. Es sei daran erinnert, daß der russische Seehafen Odessa im Jahr 1796 auf den Ruinen eines tatarischen Dorfes errichtet wurde. Durch eine Reihe von Kriegen gegen Ende des 18. und zu Beginn des 19. Jahrhunderts dehnte sich der russische Machtbereich weit in ehemals persisches und osmanisches Territorium hinein aus.

Bis dahin waren von diesen Ereignissen nur die türkisch- und persischsprachigen Völker betroffen, deren historisches Bewußtsein von der Gefahr aus dem Norden bis in die modernen Zeiten wachgeblieben war. Im Laufe des 19. Jahrhunderts wurde nun durch den Vormarsch der europäischen Imperialmächte auch ein Großteil der bislang verschonten arabischen Welt in Mitleidenschaft gezogen und schließlich überwältigt. Diese Entwicklung begann ebenfalls in den

Randgebieten – mit den Franzosen in Algerien 1830 und den Briten in Aden 1839 –, betraf jedoch nach weniger als einem Jahrhundert in unterschiedlichem Ausmaß nahezu die gesamte islamische Welt.

Mit der europäischen Vorherrschaft kamen europäische Vorstellungen und Klassifikationssysteme. Scheich Rifa'a Rafi' Al-Tahtawi, ein Ägypter von der Al-Azhar-Universität, der in den Jahren 1826–1831 als religiöser Präzeptor der ägyptischen Studentenabordnung in Paris weilte, verfaßte die erste einflußreiche arabische Darstellung eines europäischen Landes: »Ihr müßt wissen«, teilt er seinen Lesern mit, »daß die Geographen der Franken die Welt von Norden nach Süden und von Osten nach Westen in fünf Teile unterteilt haben, welche sind: die Länder von Europa, Asien, Afrika, Amerika und die Inseln des sie umgebenden Ozeans.«[5] Daran anschließend beschreibt er die physische und politische Geographie Europas und geht nach diesen Vorbemerkungen zur Erörterung und Erklärung der Regierungen und Gesetze sowie der Sitten und Gebräuche der Franzosen über. Das war der Beginn einer umfassenden arabisch-, persisch-, türkisch- und anderssprachigen Literatur, teils aus Übersetzungen, teils aus Originalbeiträgen bestehend, die die moslemischen Leser und Studenten über die neue Herausforderung der drohenden Macht Europas informiert.[6]

5. Das kurze Jahrhundert der europäischen Herrschaft

Spätestens 1920 erschien Europa vollständig über den Islam triumphiert zu haben. Nur in Afghanistan, im Herzen Arabiens und an ein paar anderen schwer zugänglichen und wenig Anziehung bietenden Orten hielten unabhängige moslemische Herrscher noch den alten Lauf der Dinge aufrecht. Aber überall sonst gaben neue Herrscher und neue, aus

Europa eingeführte oder Europa nachgeahmte Methoden den Ton an. Sogar im ehemaligen Zarenreich, das von Revolution und Bürgerkrieg zerrissen war, brachte Moskau die kurzzeitig befreit gewesenen, ehemals moslemischen Herrschaftsgebiete des Zaren erneut unter seine Kontrolle.

Das einst bedeutende Osmanische Reich lag geschlagen und besetzt darnieder, während die Siegermächte des Ersten Weltkriegs die moslemischen Provinzen zerstückelten und unter sich aufteilten. Obgleich Persien technisch gesehen neutral geblieben war, hatten die zeitweise verbündeten, zeitweise rivalisierenden, zeitweise rivalisierend verbündeten britischen und russischen Streitkräfte das Land überrannt. Die übrige moslemische Welt war dem einen oder anderen europäischen Weltreich einverleibt worden. Es schien somit, als habe der langandauernde Kampf zwischen Islam und Christentum, zwischen den islamischen Weltreichen und Europa mit einem entscheidenden Sieg des Westens ein Ende gefunden.

Aber der Sieg war trügerisch und von kurzer Dauer. Die westeuropäischen Kolonialmächte demonstrierten durch die Art der Kultur, der Institutionen und selbst der Sprachen, die sie im Gepäck führten und ihren kolonisierten Untertanen aufzwangen, daß Demokratie und imperiale Herrschaft letztlich unvermeidbar waren, und besiegelten damit den Untergang ihrer eigenen Macht. Sie lehrten ihre Untertanen Englisch, Französisch und Niederländisch, weil sie in ihren Ämtern und Kontors Angestellte brauchten. Hatten sich diese Untertanen aber erst einmal eine westeuropäische Sprache angeeignet, wie dies bei einer wachsenden Zahl von Moslems im westlich beherrschten Asien und Afrika der Fall war, stand ihnen eine neue Welt offen, eine Welt voller neuer und gefährlicher Vorstellungen: Ideen wie politische Freiheit, nationale Souveränität und verantwortliche Regierung mit der Zustimmung der Regierten.

Diese Ideen übten sowohl auf die Untertanen als auch auf die Herren der westlichen Weltreiche nachhaltige Wirkung aus, so daß die einen die autokratische Herrschaft alten Stils nicht länger akzeptierten, die anderen sie nicht länger durchsetzen wollten. Im 19. Jahrhundert hatten diese Ideen die vom Osmanischen Reich unterworfenen christlichen Völker ermutigt, gegen ihre Herren aufzustehen und ihre Unabhängigkeit zu fordern. Im 20. Jahrhundert zeitigten dieselben Ideen bei den moslemischen Völkern, die den europäischen Imperialmächten untertan waren, dieselbe Wirkung, und diesmal mußten die imperialen Herren ihre eigenen Prinzipien und Ideale anerkennen, auch wenn sie nunmehr gegen sie selbst gekehrt wurden.

Einige Aufstandsbewegungen gegen die westliche Herrschaft waren religiös inspiriert und kämpften im Namen des Islam. Die wirksamsten aber – also diejenigen, welche die politische Unabhängigkeit tatsächlich errangen – wurden von verwestlichten Intellektuellen angeführt, die den Westen mit seinem eigenen geistigen Rüstzeug bekämpften. Mitunter kam ihnen dabei auch westliche Hilfe und Ermutigung zugute, denn bei der Entwicklung der türkischen, arabischen, indischen und anderer Nationalismen spielten westliche Sympathisanten, was manchmal vergessen wird, eine bedeutende Rolle.

Seit Mitte des 20. Jahrhunderts wurde zunehmend deutlich, daß die Ära der europäischen Vorherrschaft in den islamischen Ländern wie auch anderswo zu Ende war. Ein Großteil der moslemischen Welt wurde nun von unabhängigen Staaten gebildet, und die äußeren Kräfte und Einflüsse, denen sie noch immer ausgesetzt waren, kamen nicht aus Europa, sondern aus den beiden neuen Supermächten, der Sowjetunion und den Vereinigten Staaten von Amerika. Obgleich beider Kulturen auf europäische Wurzeln zurückgehen, hatten sie sich doch zu etwas anderem und Eigenständigem entwickelt, und dieser Tatsache wurde man sich nach einigen anfänglichen Mißverständnissen in einem Großteil der islamischen Welt durchaus bewußt. Fremde Machteinflüsse und Fremdeinmischung bildeten in diesen Ländern immer noch ein vieldiskutiertes Thema, aber da sie nun nicht mehr Europa zugeschrieben wurden, war es selbst den leidenschaftlichsten Moslems möglich, Europa in einem freundlicheren oder zumindest neutraleren Licht zu sehen.

In einer Hinsicht war das neue Verhältnis zwischen Europa und islamischer Welt eine Neuauflage eines früheren Zeitabschnitts. Sogar zu Zeiten größerer Zusammenstöße zwischen Christentum und Islam – die Kreuzfahrer im Osten, die Osmanen in Österreich – herrschte zwischen den beiden Welten ein lebhafter Verkehr, der in der Hauptsache auf europäischen Unternehmungsgeist und europäische Handelstätigkeit zurückging. Im Jahr 1174 legte Saladin, der Held des Gegenkreuzzugs, in einem Schreiben an den Kalifen in Bagdad seinen Entschluß dar, den christlichen Kaufleuten aus Europa zu gestatten, in den levantinischen Hafenstädten zu bleiben, nachdem diese zurückerobert waren. Diese Kaufleute, so erklärte er, leisteten einen wertvollen Dienst, da sie die auserlesensten europäischen Erzeugnisse, insbesondere Waffen und anderes Kriegsmaterial, heranführten.[7] Es ist kaum verwunderlich, daß die christlichen Machthaber diesen Handel mit weniger Wohlwollen beobachteten und insbesondere der Heilige Stuhl versuchte, ihn durch Verbotserlässe und Exkommunikationsdrohungen zu unterbinden. Aber alle Bemühungen waren umsonst. Der gewinnträchtige Handel ging weiter, und noch als die osmanischen Armeen gegen das Herzland Europas vorrückten, fanden sich christliche Kaufleute bereit, ihren Bedarf zu decken, und waren christliche Bankiers willig, ihre Käufe zu finanzieren. Die modernen Lieferanten, die Saddam Hussein und seinesgleichen mit fortgeschrittenen Waffensystemen versorgen, stehen in einer langen Tradition.

Einer der Hauptgründe für das Ausmaß und die Beständigkeit dieses Handels war die relative Armut Europas und der relative Reichtum der islamischen Länder. Im Mittelalter und noch in frühosmanischer Zeit war diese Ungleichheit deutlich ausgeprägt. Es waren in erster Linie die Edelmetalle und Rohstoffe aus der Neuen Welt und anderen europäischen Kolonialbesitzungen, die eine Entwicklung einleiteten, durch die Europa immer reicher und die Welt des Islam ärmer wurde. Die Erschöpfung Europas nach 1945 auf der einen Seite und der ungeheure erdölbedingte Reichtum auf der anderen stellten das frühere Verhältnis eine Zeitlang wieder her und gaben den Moslems neue, mächtige wirtschaftliche Waffen an die Hand. Bisher haben sie diese Waffen jedoch kaum zu ihrem Vorteil zu nutzen gewußt. Der Ölreichtum ist zudem zwischen den moslemischen Ländern und auch innerhalb der einzelnen ölreichen Länder ungleich verteilt.

In einer Hinsicht jedoch wirkte sich der Ölreichtum deutlich auf die islamischen Verhaltensweisen und Aktivitäten aus: Er hat nämlich einige moslemische Regierungen und eine wachsende Zahl wohlhabender Privatleute in die Lage versetzt, innerhalb der moslemischen Welt und insbesondere unter den neuen moslemischen Gemeinschaften in Europa islamische Aktivitäten verschiedener Art zu finanzieren. Besondere Aufmerksamkeit wird den europäischen Moslems dabei von radikalen und fundamentalistischen Gruppen aus moslemischen Ländern geschenkt, die in Europa eine Freiheit zur Propaganda und eine Offenheit an Kommunikation genießen, die ihnen in ihren Heimatländern größtenteils verweigert werden. Die iranische Revolution von 1979 wurde, wie man sich erinnert, von Neauphle-le-Château nahe Paris aus geplant und geführt. Derzeit gibt es andere Bewegungen, deren Führer es leichter finden, in einer europäischen oder amerikanischen Stadt tätig zu sein, wo sie die Freiheiten und

Annehmlichkeiten des Westens mit der potentiellen Unterstützung großer moslemischer Gemeinschaften verbinden
können.

6. *Gläubige im Reiche der Ungläubigen*

Die Entstehung dieser Gemeinschaften hat das Verhältnis
zwischen Europa und Islam verändert und der moslemischen
Erfahrung mit Europa ein neues Element hinzugefügt. Die
christliche Rückeroberung Italiens und der iberischen Halbinsel zog in diesen Ländern die völlige Auslöschung des Islam
nach sich. Die abebbende Flut der Tataren in Rußland und
der Türkei auf dem Balkan ließ unter der überwiegend christlichen Bevölkerung nur kleine moslemische Minderheiten
zurück, die jedoch seit langer Zeit dort lebten, häufig einheimische Ursprünge hatten und recht gut akkulturiert waren.
Diese Akkulturation bedeutete für sie zwar keinen Schutz vor
Konflikten mit ihren Nachbarn, wie die Ausweisung der
Türken aus dem kommunistischen Bulgarien oder die derzei-
tige Tragödie in Bosnien zur Genüge zeigen. Aber trotz dieser
Schwierigkeiten steht weiterhin fest, daß die Bosnier in erster
Linie Europäer sind und mit ihren nichtmoslemischen Nachbarn weit mehr Gemeinsamkeiten haben als mit ihren nicht-
europäischen Glaubensgenossen.

Das Gegenteil gilt von den neuen moslemischen Minderheiten, die durch die Einwanderung in den meisten europäischen Ländern entstanden sind. Allein die Existenz solcher
Minderheiten markiert einen erstaunlichen Wandel in den
moslemischen Einstellungen und Wahrnehmungen. Das moslemische Gesetz und die moslemische Überlieferung gehen
auf die ersten Jahrhunderte des Islam zurück, als sich der
islamische Staat und Glauben in einem nahezu kontinuierlichen Expansionsprozeß befand. Die moslemischen Rechts-

gelehrten und Theologen behandeln daher ausführlich die Stellung von Nichtmoslems in einem moslemischen Staat und wie man sie zu behandeln hat. Den Problemen, die sich einem Moslem in einem nichtmoslemischen Staat stellten, schenken sie hingegen nur geringe Aufmerksamkeit.

Der Abschnitt über diesen Topos, der in den Gesetzesbüchern gewöhnlich im Kapitel über den *Dschihad* behandelt wird, beschäftigt sich mit der Notlage des Moslems in einem nichtmoslemischen Land unter drei verschiedenen Überschriften. Die erste betrifft den unfreiwillig Reisenden – den Moslem, dem das Unglück widerfährt, im Krieg oder anderweitig gefangengenommen oder versklavt und in ein christliches Land entführt zu werden, wo er unter Zwang bleiben muß. Der zweite Fall bezieht sich auf »den im Land der Ungläubigen Ungläubigen«, der das Licht sieht und den Islam annimmt, und sich auf diese Weise isoliert unter Ungläubigen und von seinesgleichen entfremdet wiederfindet. Der dritte Fall, der vor allem während der Rückeroberung Spaniens und Siziliens sowie der kurzzeitigen Herrschaft der Kreuzfahrer in der Levante erörtert wurde, bezieht sich auf den Moslem, dessen Heimatland von Christen erobert wurde und der sich nun unter christlicher Herrschaft befindet. Nach übereinstimmender Ansicht aller Rechtsgelehrten hat jeder Moslem, der sich aus einem der genannten Gründe unfreiwillig im »Land des Unglaubens« aufhält, dieses Land zu verlassen und dahin zu gehen, wo eine moslemische Regierung die Macht ausübt und das moslemische Gesetz gilt. Erst wenn es Gott gefällt und das Licht des Islam (erneut) über ihrem Heimatland erstrahlt, dürfen sie oder ihre Nachfahren dahin zurückkehren.

In der Anwendung dieser Regel gibt es allerdings Meinungsunterschiede. Nach Ansicht einiger strengerer Rechtsgelehrter ist der Pflicht zur Abreise sofort und bedingungslos Folge zu leisten: Unter nichtmoslemischer Herrschaft im

Lande zu bleiben sei für einen Moslem ein Akt der Gottlosig-
keit und ein Verstoß gegen ein grundlegendes Gebot des
heiligen Gesetzes. Andere Rechtsgelehrte, die das Gesetz mil-
der auslegen, schwächen die (auch von ihnen anerkannte)
grundsätzliche Pflicht zur Abreise durch eine Reihe mildern-
der Bedingungen ab, die im Endeffekt darauf hinauslaufen,
daß ein Moslem auch unter einer ungläubigen Regierung
bleiben darf – vorausgesetzt, diese erlaubt ihm die freie Ausübung seiner Religion. Dies wirft natürlich die weitere Frage
auf, worin für einen Moslem »die freie Ausübung seiner
Religion« besteht und insbesondere, inwieweit dies die Beachtung und Durchsetzung des heiligen moslemischen Gesetzes einschließt.

Ähnliche Interpretationsunterschiede zwischen der stren-
gen und der milderen Rechtsgelehrtenschule prägen auch die
Diskussionen über den Moslem, der freiwillig ein nichtmosle-
misches Land besucht. Die Reisen moslemischer Kaufleute, ja
selbst die Niederlassung moslemischer Gemeinschaften unter
den Götzenanbetern und Polytheisten in Afrika und Asien,
scheinen dabei wenig oder gar keine Besorgnis erregt zu
haben. Die freiwillige Reise eines Moslem in die christliche
Welt, in die Länder des Erzrivalen des Islam, war jedoch eine
andere Sache. Nach der strengsten Gesetzesauslegung gibt es
für einen Moslem nur einen einzigen rechtmäßigen Grund,
sich in die christliche Welt zu begeben, und zwar um über den
Freikauf oder Austausch von Gefangenen zu verhandeln.
Dieser Sachverhalt wurde mitunter zu einer generellen Er-
laubnis für Botschafter verallgemeinert, obgleich festzuhalten ist, daß die moslemischen Staaten im Gegensatz zu den
christlichen bis ins ausgehende 18. Jahrhundert keine ständigen Auslandsvertretungen einrichteten und auch im 19. Jahrhundert nur wenige diesen Schritt unternahmen. Die übliche
Praxis bestand vielmehr darin, einen Botschafter zu entsen-
den, wenn es etwas zu sagen gab, und ihn zurückzuberufen,

wenn alles gesagt war. Die meisten frühen marokkanischen Botschaftsberichte aus Europa trugen die Überschrift »Bericht über eine Mission zum Freikauf von Gefangenen« oder waren mit ähnlichen Formulierungen überschrieben – vermutlich, um dem Botschafter oder dem Herrscher, der ihn entsandte, mögliche Schwierigkeiten mit dem Gesetz zu ersparen.

Einige Rechtsgelehrte erlaubten solche Reisen auch zu Handelszwecken, beschränkten diesen Grund jedoch auf den Kauf von Lebensmitteln in Notzeiten. Auch diese Bedingung verallgemeinerte die mildere Interpretationsrichtung zu einer generellen Reiseerlaubnis für Moslems, die in Europa Handel trieben. Nur sehr wenige allerdings nahmen dieses Recht in Anspruch, und der überwiegende Teil des Handels wurde von christlichen und in weit geringerem Maße von jüdischen Kaufleuten getätigt, die als Besucher oder ständige Bewohner in den Ländern des Islam weilten.

Die Frage, ob Reisen für Studienzwecke erlaubt sind, wurde nicht aufgeworfen, da klar war, daß es von den unwissenden Ungläubigen in der tiefsten Wildnis nichts zu lernen gab. Erst zu Beginn des 19. Jahrhunderts entsandten der Pascha von Ägypten, der Sultan der Türkei und der Schah von Persien die ersten Studentenabordnungen nach Europa. Sie verfolgten damit vor allem die Absicht, ihre Streitkräfte zu modernisieren, so daß ihr Vorgehen unter Berufung auf die Regelungen früherer Rechtsgelehrter gerechtfertigt werden konnte, die es für erlaubt hielten, vom Feind zu lernen, um ihn wirksamer bekämpfen zu können.

Die einzige Möglichkeit, die keinem der an diesen Erörterungen Beteiligten in den Sinn zu kommen schien, war der Fall, daß Moslems allein oder in Gruppen aus eigener, freier Entscheidung die Länder des Islam verlassen und sich in einem nichtmoslemischen Land niederlassen könnten. Genau dies aber geschah in nachkolonialer Zeit. Zahlreiche Moslems gingen aus den vormaligen Kolonialländern in die Heimatländer ihrer ehemaligen Kolonialherren: die Nordafrikaner nach Frankreich, die Südasiaten nach Großbritannien, die Indonesier nach Holland, die Transkaukasier und Zentralasiaten nach Rußland. Aber das waren noch längst nicht alle. Viele Immigranten kamen aus Ländern, die nie unter Kolonialherrschaft gestanden hatten, insbesondere die Arbeitsemigranten aus der Türkei und die politischen und religiösen Flüchtlinge aus dem Iran. Heute zählen die meisten westeuropäischen Länder viele Millionen moslemische Einwohner, wobei ein wachsender Teil in diesen Ländern geboren ist und groß wird, mit all den Ansprüchen, zu denen ihre Geburt sie berechtigt und auf deren Einforderung ihre Erziehung sie vorbereitet.

7. Die neuen moslemischen Minderheiten

Europa hat eine lange Geschichte des Umgangs mit religiösen Minderheiten hinter sich, seien es die Protestanten in katholischen Ländern, die Katholiken in protestantischen Ländern oder die Juden in den einen wie den anderen. Eine wechselvolle Geschichte, geprägt von Abtrünnigkeit und Unterdrükkung, von Verfolgung und Vertreibung und bisweilen von religiösen Bürgerkriegen. In unserem eigenen Jahrhundert kamen die meisten Menschen in den meisten europäischen Ländern nach einem entsetzlichen Finale überein, Unterschiede zu akzeptieren und mit anderen zusammenzuleben, und nur wenige, wenn überhaupt, können sich mit Recht über religiöse Verfolgung beklagen.

Aber die Anwesenheit von Moslems in Europa wirft neue Fragen auf. Zum Teil liegt das daran, daß sich die meisten moslemischen Einwanderer rassisch von den Europäern unterscheiden und Rassenvorurteile in einem Gutteil von Europa noch immer lebendig und verbreitet sind. Aber auch im rein religiösen Bereich hat sich die Lage um einen neuen bedeutenden Aspekt verändert. Der Islam ist nicht nur eine andere Religion, sondern verkörpert auch eine andere Auffassung von Religion – davon, was Religion definiert, auf welche Lebensbereiche sie sich erstreckt und welche Anforderungen sie stellt. Für die meisten modernen Europäer bezieht sich Religion in erster Linie auf den Glauben und den Gottesdienst. Religionsfreiheit meint das Recht, diese oder jene Glaubensvorstellungen zu haben, sie auszudrücken und zu lehren sowie den geeigneten Gottesdienst zu veranstalten und zu leiten, ohne deshalb in anderen Lebensbereichen diskriminiert zu werden. Für traditionelle Moslems bedeutete der Islam all das und noch viel mehr. Insbesondere meinte er das Recht, nach dem heiligen Gesetz des Islam zu leben, das sich nicht nur auf den Glauben und den Gottesdienst bezieht, sondern auch auf zahlreiche zivilrechtliche, strafrechtliche und vor allem private Angelegenheiten.

Die Erwartungen der Moslems sind wie die aller anderen Menschen durch ihre Geschichte und ihre Traditionen geprägt. Zur Zeit der großen moslemischen Reiche, als der Islam beherrschend war und die verschiedenen christlichen Konfessionen als Minderheiten geduldet waren, genossen diese Minderheiten ein hohes Maß an Gemeinde-Autonomie. Das schloß die Leitung ihrer eigenen Erziehungssysteme ein und sogar die Durchsetzung ihrer eigenen Gesetze, soweit sie den grundlegenden Gesetzen des Staates nicht widersprachen. Ihre Gemeindebehörden übten reale Macht aus und hatten die Befugnis, Steuern zu erheben, Streitfälle gerichtlich zu entscheiden und bei Rechtsverstößen sogar Strafen auszusprechen. Es ist somit nur verständlich, wenn heute Moslems, die sich in christlichen Ländern als Minderheiten wiederfinden, von einer christlichen Regierung dasselbe Maß, genauer: dieselbe Art von Toleranz erwarten, wie sie den christlichen

Minderheiten von moslemischen Regierungen entgegengebracht wurde. Diese Erwartung wurde auch durch ihre erst kurz zurückliegende Erfahrung mit den europäischen Kolonialherren in ihren Heimatländern nicht geschwächt, sondern gestärkt, da die Kolonialverwaltungen im Hinblick auf Erziehungs- und Gesetzesangelegenheiten sowie hinsichtlich der Rechtsstellung der Person im allgemeinen recht vorsichtig und konservativ zu Werke gegangen waren.

Die asiatischen und afrikanischen Moslems, die in modernen europäischen Demokratien als Minderheiten leben, finden sich mithin gleichzeitig im Besitz von mehr und von weniger Freiheit wieder, als sie wollen, erwarten und nutzen können. Die Grundrechte, die mit der Staatsangehörigkeit oder auch nur mit einer permanenten Aufenthaltsgenehmigung verknüpft sind, sind ihnen natürlich willkommen und stellen im Vergleich zu ihrer vorherigen Rechtsstellung vielfach eine Verbesserung dar. Aber die westliche Vorstellung vom Status der Frauen ist zugleich für viele Moslems Anlaß zu tiefer Beunruhigung. Andererseits: Die Art von gemeindlicher und kultureller, ja von gesellschaftlicher und rechtlicher Selbstverwaltung, die für religiöse Minderheiten in den moslemischen Reichen galt, ist im modernen Europa unmöglich, und die Versuche der einen Seite, diese Autonomierechte zu erhalten, und die der anderen, sie zu verweigern, haben zu vielen Mißverständnissen und Reibungen geführt.

Es gibt mehrere Möglichkeiten, wie sich die Zukunft der moslemischen Minderheiten in Westeuropa entwickeln könnte. Einige Beobachter vertreten die Auffassung, die nächste Generation, die von Geburt und Erziehung her europäisch sein wird, werde dem Weg folgen, den die Juden vorgezeichnet haben, die in früherer Zeit aus den Ghettos heraustraten, um sich in den Hauptstrom des zivilisierten Europa einzugliedern. Andere weisen darauf hin, daß die Moslems weit zahlreicher sind, als die Juden es waren, und darüber hinaus anders als die Juden durch eine ausgedehnte moslemische Welt außerhalb Europas unterstützt werden. Und wieder andere meinen, daß die Moslems in Zukunft eher eigenständige kulturelle, ja gesellschaftliche Enklaven innerhalb einer toleranteren, offeneren europäischen Gemeinschaft bilden werden.

Wie immer ihre Zukunft aber aussehen mag, zwei Dinge sind schon jetzt deutlich. Zum einen gibt es in Westeuropa nunmehr, und dieser Sachverhalt ist nicht mehr rückgängig zu machen, eine vielköpfige, bedeutende moslemische Bevölkerung, die im europäischen Leben eine zunehmende Rolle spielen wird. Und zum anderen werden diese Gemeinschaften, vermittelt über die tausend Verbindungen, die sie mit ihren alten Heimatländern unweigerlich aufrechterhalten werden, für die künftige Entwicklung der moslemischen Welt insgesamt zunehmend an Bedeutung gewinnen.

Aus dem Englischen von Bodo Schulze

Dan Diner
Zweierlei Osten
Europa zwischen Westen, Byzanz und Islam

Was unter Europa zu verstehen ist, steht neuerlich zur Disposition. Aus der Verfallsmasse des politischen Ost-West-
Gegensatzes treten längst vergessene Zuordnungen hervor.
Allem Anschein nach werden sie entlang jener Linie ver-
laufen, an der sich schon von jeher westliche und östliche
Christenheit voneinander schieden. Vieles dürfte jedenfalls
von den Weiterungen anhebender Konflikte abhängen, die –
gleichsam wie von alters her gewohnt – vom Balkan ausgehend Bündnissysteme und Ordnungsprinzipien erschüttern.
So scheint heute Griechenlands Zugehörigkeit zum Westen
nicht mehr so sicher wie noch zur hohen Zeit des kalten
Krieges. Ein Orientierungsverlust droht auch der Türkei,
wenn dieser auch anderen Wirkkräften geschuldet ist. Und
über allem dräut das ungewisse Schicksal Rußlands, dessen
zeitlich nicht abzuschätzende Verwandlung aus dem Reich in
einen Staat mehr als alles andere dazu beitragen dürfte, die
Chiffre »Europa« neu zu bestimmen.[1]

Europa, Rußland, der Balkan, die Türkei – hier öffnet sich
ein historisches Umfeld, das in manchem an längst vergangen
geglaubte Konstellationen erinnert: An die Orientalische
Frage und ihre konflikthaften Zuspitzungen – vor allem im
Krimkrieg (1853–1856). In der Tat: der mit der Orientalischen Frage verbundene geographische Raum bietet den zugleich realen wie symbolischen Ort, an dem sich schon in der
Vergangenheit die Zivilisation der westlichen und östlichen
Christenheit ebenso wie die des Islam aneinander gerieben

haben. Eine derartige Konstellation findet sich in der Geschichte immer wieder: Historisch-politische Selbstverständ-
nisse und ihre Wandlungen bilden sich vornehmlich von den
Peripherien her aus, wie hier an der östlichen Kulturgrenze
Europas: zwischen lateinischer Christenheit, der Tradition
von Byzanz und der des Islam.

1. Der Horizont der »Orientalischen Frage«

Im politischen System des europäischen Gleichgewichts bot
das Umfeld der Orientalischen Frage – die Verfallsgeschichte
des Osmanischen Reiches und das davon bestimmte Verhältnis der europäischen Mächte zueinander – den innereuropäi-
schen Spannungen gleichsam einen Entlastungsraum. Dort
nahmen die Mächte aneinander Maß, dort wurden die Ge-
wichte der Balance tariert. So nimmt es nicht wunder, wenn
vom zentralen Ereignis der Orientalischen Frage her, vom
Krimkrieg – eine Art »Weltkrieg« des 19. Jahrhunderts –,
erhebliche Erschütterungen für das europäische Staatensystem ausgingen. Im Gefolge dieses Einschnitts wurde nicht
zuletzt der deutsche Dualismus im Sinne Preußens gelöst und
damit die kleindeutsche Reichsgründung vorbereitet. Diese
hatte nämlich insofern die russische Niederlage im Krimkrieg
zur Voraussetzung, als sich damit das Zarenreich von Europa
vorübergehend abwandte und nun die seit 1849 prekäre
Machtstellung Österreichs in Mitteleuropa für alle ersicht-
lich unhaltbar wurde. Darauf spekulierte im übrigen auch
das Königreich Sardinien-Piemont, das sich mit einem be-
scheidenen Kontingent an der Seite Englands, Frankreichs
sowie des Osmanischen Reiches am Krieg gegen Rußland
beteiligte. Diese Teilnahme wußte es im Sinne eines Hebels
für die Unterstützung der italienischen Einigungsbestrebun-
gen durch die gegen Rußland verbündeten Mächte zu nutzen.

Und vom folgenreichen Gegensatz zwischen Rußland und Österreich auf dem Balkan, die den Schwankungen einer Fieberkurve gleich vom Krimkrieg auf den Ersten Weltkrieg zuläuft, soll hier erst gar nicht die Rede sein.

Es ist also keineswegs bloßer Willkür geschuldet, Örtlichkeit und Zeitlichkeit der Orientalischen Frage – jene dramatische Verknüpfung von Mächtekonstellationen und der Ausbildung von nach staatlicher Unabhängigkeit drängenden Nationalitäten im Herrschaftsgebiet des Osmanischen Reiches – zur Bestimmung dessen heranzuziehen, was unter »Europa« verstanden wurde. Ihre Bedeutung für die Interpretation aktueller Zustände findet sich allein schon dadurch begründet, daß die Vorgänge auf dem Balkan wie ein *déjà-vu* wirken. Es spricht einiges dafür, daß die politische Reaktivierung über Jahrzehnte hinweg verdeckt gewesener historischer Räume eine Wiederkehr der mit ihnen verbundenen historischen Zeiten evoziert. Sicher wird dies keine tatsächliche Wiederkehr sein, kein Zwang zur bloßen Wiederholung – aber doch so etwas wie die tätige Wirkung eines Arsenals historischer Erinnerungen und geschichtlicher Bebilderungen aus dem 19. sowie dem frühen 20. Jahrhundert. Die aktuellen Konflikte auf dem Balkan weisen ebenso wie die im Bereich des Kaukasus in diese Richtung.

Die Wiederkehr vergangener Zeiten löst im Bewußtsein eine gleichsam palimpsestische Wirkung aus: Wie mehrfach beschriftete Pergamentvorlagen längst vergessene Text offenbaren – oder wie Restaurierungsarbeiten an Fresken Bilder verdeckter Schichten freilegen –, so leben in den nachkommunistischen Konflikten auf dem Balkan Gedächtnisräume auf, die von der historischen Erinnerung längst archiviert schienen. Und diese Gedächtnisräume weisen heute vornehmlich ins 19. Jahrhundert. Dies mag mit der Widerständigkeit von Erinnerungen in Verbindung stehen, die sich aus jener Zeit heraus und den Erfahrungskontext des abgelaufe-

nen 20. Jahrhunderts hintanstellend gleichsam in eine Art
Zukunft der Vergangenheiten hinein verlängern. Doch mehr
noch dürfte diese Wirkung der historizistischen Deutungs-
macht des 19. Jahrhunderts selbst geschuldet sein. Schließlich
kommt diesem Jahrhundert die Bedeutung einer Prägeanstalt
dessen zu, was gemeinhin unter Geschichte verstanden wird.
Ohnehin zieht das 19. Jahrhundert ihm weit vorgelagerte
Zeiten an sich, um sie nach seinem Bilde zu historisieren; als
Zeitalter der Nationalbewegungen ist dieses Säkulum eine
Zeit der Fundierung historischer Gründungsmythen. Der
Schein ihrer Wiederkehr – bei Verlust des ebenfalls dem
19. Jahrhundert eigenen Telos von Fortschritt – potenziert
ihre dubiose Wirkungsmacht.

Es war also vornehmlich die Orientalische Frage, jenes
Spannungsgeflecht zwischen Rußland, dem lateinischen Westen und der islamischen Macht der Osmanen, die im 19. Jahrhundert definierte, was unter Europa zu verstehen war. Diesen
Problemkontext gilt es zu vergegenwärtigen.

Als Ereignisabfolge läßt sich die Orientalische Frage durch
die Daten 1774 und 1923 periodisieren: Das Jahr 1774 steht
für den Frieden von Kütchük Karnaijdcha – damals, als das
Osmanische Reich nach der Niederlage im Krieg mit dem
Rußland Katharinas II. zum ersten Male in seiner Geschichte
von Muslimen besiedelte Territorien im Bereich des nördlichen Schwarzen Meeres verloren gab. Dabei sah sich das
Osmanische Reich einem Gegner ausgesetzt, der mehr als
bloße Gebietsforderungen stellte: Seiner Heiligkeit als »Drit-
tes Rom« wegen behauptete Rußland einen Anspruch auf
Konstantinopel.[2] Außerdem erhob es die Forderung, mit dem
Schutz der orthodoxen Christenheit betraut zu werden.
St. Petersburg spielte offensichtlich mit der Idee einer griechi-
schen Neubegründung von Byzanz – freilich im Schatten
Rußlands: eine Begehrlichkeit, die auf eine Auflösung des
Osmanischen Reiches hinauslief.[3]

Das andere Eckdatum der Orientalischen Frage hingegen –
das Jahr 1923 – steht für eine dramatische Wirkung des von
den Mächten des 19. Jahrhunderts so gefürchteten und demzufolge in Quarantäne gesetzten Nationalitätenprinzips. Der
damals in Kraft getretene Frieden von Lausanne, der sowohl
den griechisch-türkischen Krieg im Gefolge des Ersten Weltkrieges abschloß als auch das Ende der jahrtausendealten
griechischen Siedlungspräsenz in Kleinasien und im Pontus-
bereich ratifizierte, verweist auf die unsäglichen Folgen, die
eine verfallende Gleichgewichtsordnung für den ethnogra-
phischen *Status quo* von ursprünglich übernational formierten Gemeinwesen nach sich zu ziehen vermag.[4]

2. *Pariser Frieden und Jus Publicum Europaeum*

Davon war im Jahr der Beendigung des Krimkriegs, 1856,
freilich noch nicht die Rede. Zwar wurde durch dieses Ereignis ein Wandel von Selbstverständnissen angestoßen, und
zwar vornehmlich auf seiten Rußlands. Als Reaktion auf den
Krimkrieg bzw. den Pariser Frieden entfremdete sich das
Zarenreich zunehmend dem Westen und nahm damit Abstand von Europa, um stärker seiner asiatischen Bestimmung
zu folgen. Doch diesem Selbstverständnis war eher eine imperiale und kulturelle und weniger eine ethnische Dimension
eigen. So deuteten Danilewski und in seinem Gefolge Dosto-
jewski den Krimkrieg in gleichsam überhistorischen Ge-
schichtsbildern – etwa in Analogie zum vierten Kreuzzug,
damals, 1204, als die »westlichen« Venezianer und ihre Verbündeten das orthodoxe Konstantinopel plünderten und
brandschatzten. Es waren solche geschichtsphilosophischen
Spekulationen, die den Dualismus von »Lateinertum« und
Byzanz in einen Gegensatz zwischen Europa und Rußland
verwandelten.[5]

Suchte sich Rußland nach dem Krimkrieg gedemütigt dem als »westlich« erachteten Staatensystem zu entziehen, so fand das Osmanische Reich im Gegenteil Aufnahme ins Europa der Mächte. Mit dem Artikel 7 des Pariser Friedens von 1856 war jedoch nicht nur die Aufnahme des Osmanischen Reiches in das europäische Konzert der Mächte fixiert – darüber hinaus wurden der Türkei noch Teilnahme und Teilhabe an den Vorzügen des europäischen öffentlichen Rechts zugesagt, also nicht mehr und nicht weniger als die volle Gleichberechtigung im damaligen Völkerrechtssystem.[6]

Artikel 7 des Pariser Friedens jedenfalls löste eine Debatte mit kulturkämpferischen Anklängen aus: Kann das Osmanische Reich, kann ein islamisches Gemeinwesen an den Segnungen der europäischen, sprich: christlichen Institutionen teilhaben? Wie sind diese Institutionen beschaffen, wie sind sie zu verstehen? Handelt es sich hierbei nicht um universalisierbare oder allein um partikular-kulturgebundene Institutionen – beruhend auf Werten und Formen, die nur schwer generalisierbar sind?[7]

In den darauffolgenden Jahren zerbrachen sich die europäischen Rechtsgelehrten den Kopf, inwieweit das Völkergewohnheitsrecht Europas auf die »orientalischen« Völker übertragbar sei. Nach der praktischen Seite hin blieb das Ergebnis der Beratungen offen. Theoretisch erzielten die Juristen dahin gehend Übereinstimmung, als sie das Völkerrecht als einen Corpus von Rechtsregeln interpretierten, die aus dem Christentum heraus vornehmlich, wenn nicht gar ausschließlich für christliche Völker geschaffen und sanktioniert worden seien. Die Autorität dieser Regelungen und Institutionen – so wurde gefolgert – könne jedenfalls nicht überall Geltung beanspruchen. Eine wirklich universelle Gemeinschaft sei erst dann denkbar, wenn das römische Recht bei allen Völkern Einzug gehalten habe.

In ihrem Urteil gingen die Rechtsgelehrten von einer ge-

meinhin für gültig erachteten Identität zwischen der abendländischen Christenheit und Europa aus – einer Christenheit,
die sich zwar zunehmend säkularisierte, aber nichtsdesto-
trotz Christenheit blieb. Ausgehend von der *Res Publica
Christiana* verlief der Prozeß der okzidentalen Säkularisierung der Ordnungsprinzipien über das *Jus Publicum Europaeum* hin zum europäischen Völkerrecht. Um die Mitte des
19. Jahrhunderts und angesichts des Krimkrieges, der vom
Westen vornehmlich zum Schutze der Osmanen gegen das
orthodoxe Rußland geführt worden war, schien eine Anglei-
chung der Zivilisationen und damit eine Stufe von Universali-
sierbarkeit erreicht, die es möglich machte, den Osmanen den
Zugang zu den europäischen Institutionen zu öffnen – freilich nicht, ohne letztere auf Vorleistungen in Sachen Modernisierung zu verpflichten. Um diese Vorgaben zu erfüllen,
leitete die Hohe Pforte noch vor der Eröffnung der Friedens-
konferenz zu Paris den *Zweiten Tanzimat,* die zweite Re-
formperiode ein.

Immerhin hatten sich die Anforderungen des Westens an
die außereuropäische, islamische Macht merklich gemäßigt.
Zu Ausgang des 17. Jahrhunderts, als die Osmanen vor den
Habsburgern zurückzuweichen begannen, nahm sich solches
Anliegen noch ganz anders aus. Im Jahre 1693 verfaßte Wil-
liam Penn ein kleines Büchlein über die Etablierung einer
Organisation europäischer Staaten zur Streitschlichtung und
Kriegsverhütung. Darin wurde den Türken zwar die Teil-
nahme und Teilhabe an einer derartigen europäischen Insti-
tution angeboten – freilich unter der wenig anheimelnden
Maßgabe, zuvor das Christentum anzunehmen.[8]

Hundert Jahre später hatte die westliche Christenheit als
Europa eine neue »occidentale Altersstufe«[9] erreicht. Bona-
partes Zugriff auf Ägypten – immerhin standen von 1798 bis
1801 zum ersten Male seit den Kreuzzügen wieder christliche
Truppen auf islamischem Boden – erfolgte bereits in der

103

Sprache von Vernunft und Menschenrechten. Der Säkularismus der revolutionären Franzosen ignorierte demonstrativ die Religion – und zwar *jede* Religion – und ihre Symbole; also auch die für die Christenheit bedeutsamen heiligen Stätten. Bei seinem Vormarsch aus Ägypten in Richtung Syrien erklärte der revolutionäre Heerführer sibyllinisch, Jerusalem liege außerhalb seiner Operationslinien.[10] Romantische Fahrten ins Heilige Land sollten erst später – angeführt von Chateaubriand und Lamartine – erfolgen. Sie waren nicht zuletzt einer Apologie des Christentums in Reaktion auf den mit der Französischen Revolution verbundenen Rationalismus geschuldet.[11]

Der säkularen *translatio* westlicher Art hatte der Islam an traditioneller Mobilisierung weniger entgegenzusetzen als der weiterhin religiös auftretenden Bedrohung aus dem orthodoxen und russischen Norden. Die »Latinität«, der Okzident als Europa, trat den Muslimen anders entgegen: als Bewußtsein vom Fortschritt, gleichsam als Bewegung und Produktion. Die üblichen Grenzziehungen der Religionen fanden sich so zusehends aufgehoben, die Geographie relativiert. Von solcher Verschiebung jedenfalls ging der liberale Historiker Leopold von Ranke aus, wenn er das Osmanische Reich vom »christlichen Wesen« in Gestalt ebenjenes Fortschritts übermannt sah – ein Fortschritt, der als »Genius des Okzidents« aus dem Geiste der Gesetze floß.[12]

Den bewunderten europäischen Fortschritt in der Gestalt politischer Institutionen, vornehmlich im Konstitutionalismus zu erkennen, war die große Entdeckung von Gebildeten aus muslimischen Ländern. In der ersten Hälfte des 19. Jahrhunderts waren sie auf Initiative ihrer Herrscher vornehmlich zum Zwecke des Spracherwerbs und der Übersetzungskunst in den Westen entsandt worden. Diese Praxis mag verwundern: Aber die Kenntnis westlicher Sprachen war im Orient dünn gesät. Während in Europa damals allein über siebzig

Werke zur arabischen Grammatik greifbar waren, zehn zur persischen und fünfzehn für das Türkische, war im Orient nichts Entsprechendes anzutreffen.[13] Erst 1828 wurde das erste Wörterbuch Arabisch–Französisch publiziert. Eine entsprechende Grammatik ließ weitere zwanzig Jahre auf sich warten. 1844 vermerkte der englische Botschafter in Istanbul, nur ein knappes Dutzend gebildeter Türken beherrschten europäische Sprachen oder seien in der Lage, europäischsprachige Bücher zu lesen.[14] Und auch von der Aneignung westlicher Philologie abgesehen – die orientalischen Sprachen bedurften selbst einer Modernisierung, um als Kommunikationsmittel den Anforderungen eines Zeitungspublikums entsprechen zu können. Ein Zeitungswesen aber setzte erst mit dem Krimkrieg ein, als der Telegraph täglich die neuesten Nachrichten von der Front übermittelte.

3. Muslimische Europäisierung und zaristische Expansion

Überhaupt hatten die Muslime Europa neu zu entdecken. Bernard Lewis erzählt vom dramatischen Verfall der traditionell so hoch entwickelten Kunst der Geographie und Kartographie bei den Muslimen im Verlaufe des 18. Jahrhunderts. Zur Verblüffung des Historikers konnten osmanische Minister im Jahre 1770 sich nicht mehr so recht vorstellen, wie die russische Flotte unter dem Befehl der Gebrüder Orlov von der Ostsee ins Mittelmeer gelangt sein konnten, um von dort aus die Griechen zur Revolte zu bewegen. Und der österreichische Dolmetscher und Historiker Joseph Hammer berichtet von einer um 1800 erfolgten Unterredung zwischen dem britischen Botschafter bei der Pforte und dem osmanischen Groswesir, der unter Zuhilfenahme von Karten geradezu überredet werden mußte, einzusehen, daß zwischen Indischem Ozean und Rotem Meer eine Verbindung bestehe, durch die britische Truppenverstärkungen aus Indien herangeführt werden könnten.[15] Um so nachhaltiger war deshalb der Eindruck, den die von Bonaparte in seinem Troß mitgeführte Militärbibliothek bei den Gebildeten Ägyptens hinterließ. Der Historiker al-Jabarti war tief bewegt, dort eine Fülle von Büchern über islamisches Wissen und arabische Sprache anzutreffen.[16]

Die Modernisierung bzw. Europäisierung des Orients (Hans Kohn) ging wesentlich vom militärisch begründeten Zwang zur Heeresreform aus. Sultan Selim III. ersuchte zum Ende des 18. Jahrhunderts das revolutionäre Frankreich um die Entsendung einer Militärmission. Doch für welche Zwecke auch immer: Um Wissen übertragen zu können, waren die Herrscher der muslimischen Länder gehalten, Übersetzer auszubilden. Für den osmanischen Sultan, den persischen Schah und vor allem den Pascha und späteren Khediven von Ägypten – Mohammed Ali – hatte der Erwerb von Fertigkeiten im Ingenieurwesen Vorrang. Von europäischer Philosophie und Regierungslehre sollte das interessierte Publikum hingegen ferngehalten werden. Im Unterschied zu den Segnungen westlicher Technik waren europäische Ideen und Praktiken europäischer Lebensweise im islamischen Orient nicht gern gesehen. Wissen über die Strukturen von Macht und Herrschaft sollte dem Volke vorenthalten bleiben. So unterblieb 1825 auf Verlangen Mohammed Alis die Drucklegung einer Übersetzung von Machiavellis »Der Fürst«. Der modernistisch eingestellte Pascha selbst wußte sich mit dem Manuskript zu behelfen.[17]

Der wohl bekannteste zu Bildungszwecken in den Westen entsandte Scholare, der Ägypter Rifa' Al-Tahtawi, Augenzeuge der Pariser Juli-Revolution, war hier ganz anderer Ansicht. Er erkannte Europa gerade dort, wo das Prinzip der Gewaltenteilung vorherrschte und die Gesetze nicht aus einem sakralen Kanon, sondern aus naturrechtlichen Prinzipien fließen. Auch die Früchte der Wohlfahrt wußte er auf das Gut der Freiheit zurückzuführen. Ganz ohne Zweifel setzte Al-Tahtawi Europa mit den französischen Zuständen der 1830er Jahre gleich. Schließlich galt diesem Lande seine ganze Bewunderung. Dem Geist der Zeit entsprechend verweigert er dem – wie er formulierte – »tyrannischen Rußland« das Attribut des Europäischen.[18]

Die russische Autokratie dürfte Al-Tahtawi als arabischem Aufklärer aus Ägypen in der Tat zuwider gewesen sein, und dies nicht nur der inneren Verfaßtheit Rußlands wegen, sondern auch aufgrund der südwärts gerichteten Expansion des orthodoxen Imperiums auf Kosten des muslimischen Universalreiches – Konstantinopel und die Meerengen im Blick.[19] Edgar Hösch hat das sogenannte »Griechische Projekt« Katharinas II. eindringlich beschrieben – jene Idee der Wiederherstellung eines an die byzantinische Tradition anknüpfenden Griechenland mit der Hauptstadt Konstantinopel, klassizistisch wie philhellenisch legitimiert.[20]

Spätestens seit dem osmanisch-russischen Krieg 1768/74, als sich das Zarenreich erstmalig Zugänge zum Schwarzen Meer sicherte, und mit der bald darauf erfolgten Einverleibung der Krim wurde die Konfrontation Moskaus mit Istanbul unumkehrbar. Die Härte der Auseinandersetzung war im übrigen auch an der Kolonisationspolitik Katharinas II. ablesbar: Auf erobertem muslimischem Boden wurden nämlich die ortsansässigen Bevölkerungsgruppen weitgehend vertrieben oder ausgesiedelt – an ihrer Stelle wurden christliche (russisch- oder griechisch-orthodoxe) Neusiedlungen errichtet. Interessant ist in diesem Zusammenhang auch die systematische Ansiedlung von Balkanslawen und Griechen an den nördlichen Gestaden des Schwarzen Meeres – Siedler in einer großangelegten Landnahme. Auffällig sind die griechisch klingenden Namen in den Neusiedlungsgebieten:

Grigoripol im Dnjestrbereich; östlich des Flusses Aleksopol, Melitopol u. a.[21]

Der unter Katharina mit neuer Energie aufgeladene Drang nach Süden – gen Konstantinopel – war trotz der byzantinischen Tradition des Landes durchaus als eine Neuerung empfunden worden. Zwar war die einzige noch existierende orthodoxe Macht schon zuvor, im 15. bis 17. Jahrhundert, von Bittgesuchen der Balkanchristen überhäuft worden, die Türken abzuwehren. Doch war dieses Ansinnen weitgehend unerhört geblieben. Auch dem ständigen Werben europäischer Protestanten, einer Allianz gegen die Osmanen beizutreten, entzogen sich die Zaren aus wohlerwogenem Interesse. Diese Haltung änderte sich erst im Zuge jenes »Griechischen Projekts« Katharinas mit seiner klassizistischen Nachahmung der Symbolik Hellas' und den Insignien Ostroms. Ihrem 1779 geborenen Enkel Konstantin wurde der imperiale Auftrag gleichsam mittels Namensnennung in die Wiege gelegt. Seine Taufe erfolgte übrigens nach griechischem, nicht nach russisch-orthodoxem Ritus. Auch der Name seines Bruders Alexander, des späteren Zaren, sollte an Großes erinnern. Den Worten eines zeitgenössischen Publizisten nach galt Rußland zunehmend als »Europas Stolz und Asiens Schrecken«.[22]

Doch das ganz groß angelegte »Griechische Projekt« Katharinas und des Fürsten Potemkin scheiterte. Freilich sollte Rußland später – und dies ganz gegen die von ihm selbst mit beschlossenen Prinzipien des Wiener Friedens von 1815, vornehmlich gegen den Grundsatz der Legitimität – weiter die Sache der griechischen Unabhängigkeit vom Osmanischen Reich betreiben. Hier war es also die Außenpolitik des Zaren selbst, die dem ansonsten wegen seiner destabilisierenden Wirkung verworfenen Nationalitätenprinzip zur Geltung verhalf!

4. Heiliges Rußland wider katholisches Abendland

Die russische Ausdehnung nach Süden richtete sich also mit
Notwendigkeit gegen das Osmanische Reich – und sollte
auch den ein Jahrhundert lang währenden Gegensatz zu England inaugurieren. Doch daneben war seit den Tagen Katharinas auch eine gen Westen gerichtete russische Expansions-
tendenz nicht zu übersehen. Schließlich war das Reich seit
1779 – dem Frieden von Teschen, welcher den bayerischen
Erbfolgekrieg beendete – auch zur europäischen Garantie-
macht mit einem Mitspracherecht in deutschen Angelegenheiten geworden.[23] Und von den polnischen Teilungen soll
hier erst gar nicht die Rede sein.

Die sich ständig wiederholende Frage nach der Westorien-
tierung Rußlands warf im 19. Jahrhundert zentrale Probleme
des russischen, aber auch des europäischen Selbstverständnisses auf. Galt Rußland als ein Teil Europas – oder war es
sein Widerpart? Diese Frage wurde nicht nur von außen
aufgeworfen, sondern jetzt auch wiederholt in Rußland
selbst gestellt. Die russischen Kritiker einer westlichen Orientierung des Landes wiesen darauf hin, daß die Teilhabe Rußlands an der europäischen Gleichgewichtsordnung das Reich
nolens volens an ein westlich geartetes System binde. In der
Tat: Fragen des Mächtesystems waren mit Fragen des Selbstverständnisses auf das engste verbunden.

Die kulturphilosophische Schrift Nikolai Danilewskis aus
dem Jahre 1869 – »Rußland und Europa« – legt jedenfalls
einen Gegensatz nahe. Schließlich war die Schrift unter dem
nachhaltigen Eindruck des Krimkrieges sowie des polnischen
Aufstandes von 1863 verfaßt worden. Und angesichts weiterer Orientkrisen – vor allem der von 1877/78 – sollte sie im
russischen Bewußtsein ihre antiwestliche Wirkung entfalten.
Insofern nimmt es nicht wunder, daß Danilewski für das
Ausscheren Rußlands aus dem europäischen Gleichgewichts-

system plädierte. Schließlich sei diesem Ordnungsprinzip die Anbindung Rußlands an Europa geschuldet – ein Umstand, der das Land in eine ihm zutiefst fremde Verwestlichung hineintreibe.[24] Seit 1815 Rußland als Garant des antirevolutionären Legitimitätsprinzips unter das Joch Europas gespannt worden sei, gehe es seiner selbst verlustig. Nur jener gescholtenen »äußeren« Gleichgewichtsordnung wegen gehöre Rußland zu Europa – aber nicht seinem innersten Wesen nach.

Solche Überlegungen fanden nicht nur bei Slawophilen Gehör – sie zählten schon seit längerem, wenn auch mit entgegengesetzter Bewertung, zum Arsenal der Russophoben im Westen, vornehmlich der katholischen Reaktion. Bereits der dem hellenischen wie dem byzantinischen Griechentum gegenüber feindselig gestimmte Joseph de Maistre war der Auffassung, nur die Logik des europäischen Staatensystems verbinde Rußland mit dem Westen – nicht aber die abendländische Geschichte. Die damals gängige Entgegensetzung von Abendlandromantik und dem als rationalistisch abgetanen »bloßen« Gleichgewichtseuropa sollte später abermals in russophober Absicht in Stellung gebracht werden. In seiner notorischen Rede vom Januar 1850 warnte Juan Donoso Cortés vor den Gefahren der Revolution vor allem auch deshalb, weil sie das Abendland entwaffnen und so dem orthodoxen Rußland den Weg nach Westen bereiten werde. Insofern sei die reaktionäre Diktatur des Säbels – durchdrungen vom katholisch-autoritären Prinzip – der Diktatur des Dolches und damit der Natur der Heimtücke vorzuziehen.[25] Der Österreicher Jacob Phillip Fallmerayer, eine Autorität in Sachen Balkanslawen, sah die Entgegensetzung der abendländischen und morgenländischen Welt von zwei Heiligen Stühlen symbolisiert: Rom repräsentiere – wie es bei ihm heißt – den »selfgovernmentalen Occident«–, Byzanz die Unfreiheit.[26] Fallmerayer war einer der wenigen, die einen

Zusammenstoß wie den Krimkrieg relativ früh voraussahen. Außerdem forderte er die moralische Gleichstellung des Osmanischen Reiches mit den christlich-abendländischen Gemeinwesen des europäischen Konzerts – eine Forderung, die schließlich 1856 in Paris erfüllt werden sollte.

Der im 19. Jahrhundert überhandnehmende Rußlandhaß – historiosophisch als säkulare *translatio* des lateinischen Antibyzantinismus verstanden – war nicht nur bei katholischen Reaktionären anzutreffen, sondern ebenso bei den demokratischen Anhängern der Französischen Revolution. In der Tat fürchtete Heinrich Heine eine russisch-griechisch-orthodoxe Weltherrschaft, und auch Marx – ganz den Einsichten der polnischen Emigranten ergeben – tat Rußland als barbarisch, mehr noch: als »asiatisch«, ab.[27] Die orthodoxe Slawophilie wiederum erkannte in beiden: im Katholizismus wie in den Anhängern der Französischen Revolution, ihren okzidentalen Gegenpol.

Die im Westen, vornehmlich in England grassierende Russophobie war in den 30er Jahren des vorigen Jahrhunderts noch ein durchaus neues Phänomen. Noch 1814 war Rußland in London als der »Befreier Europas« gefeiert worden. Schließlich schien es so, als befinde sich Rußland, angestoßen von der petrinischen Politik, seit dem 18. Jahrhundert auf dem Pfade der Verwestlichung. Seit den 1740er Jahren galt das Land ebenso wie die anderen Gemeinwesen Europas als »eine Provinz der französischen Aufklärung«.[28] Die Verwestlichung freilich zeitigte nur wenig Tiefenwirkung und reduzierte sich vornehmlich auf Hof und Adel. Hegel sollte diesen Vorgang mit dem Wort von der »Verähnlichung« Rußlands umschreiben. Die Masse der Bevölkerung, die Bauernschaft, verharrte jedenfalls in den traditionellen Werten und Lebenswelten der Orthodoxie. Erst die Napoleonischen Kriege intensivierten den Kontakt vieler Russen mit dem Westen. Vornehmlich die Militärs wurden von dieser Strömung erfaßt, so daß auch die Heimat davon nicht unberührt bleiben sollte. So wird der 1825 unternommene (und gescheiterte) Dekabristenaufstand auf das anhaltende »Europaerlebnis« der Offiziere zurückgeführt.[29] Die brutale Reaktion unter Nikolaus I. trug freilich das ihre dazu bei, russophoben Empfindungen im Westen Auftrieb zu verschaffen.

Der innerrussische Gegensatz zwischen »Westlern« und »Slawophilen«, der die zweite Hälfte des 19. Jahrhunderts beherrschen sollte, entstand Mitte der 1840er Jahre[30]; und außerhalb Rußlands grub sich mit dem Krisenjahr 1848 ein Rußlandbild in das Bewußtsein von Demokraten und Liberalen ein, in dem das Zarenreich für Unterdrückung, Reaktion und Despotie stand. Das Osmanische Reich wiederum – jenseits der europäischen Ordnung und ihrer Bürgerkriege stehend – nahm damals generös politische Flüchtlinge aus Mitteleuropa auf, vornehmlich Polen und Ungarn. Manche von ihnen konvertierten zum Islam; und einige gelangten sogar zu Amt und Würden.

Im Jahre 1853 löste ein Streit zwischen orthodoxer und katholischer Geistlichkeit um Präsenzrechte an den heiligen Stätten in Jerusalem den Krimkrieg aus. Napoleon III. und Nikolaus I. standen sich als Protagonisten von Katholizismus und Orthodoxie, von Lateinertum und Byzanz, von West und Ost feindlich gegenüber – so jedenfalls war die Wahrnehmung der Zeitgenossen grundiert.

5. Fazit

Die mit dem Namen »Orientalische Frage« bezeichnete Konfliktkonstellation von anderthalb Jahrhunderten verwandelte den Raum des christlich-orthodoxen Südens, der zugleich zum islamischen Norden gehört, in einen Paukboden der europäischen Mächte. Als Teil Europas im engeren Sinne galt jener Raum des Übergangs jedenfalls nicht. Für England etwa, das sich während des 19. Jahrhunderts bei weitem mehr als *von* Europa denn *in* Europa verstand, gehörte die gesamte Balkanregion durchaus zum *Near East*. Die Zugehörigkeiten und Unterscheidungen dieser Region bildeten sich im 18. und 19. Jahrhundert in den Konflikten an der europäischen Peripherie heraus – dort, wo jenseits rationalisierender geographischer Einteilungen die westliche, die östliche Christenheit und der Islam ineinander übergehen und aufeinanderstoßen.

Heute mögen diese Konflikte – zwischen »lateinischer« Religion und Kultur, Orthodoxie und Islam – auf dem Balkan und im Kaukasus wie Palimpseste anmuten. Doch sie werden nicht zuletzt darüber befinden, wer zu Europa gehören wird und wer nicht.

II.
GEISTLICHES
UND WELTLICHES
SCHWERT

Einführung des Herausgebers

Im Prinzip können sogar innerhalb eines einheitlichen Staatswesens Kirche und Staat in einen Gegensatz zueinander treten. Aber unter solchen Umständen ist es wahrscheinlich, daß einer der beiden Kontrahenten triumphiert und den anderen schluckt: Der Priester wird König, oder aber der König wird Priester. Anders liegt die Sache, wenn die geographischen Territorien der weltlichen und der geistlichen Macht sich nicht decken [...] Die christliche Kirche überlebte das Römische Reich, die muslimische Geistlichkeit überdauerte das Kalifat.

Ernest Gellner (Pflug, Schwert und Buch)

Die Beiträge dieses zweiten Teils handeln von den Unterschieden zwischen weltlicher und geistlicher Macht: Diese sind insbesondere dann legitimationsbedürftig, wenn beide demselben Bekenntnis huldigen. Im Judentum war dies nur während einiger Phasen seiner Geschichte der Fall, woran Michael Walzer in seinem Beitrag erinnert. Später mußten sich die jüdischen Gemeinden von christlichen Cäsaren und Königen oder muslimischen Kalifen regieren (und oft genug verfolgen) lassen. In der Christenheit hingegen sollte der Gegensatz von Geistlichkeit und politischer Herrschaft ganz verschiedene Ausprägungen annehmen, die Trutz Rendtorff, David Martin und José Casanova in ihrer aktuellen Gestalt darstellen. Diese Strukturanalyse zeigt: Nicht nur christlicher Westen und Osten, sondern auch Westeuropa und Amerika unterscheiden sich nach der Art und Weise, in der sie die Grenzziehung zwischen »dem, was des Kaisers, und dem, was Gottes ist« umsetzen.

Diese vom Manne aus Nazareth vorgenommene Sphärentrennung war zwar auch das geschickte Umgehen einer Falle, die mit der Situation des jüdischen Volkes unter Fremdherrschaft zu tun hat: Den Erfolgen des neuen Predigers aus Nazareth mißtrauisch gegenüberstehende Vertreter der gesetzestreuen Orthodoxie stellten ihn mit der Frage auf die Probe, ob es erlaubt sei, dem römischen Kaiser, d. h. der heidnischen Besatzungsmacht, Steuern zu zahlen (und als Zeugen schickten sie gleich die Anhänger des Herodes mit – Kollaborateure und potentielle Zuträger). Daß diese Episode aber von allen drei synoptischen Evangelien übernommen und überliefert worden ist (*Mt* 22,15–22; *Mk* 12,13–17; *Lk* 20,20–26), verleiht der Abgrenzung der Domäne der weltlichen Herrschaft vom Reiche Gottes programmatischen Charakter. Nun kann diese Unterscheidung – und die analoge, im Johannesevangelium überlieferte Antwort des Menschensohnes an den römischen Statthalter Pilatus, Sein Königreich sei nicht von dieser Welt (*Joh* 18,36) – gewiß noch nicht als Manifest der modernen Religionsfreiheit verstanden werden. In der Abtrennung zweier Bereiche voneinander – und in der Zuweisung des Gottesreiches zu einer »inneren«, vom Gläubigen frei zu ergreifenden Wahrheit – skizziert der Menschensohn allerdings die Grundfigur, auf der sämtliche späteren Konkretisierungen der *libertas ecclesiae* beruhen.

Die Trennung von Kirche und Staat wird sehr viel später erst ein (mögliches) Ergebnis kontrastierender Deutungen der Botschaft Jesu in der Reformation und den Religionskriegen sein. Und dann beruht sie auf einer ganz spezifischen,

paulinischen und augustinischen Interpretation der Antwort
Jesu an Pilatus, und zwar einem protestantischen Argument:
auf der »inneren« Freiheit zum Glauben. Wenn nämlich einzig und allein »das eigne Wollen oder Nichtwollen« über den
authentischen Glauben der Christenmenschen entscheiden
kann, also nach protestantischer Auffassung über den einzigen Weg zum Heil, dann muß jeder äußere, politische Druck
zugunsten einer bestimmten Konfession oder Kirche zugleich
als Gefahr für den authentischen, inneren Entschluß zum
Glauben gesehen werden. So lautet das Argument in John
Lockes »Brief über Toleranz« (1689) − ein Gedanke, der
allerdings im lutherischen Staatskirchentum Nordeuropas
ebensowenig Fuß fassen sollte wie in der Church of England:
Locke schrieb dieses Pamphlet in den religiös pluralistischen
calvinistischen Niederlanden.

Die Trennung der Kirche Gottes von den Mächten der Welt
befreit auch die Religion zu sich; sie befreit die Offenbarung
von ihrer Vermengung mit der Macht, den herrschenden
Sitten und dem Mammon, weil der Glaube nur im personalen
(Er-)Leben des einzelnen und der (Heilige) Geist der Kirche
Gottes nur im authentischen Leben einer Gemeinde erfahren
werden kann, die keinem anderen Kriterium verpflichtet ist
als der Offenbarung selbst. Auch noch die subjektiv(st)e
Form der Religion, wie sie vor allem durch den hl. Augustinus
theologisch beschrieben/erfunden wurde, betrifft mehr als
das Subjekt, welches aus göttlicher Gnade den Ruf vernimmt.
Die Religion geht auf den »Sinn« des Lebens: ihre Botschaft
betrifft wohl das Ganze der Schöpfung − doch ist ihre Erfahrungsweise eine »innerliche«.

Darum kennt die »reine« oder wahre Religion keine andere Instanz, der sie verpflichtet wäre, außerhalb der religiösen Sphäre selbst. Wie diese beschaffen sein und institutionalisiert werden soll, wird dann im Felde der »Vielheit der
Religionen« (Schleiermacher) den jahrhundertelangen Kampf

zum die wahre Kirche oder Religion ausmachen. Doch das Kriterium dafür kann, da die interne Wahrheit der Religion sich weder der Metaphysik noch der Moral erschließt, nur innerhalb der Religion, nur aus religiöser Erfahrung erfunden werden. Insofern gehört bereits zu diesem Begriff der Religion als einer Wahrheit, welche *in interiore homine* wohnt, ihre Differenz zur weltlichen Macht und Gewalt.

Wurzelt moderne Freiheit somit idealiter im (Selbst-)Ausschluß der Kirche von der politischen Macht, so hat die real existierende katholische Kirche diese liberale Schlußfolgerung aus der radikalen (»inneren«) Autonomie des Christenmenschen offiziell erst im 20. Jahrhundert gezogen, also lange nach dem Verlust ihrer direkt weltlichen Macht: mit der Erklärung des Zweiten Vaticanum über die Religionsfreiheit. Diese ist – woran José Casanova in seinem Beitrag erinnert – die konsequente Schlußfolgerung aus der Trennung von menschlicher Macht und göttlicher Offenbarung. Wenn es zur Wahrheit des Glaubens gehört, daß auch die Tradition unter jeweils neuen historischen Bedingungen neu und (nur) aus eigener Überzeugung gewählt wird, dann schadet die politische Institutionalisierung einer Kirche der internen Wahrheit der Religion selbst.

Michael Walzer
Politik und Religion in der jüdischen Tradition

1. König und Prophet

Gibt es in einer religiösen Tradition Raum für säkulare Politik? Und wenn es diesen Raum stets gibt, wie ist er dann beschaffen? Noch anders gefragt: Welche Vorbilder finden sich in der jüdischen Geschichte und im jüdischen Recht für den gegenwärtigen Säkularismus Israels?

Bevor ich mich diesen Fragen zuwende, sollte ich jedoch den Konditionalsatz im ersten Absatz erläutern: Unter Politik verstehe ich hier die Bemühungen, Konflikte zu lösen, Interessen auszugleichen, Unterschieden Rechnung zu tragen, Mächte zu verteilen und zu begrenzen sowie die soziale Ordnung zu erhalten. Politik ist eine Art und Weise, in einer Welt der Disharmonie und der Widersprüche zurechtzukommen. Das Ziel besteht natürlich darin, möglichst gut zurechtzukommen, d. h. in Übereinstimmung mit einer bestimmten Auffassung von Frieden und Gerechtigkeit. Daß wir aber in der Welt zurechtkommen müssen, ist eine allgegenwärtige Tatsache; und sie entzieht sich – wenn nicht notwendigerweise, so doch in der Praxis stets von neuem – der theologischen und ideologischen Kontrolle. Sie folgt den für sie typischen praktischen Gesichtspunkten und Zwängen; sie besitzt sozusagen ihre eigene Logik. Wie findet nun diese Logik im Judentum Anerkennung und Rechtfertigung?

Man könnte antworten: nur unter größten Schwierigkeiten. Denn Israels Religion ist in ihrem Ursprung wirklich antipolitisch im Wortsinne. Sie ist gegen die menschliche Tätigkeit des Miteinanderauskommens gerichtet. Betrachten wir die früheste israelitische »Regierungsform«, die Herrschaft der Richter, wie sie im Buch Richter beschrieben wird (weder behaupte ich die historische Authentizität dieser Beschreibung, noch interessiere ich mich im folgenden für sie). Die Richter waren keine ernannten oder gewählten Beamten; sie bekleideten kein Amt in einer konstitutionellen Ordnung; von ihren Funktionen, Vorrechten, ihrer Rechtsprechung haben wir so wenig Kenntnis wie von den Grenzen ihrer Befugnisse. Sie waren »Retter«, von Gott zu Krisenzeiten eingesetzt (in erster Linie in Zeiten der Eroberung oder Unterdrückung durch fremde Mächte). Ich vermute, daß sie über charismatische Autorität im Sinne Max Webers verfügten; da sie aber im Auftrag Gottes handelten, konnten sie weder in ihrem eigenen Namen herrschen noch ihre Autorität ihren Kindern oder einem von ihnen selbst ausgewählten Nachfolger übertragen. Tatsächlich haben sie keine Nachfolger. Die Erzählfolge im Buche Richter beschreibt keine gesetzlich geregelte Nachfolge; zwischen den einzelnen Richtern lagen lange Intervalle ohne Herrscher. Oder aber: Es gibt keinen anderen Herrscher als Gott allein, den wahrhaftigen »König« Israels – er ist der ewige Herrscher und die einzige Quelle der Regierungsgewalt. Daher ist die Herrschaft der Richter – wie immer sie auch konkret vor Ort ausfiel – zumindest dem Begriffe nach eine Theokratie.

Der entscheidende Augenblick einer Gründung politischer Institutionen im biblischen Israel wird im ersten Buch Samuel beschrieben, als die Ältesten zu Samuel, dem von Gott auserwählten Richter jener Zeit, kommen und ihn um einen König bitten: »Auch wir wollen wie alle Völker sein. Unser König soll uns Recht sprechen« und »er soll vor uns herziehen und soll unsere Kriege führen« (1 *Sam* 8,20). Samuel widersetzt sich, doch Gott befiehlt ihm nachzugeben: »Hör auf die

Stimme des Volkes in allem ... Denn nicht dich haben sie verworfen, sondern mich haben sie verworfen: Ich soll nicht mehr ihr König sein« (1 *Sam* 8,7). Gott stimmt seiner eigenen Entthronung zu, die Israeliten oder die Ältesten, die in ihrem Auftrage handeln, suchen nach einem Weg, miteinander auszukommen, d. h. nach einer Politik – und sie finden oder wählen die herkömmliche Form: die Monarchie. Könige unterscheiden sich von Richtern dadurch, daß sie nicht von Gott eingesetzt, sondern zum Regieren geboren oder vom Volke gewählt werden; sie bekleiden ein Amt, und ihre Nachfolge ist festgelegt – jedes Interregnum zeugt von einer Krise der Monarchie. Natürlich beanspruchen die Könige von Israel schon bald auch göttliche Autorität für sich (wenn auch nicht Göttlichkeit). Ich möchte hier aber keinen Abriß der Geschichte der israelitischen Monarchie geben, sonder darlegen, was das Königtum ursprünglich war: ein Instrument weltlicher Herrschaft und menschlicher Problemlösung.

Die Konflikte zwischen Königen und Propheten entspringen zum Teil dem säkularen Charakter des Königtums: Wer erinnert sich nicht an die Anklage der Propheten wider die königliche Ungerechtigkeit, und wer hätte sich nicht für ihre Sache begeistert? Einige der am schwersten wiegenden Anschuldigungen wurden allerdings gegen Könige erhoben, die genau so handelten, wie es die Ältesten von ihnen forderten. Hier verkörpern die Propheten den Geist der alten, von Gott auserwählten Richter: Auch die Propheten wurden von Gott eingesetzt, bekleiden kein gesetzlich verankertes Amt und haben keine Nachfolger; sie üben Kritik an den Königen im Namen der alten Vorstellung, daß Gott allein der König von Israel ist. Als König Hiskija von Juda die assyrischen Truppen gegen Jerusalem ziehen sieht, handelt er so, wie es ein König wohl tun sollte: Er bessert die Stadtmauern aus und verstärkt sie; er gräbt einen Tunnel zur Wasserversorgung der Stadt; er bereitet sich auf eine Belagerung vor. Auch sendet er Emissäre

nach Ägypten, um zu sondieren, welche Hilfe er vom Erz-
feind Assyrien erwarten konnte, und er nimmt Verhandlungen mit den Assyrern auf, um herauszufinden, unter welchen
Bedingungen eine Belagerung zu vermeiden wäre. Heute
würden wir das internationale Politik nennen. Es ist dieser
Maßnahmenkatalog, den der Prophet Jesaia als Ausdruck
mangelnden Glaubens an Gott anprangert. Die politische
Alternative, falls man sie denn als eine solche bezeichnen
kann, besteht darin, auf die göttliche Errettung zu warten:
Seid ruhig, harrt aus, handelt nicht – das ist die prophetische
»Anti-Politik«.

2. *Rabbi und Richter*

Doch der krasse Gegensatz zwischen Prophet und König,
Glaube und Politik dauerte nicht lange an. Die religiösen
Autoritäten erkannten an, daß die Könige tatsächlich Kriege
vorbereiten und ausfechten. Und so machten sie sich – im
Judentum ebenso wie im Christentum oder im Islam – daran,
diese Konflikte zu regeln, Königen durch religiöse Gesetze
Schranken zu setzen, zu bestimmen, wer kämpfen und wer
getötet werden und wann gekämpft werden durfte. Und das
Gesetz ließ, innerhalb bestimmter Grenzen, Raum für
menschliche Problemlösungen – wenngleich diese Grenzen
oft starr waren und die »Spielräume« sehr beschränkt. So
war es Juden anfangs nicht erlaubt, am Sabbat zu kämpfen;
doch als dies (wie nicht anders zu erwarten) zu katastropha-
len Niederlagen führte, durften sie sich in Notsituationen
wehren; Angriffe aber durften nicht am Sabbat oder am
vorhergehenden Tag durchgeführt werden, sondern nur drei
Tage vorher usw.

Die für unsere Überlegungen relevanten Gesetzesverord-
nungen galten indes nicht für die Kämpfe, sondern für die

zweite Tätigkeit, die die biblischen Ältesten mit dem Königtum gleichsetzten: für die Rechtsprechung – insbesondere hinsichtlich Kapitalverbrechen und schwerer Vergehen, wo es, wie im Krieg, um Leben und Tod ging. Hier stießen die religiösen und die weltlichen Interessen am deutlichsten aufeinander: Die Rabbiner, die in den Menschen das Abbild Gottes sahen, konnten gerichtlich verordnetes Töten nicht ohne weiteres gutheißen, aber die Macht zu töten galt allgemein als notwendig für die Aufrechterhaltung der sozialen Ordnung. Für die Todesstrafe gab es zahlreiche Belege in den biblischen Texten, sie galt als legitimes Instrument der königlichen und später der rabbinischen Gerichtshöfe; doch machten verfahrensrechtliche Beschränkungen es praktisch unmöglich, überhaupt jemanden wegen eines schweren Verbrechens zu verurteilen. Die folgende Diskussion aus der *Mischna* illustriert den Charakter der rabbinischen Auffassung treffend:

Ein Sanhedrin [Gerichtshof], der alle sieben Jahre ein Todesurteil verhängt, wird als destruktives Gericht gebrandmarkt. Rabbi Eliezer ben Azariah sagt: alle siebzig Jahre. Rabbi Tarfon und Rabbi Akiba meinen: Gehörten wir einem Sanhedrin an, so würde niemand je zum Tode verurteilt werden. [Darauf] bemerkte Rabban Simeon ben Gamaliel, [ja] und damit würde das Blutvergießen in Israel um ein Vielfaches zunehmen!

Simeon spricht hier im Namen der weltlichen Erfordernisse – und damit zur Verteidigung der Politik oder zumindest einer gängigen politischen Vorstellung von Politik. Er stellt aber nicht die entscheidende politische Frage: Wer besitzt die Macht und die Autorität, unter Verletzung der religiösen Vorschriften Blut zu vergießen, um zu verhindern, daß das Blutvergießen in Israel zunimmt?

125

3. Das »Gebot der Stunde«

Ich überspringe nun ungefähr zwölf Jahrhunderte, um eine der wenigen ausführlicheren Antworten auf diese Frage in der rechtswissenschaftlichen und religiösen Literatur des Judentums zu betrachten. Es gibt auch frühere Antworten, manche davon aus der Zeit des Simeon ben Gamaliel, auf die ich später zurückkommen werde; sie sind allerdings kurz und zumeist nicht umstritten. Die Frage kannte keine sonderliche Eile; schließlich besaßen die Juden keinen Staat, und nur selten wurde jüdischen Gerichtshöfen gestattet, eine körperliche Züchtigung zu verfügen, die über die Prügelstrafe hinausging – eine Beschränkung, die vermutlich nicht als besonders einschneidend empfunden wurde. Die Rabbiner zogen es offenkundig vor, das Geschäft des Tötens, selbst wenn es gerechtfertigt war, den nichtjüdischen Herrschern zu überlassen. Im Spanien des 14. Jahrhunderts jedoch gab Rabbi Nissim Girondi aus uns nicht überlieferten Gründen eine explizite Darstellung von Politik als einer Aktivität, die, zumindest manchmal, ihren jüdischen Protagonisten abforderte, sich außerhalb des religiösen Gesetzes – oder sogar gegen es – zu stellen und selber das Geschäft des Tötens zu übernehmen. Der entscheidende Protagonist dieser Politik war der König. Die Monarchie erscheint in Girondis Essay wieder als das Instrument der weltlichen Zwänge.

Gott hat – so Girondi – Israel ein vollkommenes Gesetz gegeben. Er setzte Israel jedoch – wie alle anderen Völker – in eine zutiefst unvollkommene Welt. Daraufhin richtete er die Monarchie ein (besser gesagt, er akzeptierte diese von Menschen geschaffene Institution) und gab uns damit ein Mittel an die Hand (oder ließ es zu), das uns hilft, mit der Unvollkommenheit zurechtzukommen. Der König handelt, um dem, was im jüdischen Recht »Gebot der Stunde« heißt, nachzukommen. Er verfügt über Notstandsvollmachten, wie wir es heute nennen würden. Wenn es zu einer Häufung von Verbrechen kommt, kann der König beispielsweise als starke Abschreckungsmaßnahme Verbrecher zum Tode verurteilen, ohne die gesetzlich gebotenen Verfahren einzuhalten. Er kann die Gesetze der Thora um des *tikkun olam* willen, der Wiederherstellung der Harmonie in der Welt, übertreten. Dafür sind Könige da, so Girondis Argument. Dafür, so dürfte er gedacht haben, *waren* Könige zu Zeiten der israelitischen Monarchie da. Während Priester und Propheten das Volk und seine Herrscher die Thora lehrten, gehorchten die Herrscher einem niedrigeren Gesetz und taten – zu Recht –, was getan werden mußte.

Über das genaue Ausmaß des von Girondi zugestandenen Spielraums streiten sich die Gelehrten. Ich möchte mich nicht an diesem Streit beteiligen und nur darauf verweisen, daß im politischen Leben die Neigung besteht, das »Gebot der Stunde«, sobald es einmal prinzipiell anerkannt ist, zur Regel, also zum Gebot des Alltags zu machen. Girondi hat einen weltlichen Bereich definiert – wie begrenzt oder ausgedehnt auch immer – und ihn mit einem Subjekt politischen Handelns ausgestattet, das zumindest zeitweilig vom religiösen Gesetz freigestellt ist. Die Politik erreicht hier eine Art Autonomie, selbst wenn sie noch völlig im Dienst der Religion steht. In Machiavellis »Discorsi«, die ein paar Jahrhunderte später verfaßt wurden, bricht der Fürst die moralischen Gesetze um des Heils der Republik willen, so daß die gemeinen Bürger eines Tages sich selbst regieren können. Der König der Juden hingegen bessert die Welt so aus, daß die gemeinen Juden im Einklang mit den göttlichen Gesetzen leben können. Man braucht einen König, doch sein weltliches Reich genießt kein hohes Ansehen.

Wenn es keinen jüdischen König gibt, werden die Notstandsvollmachten – so Girondi – an die rabbinischen Gerichtshöfe oder an die Führung des *kahal,* der autonomen

oder halbautonomen jüdischen Gemeinde im Mittelalter,
übertragen. Sowohl der Gerichtshof als auch der *kahal* besaßen eine weitere und weniger offensichtlich politische Form
von Autorität im weltlichen Bereich. Die Gerichtshöfe konnten religiöse Gesetze durch eine Vielzahl von juridischen
Fiktionen sozusagen von innen her ändern. Sie handelten vor
allem in wirtschaftlichen Angelegenheiten für das öffentliche
Wohl, ohne sich auf äußere Notwendigkeiten zu berufen und
ohne den Radikalismus ihrer Entscheidungen im geringsten
einzugestehen. Zweifellos findet in solchen Fällen ein politischer Prozeß statt, welcher aber nie ins Bewußtsein vordrang.
Auf ähnliche Weise konnte der *kahal*, der seine Autorität aus
dem stillschweigenden oder ausdrücklichen Konsens seiner
Mitglieder bezog, seine eigenen Angelegenheiten in relativer
Unabhängigkeit vom religiösen Gesetz regeln – wiederum
ohne sich explizit auf irgendwelche äußeren Zwänge zu berufen, wenngleich es oft Zwänge oder zumindest Nützlich-
keitserwägungen waren, von denen man sich leiten ließ.
Selten fochten die Rabbiner lokale Bräuche und Verordnungen an, selbst wenn diese dem Buchstaben des Gesetzes
widersprachen.

Diese Autorität konnte weiter ausgedehnt werden, und erst
dann wird sie politisch interessant. Im Talmud erfüllen die
Gerichtshöfe die Gebote der Stunde; sie setzen die Einhaltung
des göttlichen Gesetzes durch (und interpretieren es dabei) –
soweit sie es für möglich halten, und sie handeln außerhalb
seiner Grenzen, wenn sie es für nötig halten. Girondi hat
sicherlich mit seiner Behauptung recht, daß eine voll ausge-
schriebene Verfassung diese Funktionen teilen würde – obgleich er uns im unklaren darüber läßt, wie in diesem Falle
Konflikte zwischen dem König und dem Gerichtshof beige-
legt werden sollten. Ebensowenig sagt er etwas darüber, wie
Könige, Richter oder weltliche Führer im Zaum gehalten
werden können, sobald die religiösen Einschränkungen ein-

mal aufgehoben sind. Trifft es also zu, daß das Gebot der Stunde kein Gesetz kennt (wie im berühmten Spruch des Publius Syrus die Not kein Gebot kennt)? Es birgt offenkundige Gefahren, den weltlichen Bereich ausschließlich als Reich der Notwendigkeit zu verstehen, und einige jüdische Schriftgelehrte scheinen sich dieses Risikos bewußt zu sein: Sie versuchen nämlich, dem Notwendigkeitsargument Grenzen zu setzen. Freilich gleichen diese Versuche eher Appellen an die Integrität der Richter und der »angesehenen Männer« der Stadt als spezifischen, durch Lehrmeinungen gezogenen Einschränkungen.

In der Praxis verfügten die jüdischen Regierenden im Mittelalter natürlich nur über eine recht begrenzte Macht, und so bestand keine große Gefahr, daß die Notwendigkeit dem »Tyrannen als Vorwand« dienen konnte. Wir können uns die lokalen Gerichtshöfe und die »angesehenen Männer« des *kahal* als die Nachfolger der Könige Israels vorstellen; deren Erbe hat jedoch größere Einbußen erlitten. Die Entscheidungen und Verordnungen des *kahal* waren allerdings häufig eine Antwort auf das Gebot der Stunde, die von der inneren Logik der Notwendigkeit und nicht immer vom Gesetz der Thora geleitet ist. Natürlich gingen die Führer des *kahal* davon aus, daß sie in ihrer Regierung der Gemeinde genügend Spielraum hatten. Wir haben aber kein Zeugnis davon, wie sie sich das Ausmaß dieses Raumes, seine innere Struktur oder die geeigneten Handlungsweisen innerhalb desselben vorstellten. Hier war nicht der Ort – dies war die Akademie –, an dem das Erreichte am höchsten geschätzt und am ernsthaftesten reflektiert wurde und wo es am längsten im Gedächtnis blieb.

4. Die Angelegenheiten des Königs

Die Könige Israels hatten jedoch noch andere Nachfolger: nämlich die nichtjüdischen Könige, welche über die jüdischen Exilgemeinden mit voller königlicher Macht regierten. Die jüdische Anpassung an die Situation des Exils nahm die Form einer im Talmud festgehaltenen Rechtsmaxime an: »Das Gesetz des Königreichs ist Gesetz.« Juden sollten dem königlichen Gesetz gehorchen. Da dieses Gebot jedoch das jüdische Gesetz völlig zu verdrängen drohte, mußten Einschränkungen formuliert werden. In bezug auf die nichtjüdischen Herrscher hatten diese Einschränkungen einen doppelten Charakter: sie bezeichneten einen bestimmten Bereich und zudem eine Reihe von Einschränkungen hinsichtlich dessen, was innerhalb dieses Bereichs getan werden konnte.

Über den Charakter dieses Bereichs sind sich die rabbinischen Schriften nicht einig, im Grunde wird er aber als Inbegriff der »Angelegenheiten des Königs« definiert – ein Ausdruck aus den Büchern der Chronik; dabei handelt es sich eindeutig um weltliche Angelegenheiten wie Krieg, Steuern und die Regulierung des Handels mit anderen Staaten. Das religiöse Leben des *kahal* – Gottesdienst und Schriftstudium, aber auch Ehe und Scheidung – lag außerhalb des königlichen Machtbereichs. Wo genau die Grenzen zwischen den Angelegenheiten des Königs und dem religiösen Leben verliefen, wurde von Fall zu Fall entschieden. Größere Probleme zeigten sich erst, als an die Stelle der Könige des Mittelalters der moderne souveräne Staat trat. Von da an stellten die Zivilehe und die Wehrpflicht für die gläubigen Juden ein schmerzliches Problem dar. (Ein interessantes Detail: Im heutigen Israel gibt es keine Zivilehe, und die Kinder der Ultraorthodoxen sind von der Wehrpflicht ausgenommen.)

Noch interessanter scheinen mir die Einschränkungen dessen, was der König innerhalb seiner Domäne tun konnte. Das

Recht des Königreichs hatte nur dann Rechtskraft, wenn es
mit dauerhafter Wirkung verfügt wurde und allgemeinen
Charakter besaß (willkürliche Verfügungen bzw. ein Gesetz,
das nur für Juden galt, konnte keine Gültigkeit beanspruchen). Diese Einschränkungen sind offensichtlich nicht spezifisch jüdischen Ursprungs; sie entstammen einer bestimmten
Rechtsauffassung, die von vielen europäischen Rechtsgelehrten und politischen Philosophen weitgehend geteilt wird (vgl.
z. B. Rousseaus Theorie des Gemeinwillens). Die Autorität
der nichtjüdischen Könige, die innerhalb dieser Einschränkungen agierten, wurde durch eine Reihe unterschiedlicher
Argumente begründet, von denen wiederum keines spezifisch
jüdisch war – abgesehen von solchen, die sich nicht auf die
Legitimität nichtjüdischer Herrschaft bezogen, sondern auf
Exil und Unterwerfung: »wegen unserer Sünden«. Es gab
verschiedene Gründe für die Legitimität: weil die nichtjüdischen Könige das Land besaßen; weil sie über das stille
Einverständnis ihrer Untertanen verfügten, die auf diesem
Land lebten und die vom König geprägten Münzen verwandten; weil die Könige für Recht und Ordnung sorgten; und
weil jeder Herrscher kraft Gottes Willen regiert. All dies sind
säkulare Begründungen, mit Ausnahme der letzten, die lediglich eine religiöse Bestätigung der weltlichen Regierung darstellt.

Das klarste jüdische Verständnis autonomer Politik
stammt somit aus der Erfahrung nichtjüdischer Herrschaft.
Dies scheint vollkommen plausibel; denn die jüdischen
Schriftgelehrten waren offensichtlich abgeneigt, ja wohl
nicht einmal dazu imstande, das religiöse Selbstverständnis
ihrer christlichen und muslimischen Herrscher anzuerkennen. Wie immer das mittelalterliche Königtum den Königen
des Mittelalters erschienen sein mag, für die Juden war es
Säkularismus und damit natürlich eine mindere Form der
Regierung, da es keine (jüdische) religiöse Bedeutung besaß.

Taten diese Könige aber nicht so ziemlich dasselbe, was die israelitischen Könige einst getan hatten? Rüsteten nicht auch sie sich für Kriege, kämpften sie nicht ebenso und sprachen Recht über ihre Untertanen, bestraften nicht auch sie Verbrecher und regelten den Handel? Welche Unterschiede gab es nun in den »Angelegenheiten des Königs«? Damit tauchte bald eine andere Frage auf: Würde die Maxime »das Gesetz des Königreichs ist Gesetz« auch in einem wiedererrichteten jüdischen Königreich im Lande Israel gelten?

Nein, meinten manche Rabbiner, denn das Land Israel gehöre Gott, nicht dem König – daher sei hierfür nur eine religiöse Regierung angemessen (in welcher dem König zwar eine gewisse Rolle zukommen dürfe, aber nicht die des Souveräns oder der höchsten Autorität). Andere Schriftgelehrte mit einem hiervon abweichenden Verständnis der königlichen Autorität wandten ein, daß die Maxime für jüdische und nichtjüdische Könige gleichermaßen gelte. Dieses Argument liefert heute tatsächlich eine der traditionalistischen Begründungen für die Legitimität des weltlichen Staates Israel: Er ist das Erbe der nichtjüdischen Herrscher in der Diaspora. Damit findet sich Israel in einer Reihe mit all den anderen Regierungen, mit welchen die Juden sich arrangieren mußten, auf daß das Gebot der Stunde erfüllt werde und die soziale Ordnung erhalten, bis die Zeit anbricht – das Zeitalter des Messias –, da das vollkommene Gesetz der Thora mit der neu gestalteten Welt übereinstimmen wird.

5. Autonomie der Politik – ohne politische Gemeinschaft?

Es gibt also im Judentum durchaus Raum für Umsicht und Gewalttätigkeit, für politisches Urteil und den kalkulierten Einsatz von Gewalt, für Kompromisse und Zwang – kurzum:

für säkulare Politik. Dieser Raum – das ist wichtig, festzuhalten – wurde schon früh durch eine Diskussion über Nutzen und Notwendigkeit des Königtums eröffnet und über viele Jahrhunderte offengehalten. In einer Zeit ohne Könige erfüllten rabbinische Richter und städtische Führer ähnliche nützliche oder notwendige Dienste; doch die begriffliche Zuordnung der Politik zur exekutiven Gewalt einerseits und von Religion und richterlicher Gewalt andererseits blieb erhalten. Hand in Hand mit diesen Zuordnungen ging eine reichlich übertriebene Hochschätzung der Gelehrsamkeit und der interpretatorischen und argumentativen Fähigkeiten der Richter – und eine eher nüchterne und realistische Beurteilung des politischen Geschicks der Könige und ihrer Fähigkeit zu kluger Abwägung. Natürlich finden sich Ausnahmen, wie in den Erzählungen von David als jungem Kämpfer oder von Salomon als weisem König. Im allgemeinen galt aber der Weise als heldenhaft, der König hingegen als schier notwendig. Bedingt durch das lange Fehlen eines Staates überraschte es daher kaum, daß die jüdischen Schriftgelehrten keinen Ehrentitel wie den des »Staatsmannes« kannten.

Was in der hier skizzierten Geschichte weitgehend fehlt, ist die politische Versammlung, in welcher Bürger bzw. ihre Vertreter oder Repräsentanten über politische Belange beraten. Selbstverständlich beratschlagen die jüdischen Richter und stimmen sogar ab (der Sanhedrin soll einundsiebzig Mitglieder gezählt haben, und Entscheidungen wurden mit einfacher Mehrheit gefaßt). Die Aufgabe, die ihnen zugedacht war, bestand jedoch darin, das Recht festzulegen – und nicht, darüber zu beschließen, was zu tun sei; sie waren nicht politisch engagiert. Historisch gesehen waren es wohl die Theoretiker und Politiker der republikanischen Regierungsform, die das politische Engagement am ehesten verteidigt haben und die Politik als eine edle Angelegenheit ansahen. Im Zentrum ihres Interesses – bzw. der Theorie des Republikanismus –

stand somit die Versammlung der Bürger: also etwa die Diskussion der Athener darüber, ob man nach Sizilien einfallen sollte oder nicht. Ich kenne keinen einzigen jüdischen Schriftgelehrten – bis zur Neuzeit –, der diesen Angelegenheiten Wert beimäße. Wohl wußten die Verfasser oder Herausgeber des Buchs der Sprichwörter politische Umsicht zu schätzen: »Auf weisen Rat hin führ' Krieg« und meinten vermutlich damit, *nur* auf weisen Rat. Doch implizit finden wir hier die Vorstellung von einem Ratgeber, der dem König ins Ohr flüstert, nicht aber die einer öffentlichen Beratung. Neidvoll, so scheint es mir, schreibt der (anonyme) Verfasser des ersten Buches der Makkabäer über die Römer:

> Bei all dem setzt sich keiner von ihnen eine Krone auf oder legt Purpurgewänder an, um damit zu prunken. Vielmehr haben sie sich eine Rechtsversammlung (den Senat) geschaffen, und jeden Tag halten dreihundertundzwanzig Ratsherren darüber Rat, wie das Volk gut zu regieren sei (1 *Makk* 8,14–15).

Für das makkabäische Gemeinwesen, das ohnehin bald in ein Königreich umgewandelt werden sollte, existieren jedoch keine Zeugnisse für ein ähnliches Politikverständnis.

Im Mittelalter traten die Mitglieder des *kahal* manchmal zusammen. Es existiert jedoch so gut wie keine Literatur über diese Zusammenkünfte – nur ein paar Reaktionen, die die Teilnehmer ermahnten, die Argumente der anderen anzuhören, und die das Mehrheitsprinzip verteidigten oder kritisierten, nichts aber, was eine zentrale Bedeutung der Versammlung nahelegen würde. Niemand scheint die Teilnahme an den Sitzungen und den Debatten für eine ehrenvolle Pflicht gehalten zu haben. Einiges deutet darauf hin, daß die Beamten des *kahal* ziemlich unabhängig handelten, ohne strenge Aufsicht durch seine Mitglieder oder zumindest der ärmeren, weniger gebildeten und gemeineren Mitglieder. Ein Grund dafür mag allerdings sein, daß in diesen kleinen, so fragilen, so oft bedrohten Gemeinschaften nur allzu oft klar auf der Hand lag, was getan werden mußte, z. B. die nichtjüdischen Herrscher zu beschwichtigen oder zu bestechen.

Öffentliche Beratungen erzeugen eine politische Gemeinschaft: Die Bürger verpflichten sich zu einer gemeinsamen Zukunft und erörtern, wie sie beschaffen sein soll. Doch die Idee einer politischen Gemeinschaft scheint der jüdischen Tradition unbekannt; es finden sich Beschreibungen von Staaten und Regierungen, doch das Engagement und die Beteiligung der Bürger findet kein Interesse. Was die Bindung zwischen den Juden stiftet, ist einzig die aus dem Bund resultierende Verpflichtung und der Gehorsam gegenüber dem religiösen Gesetz. Diese Gemeinschaft des Glaubens und des Gottesdienstes (in einer pluralistischen Gesellschaft mag es deren mehr als eine geben) bedarf einer ausführenden Autorität, welche sie vor der Unordnung der faktischen Welt schützt.

Der König erfüllt das Gebot der Stunde. Und so verläuft die politische Nachfolge in der jüdischen Geschichte: Die Autorität der israelitischen Könige geht auf die Gerichte und den (für lokale Entscheidungsfindung zuständigen) *kahal*, auf die nichtjüdischen Könige (für die »hohe« Politik) und schließlich auf den Staat Israel über, der eher als Regierung denn als Vereinigung von Bürgern angesehen wird. Über jeder dieser Autoritäten steht das Gesetz der Thora, das ihren Handlungsspielraum festsetzt und den jüdischen Herrschern einen Rahmen und ein regulatives oder ideales Muster für ihre Alltagsgeschäfte liefert. Doch weil sie ihr Handeln unter Berufung auf die Notwendigkeit rechtfertigen und weil es der König und seine Nachfolger sind, die darüber befinden, welches die politischen Notwendigkeiten sind und wann sie ins Spiel kommen, waren die Stabilität des Rahmens und die über den jeweiligen Fall hinausgehende Geltung des Musters immer Zweifeln ausgesetzt. Das Gesetz ist allumfassend, es erkennt keine »Trennung« von Religion und Politik an; die Herrscher sind jedoch, wenn es darauf ankommt, in ihren Entscheidungen frei.

Wenn der Herrscher selbst ein gläubiger Jude ist und nach dem biblischen Gebot stets die Thora mit sich trägt (»Sein Leben lang soll er die Weisung mit sich führen und in der Rolle lesen«: *Dtn* 17,18–19), dann wird seine Regierung vermutlich einen deutlich jüdischen Charakter annehmen. Er wird beispielsweise biblische oder rabbinische Ideen über distributive Gerechtigkeit und die Pflicht zu Wohlfahrtsleistungen für die Bedürftigen gesetzlich verordnen. Wenn aber diese Verordnungen den Handel lähmen oder die Wettbewerbsfähigkeit des Landes ernsthaft gefährden, wird derselbe gläubige Herrscher sie im Namen des *tikkun olam* (der Wiedereinrichtung der Harmonie) wieder aufheben (es sei denn, die Richter finden einen anderen Ausweg). Seine umsichtigen Ratgeber werden ihn zweifellos dazu drängen, und da es keine Propheten mehr gibt und Gott nicht mehr direkt in das Geschick der Menschen eingreift, sind die Verteidiger des religiösen Gesetzes um eine überzeugende Antwort verlegen. Auch ist die Tradition nicht dazu angetan, eine öffentliche Diskussion darüber anzuregen, wie weit man in einer nicht-idealen Welt von der Idealnorm abweichen darf – obwohl wir im Talmud das berühmte Beispiel einer Debatte finden, welche diese Frage anschneidet, aber nicht wirklich Stellung bezieht.

Das biblische Gesetz sieht einen Nachlaß der Schulden im Sabbatjahr (im siebten Jahr) vor. Der Text im Buch Deuteronomium warnt vor den unvermeidlichen Auswirkungen eines solchen Gesetzes: Die Juden sollen im fünften und sechsten Jahr keine Darlehen verweigern. »Nimm dich in acht, daß du nicht in niederträchtigem Herzen den Gedanken hegst

[... und deinen armen Bruder böse ansiehst und ihm nichts gibst, so daß er den Herrn gegen dich anruft und Strafe für diese Sünde über dich kommt]« (*Dtn* 15,9). Aber trotzdem überwogen die niederträchtigen Herzen, und als das siebte Jahr nahte, war es schwierig, Geld zu leihen. So »erließ Hillel den *prosbul*«, eine Gesetzesmaßnahme, die den Schuldennachlaß wirkungsvoll außer Kraft setzte. Hier übernimmt der Weise den Part des Königs, indem er das Gesetz der Thora im Namen des ökonomischen Wohls aufhebt (ohne sich allerdings auf die Sachzwänge zu berufen). Im Traktat Gittin des Talmud erörtert eine spätere Generation von Weisen den *prosbul,* verschiedene Standpunkte werden erwogen, doch keiner endgültig gebilligt. Hillel handelte nur für seine Zeit; spätere Gerichte sind nicht daran gebunden – oder doch. Ob sie an diese Weisung gebunden sind, hängt vom Ansehen des Gerichts ab. Der *prosbul* sollte aufgehoben werden; oder er sollte jetzt angenommen werden, selbst wenn er nicht ausdrücklich Bestandteil des Schuldvertrags war. Diese Debatte konzentrierte sich in erster Linie auf Fragen rabbinischer Kompetenz, nicht aber auf solche von ökonomischer Rationalität. Die Bedeutung des siebten Jahres wird in anderen Abschnitten des Talmud ausführlich diskutiert. Konkrete Politik dagegen wird kaum erörtert, man geht davon aus, daß der Nachlaß im siebten Jahr nicht gesetzlich verfügt wird und wohl auch nicht werden sollte.

Dieses Versagen erklärt sich wahrscheinlich aus dem Fehlen eines Staates. Und zu Recht darf somit angenommen werden, daß mit der Wiedererrichtung eines jüdischen Staates neue Ideen hinsichtlich politischen Handelns, öffentlicher Beratung und Staatsbürgerschaft entwickelt (oder klassische westliche demokratische Vorstellungen angenommen) werden, die schließlich auf eine höhere Wertschätzung des weltlichen politischen Bereichs hinauslaufen. Wie weit kann dieser Prozeß aber gehen, solange der säkulare Bereich vor allem als Reich der Notwendigkeit verstanden (und gerechtfertigt) wird, solange also die Einstellung gilt: Wir tun, was zur Erhaltung des Friedens und der Stabilität hier und jetzt erforderlich ist (oder, genauer gesagt, jemand tut es für uns), und wir streiten darüber, was wir in einer besseren Zeit tun würden? Das von Gott offenbarte vollkommene Gesetz unterliegt endlosen Interpretationen und Disputen, die Notwendigkeit hingegen ist, was sie ist.

Hier handelt es sich immer noch um eine antipolitische Position, obgleich sie der Politik großen Freiraum läßt. Tatsächlich rutscht man allzuleicht vom vollkommenen Gesetz in eine Politik des alltäglichen Zurechtkommens, die keinen Restriktionen mehr unterliegt. Hillels *prosbul* beispielsweise sollte für Juden das Risiko mindern, anderen Juden der Vorschrift entsprechend zinslos Geld zu leihen. Wenn aber das Verbot der Zinsnahme den gleichen ökonomisch nachteiligen Effekt wie der Schuldenerlaß im siebten Jahr zeitigt, kann man mit ihm ebenso verfahren. Kein Gesetz ist gegen Notwendigkeit gefeit.

Andererseits ist die Notwendigkeit selbst kein Gesetz: man kann dem Gebot der Stunde auf mannigfaltige Weise Rechnung tragen – dem Markt vertrauen, eine staatliche Bank errichten oder eine humanitäre Stiftung gründen. Vom religiösen Standpunkt macht es wenig Unterschied, welche Maßnahmen der König ergreift. Anders ist es, wenn dies die Richter tun, da ihre juristischen Fiktionen den Gesetzesnormen entsprechen müssen; aber auch hier gibt es viel Spielraum. Das Bedürfnis nach sozialer Ordnung und einem minimalen Lebensstandard gibt dem Herrscher freie Hand.

Das ist die Freiheit des säkularen Bereichs, und es sollte offenkundig sein, wie weit sie sich von der von Machiavelli und seinen »realistischen« Nachfolgern beschriebenen Autonomie der Politik unterscheidet. Für diese zählt die Politik mehr als alles andere. Wo es dringende Bedürfnisse und hohe

Risiken gibt, suchen große Männer (beinahe immer sind es Männer) Triumph und Ruhm für sich selbst und ihr Volk. Solche Männer stehen außerhalb von Religion und Moral, ihre Politik jedoch ist eine Berufung oder ein Beruf mit seiner eigenen Logik und eigenen Normen. Über Politik nachzudenken – das, was getan werden sollte, zu reflektieren, sich darum zu sorgen und darüber zu diskutieren, was getan werden sollte – heißt, am Reich der Werte teilzuhaben. Für die jüdischen Schriftgelehrten dagegen ist der König (oder der Premierminister), der tut, was getan werden muß, der den Frieden erhält und für die Wohlfahrt sorgt, zwar eine wichtige Person, doch die am höchsten geschätzte Arbeit wird von anderen in einem anderen Bereich erledigt.

6. Neutralität, Realismus und Pluralismus

Heute wird freilich die Autonomie der Politik eher mit pluralistischen Argumenten verteidigt als mit realistischen. Da wir uns auf keine spezielle Spielart von Religion oder Moral einigen können – so heißt es –, muß sich der Staat gegenüber allen Spielarten neutral verhalten. Und Politiker müssen Abstand davon nehmen, ihre eigenen religiösen oder moralischen Wertordnungen durchzusetzen. Diese letzte Auflage würde ganz gewiß den allermeisten Schriftgelehrten der hier von mir untersuchten Tradition bizarr erscheinen. Schließlich hatten sie stets auf einen frommen König gehofft.

Aber diese Beschränkung läßt sich mit Argumenten verteidigen, die auch sie anerkennen würden. Denn gewiß betreffen in pluralistischen Gesellschaften die wichtigsten »Gebote der Stunde« den inneren Frieden und die Möglichkeit sozialer Kooperation – und die religiöse Neutralität des Staates könnte sehr wohl die einzige Politik sein, die diese beiden Ziele garantiert oder es zumindest möglich macht, sie zu verfolgen. Damit wird es nun nicht etwa unmöglich, den politischen Entscheidungsträgern eine ganz bestimmte, religiöse oder moralisch begründete Gerechtigkeitsauffassung aufzudrängen. Ob diese Auffassung dann allerdings übernommen wird oder nicht, wird von einer weitgestreuten Zustimmung abhängen; ihre Durchsetzung wird auf radikalen Zwang verzichten müssen; ihre konkrete politische Umsetzung wird Ausdruck notwendiger politischer Kompromisse sein.

Das ideale Gesetz gehört einer anderen Zeit und einem anderen Ort an. In der jüdischen Tradition respektiert man das Gesetz vor allem dadurch, daß man es studiert. Und natürlich lebt man privat und auf Gemeinde-Ebene nach seinen Regeln. Aber die Angelegenheiten des Königs bleiben dem König überlassen, der nur im besten aller Fälle das Gesetz studiert hat. Auf jeden Fall ist er jedoch durch die weltlichen Sachzwänge gebunden – auf daß wir anderen es nicht sein müssen.

Aus dem Amerikanischen von Andrea Marenzeller

Trutz Rendtorff
Kirche und Staat
Die gespaltene europäische Christenheit

1. Vereint in Christo – getrennt zum Abendmahl

Eine höchst symbolträchtige Szene: Alexis II., Patriarch der
russisch-orthodoxen Kirche aus Moskau, weilte Ende 1995
in München und nahm, zusammen mit einem hohen Repräsentanten der römisch-katholischen Ortskirche, an einem
Gottesdienst in der evangelischen Erlöserkirche an der
Münchner Freiheit teil. Gehalten wurde der Gottesdienst
vom Landesbischof der Evangelisch-Lutherischen Landes-
kirche in Bayern. So waren die drei großen christlichen Konfessionen im Kirchenschiff beieinander.

Der lutherische Bischof lud alle Anwesenden zur Teilnahme am Abendmahl ein. Doch weder der Patriarch noch
der römische Kleriker folgten der Einladung. Wie sollten sie
auch? Der Empfang der Eucharistie aus der Hand eines Amts-
trägers einer anderen Kirche hätte ja die Anerkennung seines
Amtes bedeutet, ja mehr noch: es wäre eine symbolische
Darstellung der Einheit der christlichen Kirchen. So wurde
der Gottesdienst zu einer Darstellung jener Mischung aus
ökomenischer Toleranz bei gleichzeitiger Wahrung der unterschiedlichen Identität, eine moderierte Trennung, die einen
moderaten Umgang der Getrennten miteinander in dem
Maße erlaubt, in dem die Selbständigkeit unangetastet bleibt.

Bei derselben Gelegenheit des hohen kirchlichen Be-
suchs zelebrierte der Kardinal von Freising in der Münchner
Frauenkirche eine Messe, in Anwesenheit des Patriarchen.

Der orthodoxe Würdenträger saß auf einem gesonderten
Stuhl an der Seite des Altarraums; er wurde aber nicht an der
Zelebration der Liturgie beteiligt. Wäre der evangelische
Landesbischof dabeigewesen und hätte er sich in die Reihe
der Kommunikanten zum Empfang der Hostie eingereiht,
hätte der Kardinal ihn wohl zurückweisen müssen.

Symbole der gespaltenen europäischen Christenheit? Nein,
sondern Zeichen der getrennten Kirchen! Denn es sind ja
christliche Kirchen! Was sie gemeinsam haben, ist gerade das,
was sie nicht nur je für sich selbst haben: Die Christenheit
und das Christentum gehören keiner der Kirchen exklusiv.
Aber Christenheit und Christentum kamen und kommen
auch zukünftig nicht ohne die Kirchen aus. Wir haben also
eine Trennung oder Spaltung innerhalb eines Kontinuums
von Christentum und geprägter Kultur.

2. Kirchenspaltung und historisches Gedächtnis

Warum aber nicht statt »Spaltung« einfach »Wiedervereini-
gung«? Die Kirchen sind Institutionen des kulturellen Ge-
dächtnisses. Die Moderne erscheint im Vergleich damit wie
eine Epoche des geschichtlichen Gedächtnisverlustes. Ihr
mangelt es an Verständnis für die Präsenz der historischen
Kirchentümer in der Neuzeit. Die Moderne hat ja die Kirchen
keineswegs hinter sich gelassen, wie fortschrittsgeneigtes Bewußtsein gerne meint. Aber sie hat das Gesamtklima für die
Wahrnehmung der Kirchenspaltung nachhaltig verändert.
Kann »Spaltung« auch als »Pluralismus« gedeutet werden?

Orthodoxer Patriarch und katholischer Kardinal treten
öffentlich auf in einer Gewandung, die mit allen Zeichen
antiker Herrschaftssymbole ausgestattet ist. Der Lutheraner
tritt auf im Gewande eines schlichten Pfarrers, nur durch ein
Kreuz auf der Brust aus der Reihe der Amtsbrüder (und

zunehmend Amtsschwestern!) herausgehoben, im Talar des Theologen, entsprechend dem Talar der Universitätsgelehrten. Kleider repräsentieren Geschichte.

In der westlichen Welt hat die von Martin Luther ausgelöste kirchliche Reformbewegung im zweiten und dritten Jahrzehnt des 16. Jahrhunderts eine Kirchenspaltung bewirkt, die den Anfang vom Ende der mittelalterlichen katholischen Einheitskultur markierte. 1995 wurde im akademisch-theologischen Milieu auch das Konzil von Trient im Jahre 1545 konferenzmäßig bedacht, jenes Konzil, mit dem von katholischer Seite die Trennung besiegelt und die sogenannte Gegenreformation eingeleitet wurde: In einem strategischen Bündnis von Kirche und Politik kam es zu einem Rollback, das vor allem in Österreich und in Bayern die katholische Homogenität von politischem Territorium und Konfession wiederherstellte. Seitdem existiert die Spaltung der europäischen Christenheit nach dem groben Muster eines katholischen Südens und eines protestantischen Nordens. In den letzten Jahrzehnten haben sich nun nicht so sehr diese weltlichen Kirchen bewegt, wohl aber die Christenheit: im Zeitalter teils erzwungener, teils freiwilliger Mobilität lebt sie nicht mehr in die konfessionell-territorialen Grenzen eingeschlossen, die einst von der Spaltung gezogen worden waren.

Die Ost-West-Spaltung der Christenheit hingegen verweist auf eine geschichtliche Tiefendimension anderen Gewichts. Das große Schisma von 1054 – vollzogen durch eine päpstliche Bannbulle, die der Gesandte der römischen Kirche in der Hagia Sofia in Konstantinopel übermittelte – liegt weit zurück. Die Gründe, die zu diesem ersten großen Trennungsakt führten, sind auch dem gebildeten Christenmenschen kaum bekannt. Die Orthodoxie verschwand für Jahrhunderte, wie hinter einem Vorhang, aus dem westeuropäischen Bewußtsein. Das religiöse Schisma war als kirchliche, als kirchenpolitische Spaltung zugleich eine territoriale Trennung, welche auf den Landkarten der politischen Geographie eingezeichnet ist. Die latente Sprengkraft dieser Trennung ist erst jüngst im Gefolge der Auflösung des jugoslawischen Staatsgebildes erneut sichtbar geworden. Doch hat das jetzt, am Ende des 20. Jahrhunderts, nichts mehr mit dem vergänglichen kirchlichen Dissens zu tun, sondern allein mit der Verquickung solcher kirchlichen Erbschaften mit Realpolitik.

Jedoch: Auf der Ebene von Weltanschauung und Mentalität ist die Folgewirkung des großen Schismas auch heute deutlich spürbar. Ein Beispiel: Vor kurzer Zeit fand eine Konferenz über die europäischen Kirchen und die Aufklärung statt. Theologen, Historiker und Kirchenleute der drei großen Konfessionen versammelten sich. Ziel und Absicht der westdeutschen Veranstalter war es, die Orthodoxie, insbesondere deren russische Repräsentanten, nach dem Ende des Ost-West-Konflikts in eine Art europäischen Diskurs einzubinden. Was sich jedoch zeigte, war, daß die Vertreter der russischen Orthodoxie das Ende dieser Spaltung – der säkularen Spaltung der Welt zwischen dem Herrschaftsbereich des Sowjetkommunismus und der freien westlichen Welt – völlig anders sahen als ihre westlichen Dialogpartner. Die europäische Aufklärung erschien ihnen weder als einigendes Band eines (wie immer kritisch zu beurteilenden) Bewußtseins der Moderne, noch wollten sie sich an einer konstruktiven Auseinandersetzung mit ihr beteiligen. Die Aufklärung als solche fügte sich in das Bild einer feindlichen, westlichen Welt – durchaus auf der Linie des großen Schismas von 1054. Es war ja die Aufklärung, von der Rußland den Marxismus-Kommunismus-Leninismus geerbt hatte. Und die Abwehr dieses Einflusses westlicher Aufklärung hatte schon lange vor Lenin das Bewußtsein der Orthodoxie in der Neuzeit geprägt.

Das Ende des Sowjetkommunismus wird von der orthodoxen Hierarchie vor allem als Signal aufgenommen zur Besinnung auf ihre vorneuzeitlichen Fundamente. Die Tatsache, daß die Kirche unter dem Kommunismus schwerster Verfolgung ausgesetzt war und der Zusammenbruch des Systems sich dem Einfluß des Westens verdankt, führt also keineswegs schon zu einer Wende in der Grundeinstellung in Richtung Westen. Die orthodoxe Identität orientiert sich nach wie vor am VII. ökumenischen Konzil von Nikaia im Jahre 787.

3. Patriarch und Politiker – Thron und Altar

Noch einmal zurück zum Deutschlandbesuch des Patriarchen aus Moskau: Das war, außerhalb von Erlöserkirche und Frauenkirche, ein hochpolitischer Vorgang. Die Bundesrepublik Deutschland begrüßte und empfing den geistlichen Würdenträger aus Moskau am Flugzeug durch zwei ihrer höchsten Repräsentanten, den Bundespräsidenten und die Bundestagspräsidentin. Der Außenminister führte ebenso intensive Gespräche mit dem Patriarchen wie andere Politiker der Republik. Man erhoffte sich von den Gesprächen mit dem Kirchenmann Aufklärung über die innere Lage Rußlands und versprach sich davon, auf die Entwicklung in diesem Nachfolgestaat des Sowjetkommunismus ein wenig Einfluß nehmen zu können. Auch der Patriarch selbst legte besonderen Wert auf den politischen Teil seines Deutschlandbesuchs, weswegen er seinen Aufenthalt auch verlängerte, um den Bundeskanzler nach dessen Rückkehr aus China noch persönlich sprechen zu können. Ob nun Eitelkeit oder politisches Kalkül dafür maßgebend waren, jedenfalls kam es zu einer Begegnung von »Kirche und Staat«, ohne daß es dazu einer ausdrücklichen Legitimation oder Begründung bedurft hätte.

Das Verhältnis von Kirche und Staat ist auch in der westlichen Christenheit mit höchst gegensätzlichen Erfahrungswerten besetzt. Die geläufigen Stichworte betreten alsbald die

Bühne: »Bündnis von Thron und Altar« auf der einen Seite; »Trennung von Kirche und Staat« auf der anderen. Das erste, die Parole vom Bündnis zwischen Thron und Altar, wurde im Kaiserreich geprägt. Je nach Interesse wurde dieses Bündnis entweder zum Programm erhoben, um die Einheit und Stabilität des Reiches vor der Bedrohung durch Atheismus und politischen Pluralismus zu verteidigen, oder es wurde zur Zielscheibe von Polemik gegen die restaurative Verfaßtheit des Reiches und die Verweigerung eines liberalen oder sozialistischen Demokratisierungsprozesses.

Das Ende des 1. Weltkrieges brachte mit Revolution und Weimarer Verfassung in Deutschland auch das Ende staatskirchlicher Verhältnisse. Deutlichstes Zeichen: Die Leitungen der protestantischen Landeskirchen, zuvor Behördenabteilungen des Kultusministeriums, wurden zu selbständig verfaßten Organen der jeweiligen Territorialkirchen. Eine radikale Trennung von Kirche und Staat war das allerdings nicht. Sie hat in Europa ihr Vorbild 1904 im laizistischen Frankreich gefunden.

Nun ist freilich keineswegs ausgemacht, daß nur die »Trennung« von Kirche und Staat dem modernen Verständnis eines parlamentarisch-demokratisch verfaßten Gemeinwesens entspricht. Die skandinavischen Länder Schweden, Dänemark und Norwegen haben nicht nur eine unproblematische Verbindung von parlamentarischer Demokratie und traditioneller Monarchie etabliert, sondern pflegen auch eine weitgehend akzeptierte staatskirchliche Ordnung der religiöskirchlichen Verhältnisse. Und der interessierte Zeitungsleser erfährt am Rande der Affären um Prinz Charles und Lady Diana, daß deren Scheidung den Prinzen die Anwartschaft auf den Thron kosten würde. Denn der König bzw. die Königin von England ist eben nach wie vor das Oberhaupt der anglikanischen Kirche. Insofern ist die gängige Behauptung abstrakt, daß Demokratie im modernen, westeuropäischen

Sinne nur mit strikter Trennung von Kirche und Staat vereinbar sei. Denn den genannten Ländern wird man schwer absprechen können, daß sie funktionierende und im Falle Englands auch vorbildliche Demokratien seien.

4. Religionsfreiheit – »civil religion« oder Privatsache?

Die Formel von der »Trennung zwischen Kirche und Staat« speist sich in der europäischen und atlantischen Moderne aus zwei direkt gegensätzlichen Auffassungen, die in unterschiedlichen geschichtlichen Erfahrungszusammenhängen verwurzelt sind. Für das Nordamerika des 18. Jahrhunderts, das mit seiner »Bill of Rights« von 1776 das Vorbild für eine demokratische Verfassung auf der Grundlage fundamentaler Menschenrechte gegeben hat, gründet die Trennung von Kirche und Staat in einem starken Religionsverständnis. Die Forderung wird erhoben und realisiert um der Freiheit praktizierter Religion willen. Die Auswanderer, die in der Neuen Welt sich einrichteten, waren als Independisten unterschiedlichster konfessioneller Couleur dem rigorosen Staatskirchensystem des alten England entflohen, um die Freiheit ihres Bekenntnisses ausüben zu können. Nie wieder sollten Bekenntnis und Glaube unter den Einfluß staatlicher Zwangsgewalt geraten. Die Trennung von Kirche und Staat, von Religion und Politik soll darum dem Staat, der Regierung Grenzen ziehen.

Ganz anders waren die Motive, die auf europäischem Boden im Gefolge der Französischen Revolution der Forderung nach Trennung von Kirche und Staat Nachdruck verliehen. Hier ging es gerade umgekehrt darum, den Einfluß der Kirche zu begrenzen, genauer: die Macht der römisch-katholischen Kirche, die massiv als Widerpart einer aufgeklärten bürgerlichen Kultur und einer an den Bürgerrechten orientierten politischen Verfassung bekämpft wurde. Nicht ein starkes

Religionsverständnis also, sondern das Gegenteil, ein starkes Staatsverständnis und eine negative Religionsfreiheit, die auch und gerade den Atheismus einschließt, prägt das Programm der Trennung von Kirche und Staat. Auf dieser Linie lag dann auch die Religionspolitik des Leninschen Kommunismus, der die ganze Gesellschaft auf die Vollendung der Trennung des Staates von der Kirche verpflichten wollte, mit dem programmatischen Ziel der Abschaffung der Religion überhaupt.

Das Problem, das in beiden Modellen auftritt, dem nordamerikanischen und dem radikal-demokratisch-französischen: Was tritt an die Stelle der Kirche? Die Französische Revolution probierte ein Substitut aus, indem sie die »Göttin Vernunft« auf den von Staats wegen leergeräumten Altar setzte. Aber an der Frage, wer darüber entscheidet, was die Vernunft gebietet, ist dieser Versuch gescheitert: Die vernunftgemäße Tugend schlug in den Tugendterror um. Die institutionelle Disziplinierung von Tugenderwartungen und Zukunftshoffnungen durch die kirchliche Institution wurde tendenziell durch staatlichen Zwang ersetzt.

In der nordamerikanischen Szene spricht man vom *»naked public square«:* das Forum der Verhandlung der öffentlichen Angelegenheit scheint nackt und leer zu sein, wenn fundamentale Sinnfragen, wie sie in der Religion und als Religion gedeutet werden, keinen öffentlichen Status mehr haben. Statt dessen tritt dann die vage Idee einer »civil religion« auf den Plan. Ob nun mit Rousseau oder ohne ihn, jedenfalls hat der Religionsbegriff im Kontext einer politischen Wertordnung den großen Nachteil, daß sich mit ihm alsbald Vorstellungen von einer alles umfassenden und für alle verbindlichen Ordnung der Wirklichkeit einstellen, letzten Endes also eine Art Superkirche, freilich ohne klare institutionelle und inhaltlich-rationale Konturen.

Die einfachste Lösung, die sich für diese Problemlage denken läßt, besteht darin, daß »Religion« zur »Privatsache« erklärt wird. Dies scheint unmittelbar einzuleuchten; und so werden die Dinge ja denn auch von den mehr oder weniger zuständigen intellektuellen Theorieinstanzen behandelt. Den Staatsrechtlern ist die Existenz von Kirchen im öffentlich relevanten Raum höchst unsympathisch, weil dabei die Rechnung mit einem klar geschnittenen Konzept eines weltanschaulich neutralen säkularen Staates nicht aufgeht. Daß Religion eine Angelegenheit außerhalb der Sphäre des öffentlichen, eben eine Privatangelegenheit sei, heißt dann nur, sie gehe die Sphäre von Öffentlichem Recht nichts an. Doch so einfach geht es eben nicht.

Privat ist alles, was der Bürger als Individuum kraft seiner eigenen Freiheit für sich als relevant und lebensnotwendig ansieht – aber eben als Bürger, der vom Privatmenschen nicht abgesondert werden kann. Es war und ist ja gerade die große zum moralischen Imperativ der Moderne gewordene Idee der Menschenrechte, die Lebensinteressen und Überzeugungen der Menschen *als Menschen* zu achten und ihnen Genüge zu tun. So wie das staatliche Gemeinwesen, wenn es mit dem Geist demokratischer Gesinnung getauft ist, ohne den Willen und die Existenz seiner Bürger keine Legitimation erlangen kann, so kann es auch in seiner Verfassung und öffentlichen Wirksamkeit nicht über die Überzeugungen und Wertorientierungen hinweggehen, welche ebendiese Bürger für sich selbst (also aus der Sicht des Staates »privat«) für relevant halten und die deswegen auch für das Gemeinwesen relevant sind und bleiben.

Im deutschen Diskussionskontext gibt es dafür einen Ausspruch des Verfassungsrichters Ernst-Wolfgang Böckenförde. Er besagt, auch der säkulare demokratische Rechtsstaat lebe von Voraussetzungen, die er sich nicht selbst beschaffen könne. Das ließe sich nun ebensogut auch von den christlichen Kirchen sagen. Auch sie leben von Voraussetzungen, die sie sich nicht selbst machen und erneuern können. Und auch die Kirchen erleben, daß sie auf die zwanglose und nicht erzwingbare Zustimmung zu ihrer Botschaft angewiesen sind.

5. »Non vi – sed verbo«

Damit sind wir wieder beim Thema der »gespaltenen europäischen Christenheit«. Die Spaltung, die für die westliche Welt mit der lutherischen Reformation im 16. Jahrhundert ihren Anfang nahm, hatte eben dies, die Unerzwingbarkeit von Glauben und Religion, zum Inhalt. Das Programm, mit dem die vom Lebensalter her jungen und vom Status her wenig angesehenen Reformatoren im Jahre 1530 in Augsburg vor den Kaiser traten und um Anerkennung ihrer, aus der Sicht der römischen Kirche höchst »privaten«, Überzeugungen nachsuchten, lautete: »Sine vi, sed verbo« – ohne äußere Gewalt, allein durch das an den einzelnen Menschen sich wendende Wort oder Argument solle in Sachen des Glaubens gehandelt und regiert werden. Der Erfolg und auch die Überzeugungskraft des Wortes könne nicht erzwungen werden und solle deshalb auch frei von jedem Rechtszwang sein. Der Erfolg der Predigt und der Unterweisung, so steht es in dem Bekenntnis von Augsburg, könne sich nur einstellen, »ubi et quando visum est Deo«, dort und dann, wo und wann es Gott selbst gefalle, durch den Geist die Wirkung des Wortes zu befördern.

An diesem Punkt, dem gezielten Unterscheiden zwischen dem *Recht*, das notfalls auch durch Zwang vollstreckt werden kann, und der Freiheit des *Glaubens*, hat sich im wesentlichen die Spaltung vollzogen. Die Idee der Glaubensfreiheit ist die Wurzel, aus der die Kräfte hervorgegangen sind, die die Einheit der Christenheit als formelle, institutionelle, durch

Recht und Satzung definierte Einheit gesprengt haben. Wer darum die »Kirchenspaltung« generell beklagt und als Wurzel aller Wirrnisse und Orientierungsprobleme der Moderne beklagt, der muß auch die Frage beantworten, wie denn die Freiheit des Glaubens anders denn als konkret individuelle Freiheit zur Geltung kommen sollte? Es bedurfte immerhin weiterer 450 Jahre, bis die römisch-katholische Kirche auf dem zweiten Vatikanum sich zur Anerkennung der Religionsfreiheit durchringen konnte.

Von Adolf von Harnack stammt das Wort, das Studium der politischen Geschichte sei die notwendige Voraussetzung der Kirchengeschichte. Harnack hat diese These mit der Beobachtung verbunden, daß in der Geschichte der Kirche noch immer alle Stadien der politischen Geschichte der letzten zwei Jahrtausende gegenwärtig seien. In der Tat, ein Überblick über die institutionelle Verfassung der christlichen Kirchen im Europa und Nordamerika der Gegenwart ließe sich unschwer entschlüsseln als ein Ensemble der unterschiedlichen Epochen politischer Verfassung und rechtlicher Organisationsformen dieses historischen Zeitraumes. Und wenn man die Abkunft des Christentums aus dem Volke Israel hinzunimmt, weitet sich die geschichtliche Perspektive noch einmal darüber hinaus. Angefangen von der Liturgie der Gottesdienste bis hin zu den unterschiedlichen Formen des verfassungsrechtlichen Status der Kirchen ist in der europäischen Christenheit so ziemlich alles auf die eine oder andere Weise noch präsent, was an politischer Ikonographie, an Herrschaftssymbolik, an Organisationsformen und Regeln der Zugehörigkeit denkbar ist. Von Modellen der Staatskirche in Skandinavien oder Großbritannien bis hin zum bürgerlichen Vereinswesen, von der römischen Weltkirche bis zu den Gruppenformen der Sekte reicht die Vielfalt. Für alle Konfessionen aber gilt: Jeder Kirchenbegriff enthält auch ein ihm korrespondierendes Staatsverständnis.

Am Anfang steht das Motiv des wandernden Gottesvolkes, das nach einem Wort des Hebräerbriefes hier kein bleibendes »*politeuma*« hat. Mit dem Jesuswort »Mein Reich ist nicht von dieser Welt« wird der eschatologische Gegensatz zwischen dem Reich Gottes, auf das die Gemeinde Jesu Christi in der Fremde der Welt wartet, und dem vergehenden *Aion* der Reiche dieser Welt als Kern des Selbstverständnisses christlicher Kirche tradiert. Am Ende wird alle irdische Herrschaft dem Kyrios untertan sein, wie die Vision des Paulus es ausdrückt. Augustin hat diesen Gegensatz in der Civitatenlehre auf das Niveau eines weltpolitischen Kampfes gehoben. Weltpolitisch deswegen, weil die christliche Kirche sich als *Ökumene* auf alle Menschen bezieht, nachdem die Grenzen der Zugehörigkeit zu dem natürlichen Volk der Juden überschritten worden sind. Diese Ablösung der Kirche von einer durch die Generationenfolge konstituierten Gemeinschaft hat sie in prekärer Weise dem *Imperium,* der Weltherrschaft, gegenübergestellt.

In der »Einheitskultur des Mittelalters« (Troeltsch), die die Mediävisten heute allerdings sehr viel pluraler sehen als frühere Historiker, ist dieser Gegensatz präsent in der Lehre von den »zwei Schwertern«, die den Konflikt vom Papsttum und Kaiser zu befrieden suchte. Für die Kultur Europas am Beginn des 16. Jahrhunderts, am Vorabend der Reformation, stand die Einheit und innere Geschlossenheit von Religion und politischem *Ordo* außer Frage. Papst und Kaiser symbolisierten die Instanzen, die als Garanten der unverzichtbaren Fundamente dieser Einheit fungierten. Toleranz war deswegen kein Thema nach innen, sondern nur ein Thema nach außen: als Toleranz gegenüber Juden und Heiden, die auf je unterschiedliche Weise als Religionsfremde galten.

Das Bestreiten des päpstlichen Herrschaftsanspruchs in Glaubensdingen durch Martin Luther geschah vor diesem Hintergrunde und in vollem Bewußtsein der politischen Implikationen: Die Verbrennung des *Corpus juris canonici* 1520 auf dem Wittenberger Marktplatz, zusammen mit der Bannbulle des Papstes, war Symbol der Kritik an der Einheit von erzwingbarem Recht und innerem Glauben in der institutionellen Form der Kirche. Die Protestanten begaben sich nach dem Zerbrechen der Einheit der Kirche unter den Schutz der Landesherren, aus dem sie in Mitteleuropa, in Deutschland erst im 20. Jahrhundert hervorgetreten sind. In der Neuzeit stand das Thema der Unterscheidung von Religion und Politik, von Kirche und Staat gleichwohl stets ganz oben auf der Tagesordnung.

6. *Christ und Bürger: Distinctio und Freiheit*

Der Gegensatz, das Spannungsverhältnis von christlicher Kirche und weltlichem Staat, ist die Quelle einer spezifischen politischen wie theologischen Rationalität. Sie hat die Geschichte der protestantischen Kultur des Westens zutiefst geprägt. Die Kirche hat dem Staat, der weltlichen Herrschaft allgemein, die Anerkennung einer religiösen, göttlichen Weihe versagt. Sie hat sich seit ihren Anfängen dem Staatskult verweigert und damit die politische Herrschaft zu rationaler Begründung und Argumentation gezwungen. Der Staat, die weltliche Herrschaft, hat der Kirche den Anspruch auf umfassende Herrschaft über die Ökumene nicht zugestanden und die Kirche dazu gezwungen, sich immer neu aus ihrer religiösen Eigenständigkeit, aus ihrer eigenen theologischen Ratio zu begründen und zu legitimieren. Es war das Zusammenbestehen, das die Unterscheidung nötig machte, und es war das Wissen um die Verschiedenheit, das der Rationalität die Impulse verlieh: Verwissenschaftlichung der Theologie und Ausbildung des Naturrechts waren dabei die Instanzen der Vermittlung. Die gegenseitige Nötigung zur Unterscheidung von Kirche und Staat ist, in dieser Perspektive, in wechselnden Konstellationen und in sich ablösenden Theorien der Kern einer politisch-theologischen Rationalität, aus der die Moderne Impulse für Aufklärung, Rechtsstaat und politischen Pluralismus bzw. Toleranz empfangen hat.

Die Bedeutung dieser *Distinctio* wird an den Gegenbildern deutlich. Wo die christliche Kirche sich in ununterscheidbarer Weise mit dem politischen Imperium verbindet – wie in der östlichen Orthodoxie –, dort bildet sich auch keine über die Liturgie hinausreichende selbständige Theologie als wissenschaftliche Form der Selbstwahrnehmung und Selbstprüfung der Kirche. Widerständigkeit und rationale Potenz des Glaubenswissens können sich unter der Dominanz der sanktionierten politischen Herrschaft nicht entfalten. Wo die christliche Kirche sich – auf der anderen Seite – in private Vereine und institutionell verflüssigte Gesinnungsgemeinschaften auflöst, verliert sie auch an öffentlicher Relevanz als Gegenüber zu Staat und Politik. Christentum wird auf Erweckungserlebnisse und persönliche Frömmigkeit reduziert.

Was nun ist, in dieser Perspektive, der Dreh- und Angelpunkt dieser Unterscheidung, die die Dynamik im Verhältnis von Kirche und Staat bestimmt? Darauf läßt sich eine sehr moderne Antwort formulieren, die mit dem inneren Motiv der christlichen Religionsgeschichte konform ist: In der Unterscheidung von Kirche und Staat lebt das Wissen um die Freiheit des Menschen als des im Glauben durch Christus von der Welt befreiten und vor Gott im Glauben gerechtfertigten Menschen. Dieser Freiheit korrespondiert das Wissen, daß der so befreite Mensch zugleich Geschöpf Gottes und somit zur Verantwortung in der Welt berufen ist. Die doppelte Bürgerschaft des Menschen als Christ in der Gemeinschaft der Glaubenden und des Christen als Mensch im weltlichen Gemeinwesen ist gleichsam die Angel, um die sich Unterscheidung und Zusammenhang von Kirche und Staat drehen.

Darum korrespondiert der Rationalität, zu der die Unterscheidung von Kirche und Staat nötigt, eine Fähigkeit zur Selbstunterscheidung des Christenmenschen: Christ-Sein besteht in einer Lebensform, die im Blick auf ihre Seligkeit alles von Gott empfängt (und dafür der Zugehörigkeit zur Kirche bedarf), und zugleich in der Berufung zum weltlichen Leben im Auftrag der Schöpfung Gottes (und darin zur Teilhabe an der Welt in ihren Gemeinschaftsordnungen). Dieses Selbstbewußtsein ist als Ort individueller Freiheit von jeder staatlichen Bindung noch einmal zu unterscheiden; es ist Träger einer Freiheit, die in seiner transzendenten Konstitution begründet ist und sein soll.

7. Totalitarismus und Nischenreligion

Dieses Bewußtsein muß immer wieder neu gebildet werden. Es kann auch vergessen und verdrängt werden. Nehmen wir die Erfahrungen, die Religionslehrer in den neuen Bundesländern gegenwärtig machen. Eine Religionslehrerin berichtet: Wenn sie das Lehrerzimmer betritt, dann hört sie abfällige Bemerkungen aus dem Kollegium: »Da kommt wieder die Schwarze.« Als sie auf dem Tisch im Lehrerzimmer eine Bibel liegen läßt, wird sie gerüffelt: »Das haben wir doch alles hinter uns. Wieso kommen Sie damit jetzt wieder an?« Bei der Neuordnung der Humboldt-Universität in Berlin ging es im akademischen Senat um die Berufung von Professoren an die theologische Fakultät. Während der in solchen Fällen üblichen Querelen über Stellenzuteilung und Mittelbewilligung erhob ein altgedientes Mitglied des Senats Protest: »Nun sind die Roten raus, und dafür kommen die Schwarzen wieder rein.«

Auch evangelische Pfarrer und Bischöfe gaben zu erkennen, daß es sich mit dem staatlich verordneten Atheismus

155

doch ganz gut habe leben lassen, weil man da wenigstens wußte, mit wem man es zu tun hatte in den kleinen Gemeindezirkeln. Der den Kirchen vom SED-Staat eingeräumte Sonderstatus konnte als Privatprivileg für kleine fromme Kreise in einer feindlichen Umwelt erfahren werden. Daß damit zugleich die öffentliche Geltung persönlicher Freiheit im SED-Staat elementar unterdrückt wurde – und daß also heute, nach der Wende, die Kirche einen öffentlichen Bildungsauftrag wahrzunehmen hat –, dafür konnte die lange Entziehungszeit des sozialistischen Regimes offenbar auch theologische Augen blind machen.

Sowohl der NS-Staat als auch die Staaten des Sowjet-Kommunismus haben Religiosität als ein subjektives privates Recht anerkannt, aber stets mit der ausdrücklichen Einschränkung, daß der Religion keine *öffentliche* Relevanz anzuerkennen sei. Die Praxis von Religion, einschließlich der kirchlichen Praxis, sei deshalb strikt auf den privaten, eben den religiösen Bereich zu begrenzen. Dieses formale Zugeständnis von Religionsfreiheit war somit zugleich ein inhaltliches Urteil über Religion: Es sagte etwas darüber aus, was Religion sein dürfe und was gerade nicht. Indem der Religion jeglicher Anspruch auf die Mitgestaltung der öffentlichen Lebensverhältnisse abgesprochen wurde, war ihre Duldung nicht am Selbstverständnis von Religion, Christentum und Kirche ausgerichtet: Es war an einer religionsexternen, normativen Definition von Religion als einer öffentlich irrelevanten Privatangelegenheit orientiert.

Auf diese Weise wird der historische und sachliche Zusammenhang der Religionsfreiheit mit den öffentlichen Freiheitsrechten des Individuums *gegenüber* dem Staat an einer entscheidenden Stelle abgeschnitten. Der Staat definiert die Grenzen, innerhalb derer Religion toleriert wird. Er definiert damit zugleich die Schranken der individuellen Freiheit. Jede eigenständige und insofern auch kritische Rolle der Religion

in der Strukturierung der Lebensverhältnisse wurde in totalitären Staaten deswegen als Kampfansage an das politische
System verfolgt. Gefördert wurde die Konformität von Religion und Kirche mit dem politischen Staatswillen. Hier lagen
und liegen die Versuchungen für die Kirchen, mitzuherr-
schen.

8. Ist »Europa« religionsblind?

Das Europa der Europäischen Gemeinschaft ist in Hinsicht
auf die Religion seiner Bewohner konstitutionell blind: Seine
Organe nehmen hier nichts wahr. Aber es wäre doch eine
unreflektierte und irgendwie auch dumme Blindheit, wenn
man behaupten wollte, hier gäbe es auch gar nichts wahrzunehmen – so, als ob sich der Prozeß der europäischen Integration in einem kulturell und religiös unbewohnten Erdteil
vollziehen würde. Wenn über religiöse, christliche und ethische Verantwortung für die Zukunft Europas geredet werden
soll, dann muß auch die Frage eine Rolle spielen, wo diese
Verantwortung einen erkennbaren und folgewirksamen Ort
haben soll.

Weltanschauungsführerschaft oder, mit einem heute viel
verwandten Begriff, Sinnstiftungskompetenz soll den Organen der Europapolitik nicht zugewiesen werden. Aber es ist
darauf aufmerksam zu machen, daß die Achtung der Grenzen, die die Freiheit der Bürger gerade in Sachen Religion
allen staatlichen Organen auferlegt, nicht bedeutet und bedeuten darf, die respektierten Freiheiten und die geistigen und
ethischen Fundamente, auf denen sie beruhen, als eine bloß
private Angelegenheit ohne öffentliche Bedeutung einzustu-
fen. Darum ist es eine zukunftsrelevante Frage, wie Europa
mit Christentum und Religion umgeht.

Nun ist »Europa« größer als die Organisation der Europäischen Union. Dieser Hinweis wird heute in der Regel mit Blick auf Osteuropa vorgebracht, zumeist verbunden mit der Forderung, die (west-)europäischen Organisationen sollten sich für die Mitgliedschaft anderer, vor allem mittel- und osteuropäischer Länder öffnen: Das »größere« Europa drängt in das »kleinere« Europa – nicht umgekehrt!

Gen »Osten« läßt sich dafür der Bestand einer gemeinsamen kulturellen Tradition aktivieren, für die das Christentum und die Kirchen ein geschichtliches Fundament bilden. Doch der Katholizismus Polens wird sich dabei ebenso mit seiner Neigung zur »Staatsreligion« reflektiert auseinandersetzen müssen wie die orthodoxen Kirchen Südosteuropas. Die kleine Minderheit der Protestanten in Polen hatte Anlaß, nach dem Ende der kommunistischen Herrschaft daran zu erinnern, daß der atheistische Staat ihr mehr Daseinsrecht eingeräumt hat, als ihnen im Bewußtsein des katholischen Polen zugebilligt wurde.

Aber wie steht es mit der Türkei? In die Zollunion ist sie inzwischen aufgenommen. Der Dauerkonflikt zwischen der Türkei und Griechenland speist sich aus Erfahrungen an der Grenze von Christentum und Islam, mit allen Folgen jahrhundertelanger islamischer Herrschaft über das orthodoxe Griechenland – auch hier ist also das kulturelle Gedächtnis höchst lebendig, und auch hier bestehen Modernitätskonflikte. Es waren islamische Staaten, die 1948, bei der Verabschiedung der Deklaration der Menschenrechte durch die Vereinten Nationen, gegen die Artikel stimmten, in denen die Religionsfreiheit erklärt und bekräftigt wird. Der islamischen Welt steht gleichsam ein II. Vatikanum noch bevor. Aber da die »Religion« im Islam nicht als »Kirche« gefaßt ist, fehlt ihm bisher auch das institutionelle Instrument zu jeder Rationalität, die das Verhältnis von Kirche und Staat, Politik und Religion im (westlichen) Christentum bestimmt.

Es scheint, als ob weder die Trennung von Kirche und Staat

noch die Beschwörung des christlichen Abendlandes zurei-
chende Deutungen bereitstellen, um die hier fälligen Entwicklungen zu begreifen: Das »Abendland« ist schon lange
der »Okzident« der Neuzeit – die okzidentale Welt, deren
spezifische Modernität seit Max Webers Protestantismusstu-
die immer wieder auf ihre Religionshaltigkeit abgeklopft
wird. Die »Trennung« von Kirche und Staat ist eine freiheits-
dienliche Konstruktion – doch wäre sie ohne Bedeutung,
wenn nicht zugleich gewußt würde, was hier zu unterscheiden ist und doch nicht wirklich getrennt werden kann. Und
die gespaltene europäische Christenheit hält das Bewußtsein
dafür wach, daß umfassende Einheit nicht erzwungen werden, sondern nur in toleranter Pluralität gelebt werden kann.

David Martin
Europa und Amerika
Säkularisierung oder Vervielfältigung der Christenheit –
Zwei Ausnahmen und keine Regel

1. Zwei Wege in die Moderne

Der Übergang von einer religiös bestimmten zu einer säkularen Gesellschaft kann auf zwei Weisen geschehen: Die erste besteht darin, daß wie in den Vereinigten Staaten jede Verbindung zwischen Kirche und Staat beseitigt wird. In der zweiten Variante wird zwar diese Verbindung offiziell beibehalten, aber in der übrigen Gesellschaft kommt es, vor allem in den Unterklassen, zu einem fortschreitenden Austrocknen der Religiosität. Letzteres war der europäische Weg der Säkularisierung. So lassen sich in knappen Worten die unterschiedlichen Entwicklungen charakterisieren, welche sich im Verhältnis von Religion, Gesellschaft und Politik in den letzten Jahrhunderten in Nordamerika und in Europa zugetragen haben.

In den Vereinigten Staaten schloß die Verfassung jegliche »Etablierung«[1] einer Religion als Staatsreligion oder einer Kirche als Staatskirche von vornherein aus. Danach jedoch nahm die kirchliche Religiosität in den USA beständig zu, jedenfalls während der Zeit von 1800 bis 1950. In Europa war die Lage komplizierter: Entweder wurde nämlich die Verknüpfung von Kirche und Staat beibehalten, was in der Regel zu einer Art Monopolstellung der jeweiligen Staatskirche führte; oder aber es kam zu einem fortlaufenden Kampf zwischen den Befürwortern des Monopols der staatlich etablierten Kirche und ihren Gegnern. Im allgemeinen kommt es in Europa mit den Folgen der industriellen Revolution zu einem massenhaften Rückzug großer gesellschaftlicher Gruppen aus dem kirchlichen Leben, vor allem unter den radikalen Mittelklassen und der in den Industriestädten zusammengeballten Arbeiterklasse, aber auch in Teilen der Landbevölkerung.

Das derzeit wachsende Interesse an Europas »außergewöhnlichem« Muster der Säkularisierung dürfte bei dem ansetzen, was früher einmal der »amerikanische Sonderweg«[2] hieß – hatten doch Politikwissenschaftler wie Seymour Martin Lipset seit über zwei Jahrzehnten wiederholt die Eigentümlichkeit der Vereinigten Staaten gegenüber Europa oder sogar der ganzen restlichen Welt betont: Als die »Erste Neue Nation« trennten die USA seit ihrer Gründung zwischen Kirche und Staat, boten Glaubensvielfalt, pflegten recht viel Religion bei recht wenig Sozialismus. Europa dagegen bestand aus alten Völkern, die oft noch feste Bindungen zwischen Kirche und Staat zuließen, in aller Regel aber eine lockere Beziehung zwischen beiden anerkannten. In den meisten europäischen Ländern hingegen bekannte sich die Mehrheit der Bürger, je nach Gebiet und Kultur, fast automatisch zu bestimmten Religionen, die eng mit den traditionellen Eliten sowie mit ihrer nationalen oder regionalen Identität und Geschichte verknüpft waren. Alle Länder Europas, in denen nicht Fremde über den Staat herrschten und daher die Kirche sämtliche Hoffnungen des ganzen Volkes verkörperte, wie in Polen oder Irland, machten einen Prozeß der Säkularisierung durch; und ebenfalls alle erlebten sie sozialistische Bewegungen, die in einem breiten Spektrum, das vom in religiöser Hinsicht halbpluralistischen Großbritannien über die protestantischen Hochburgen Nord- bis zu den katholischen Südeuropas reichte, mehr oder weniger stark und mehr oder minder antiklerikal waren. Besonders in den katholischen Ländern war die Religion fest mit dem Kollektivbewußtsein verwachsen, so daß die Kirche bei schweren sozialen Konflikten für die eine Seite zum Totem, für die andere zum Symbol der Reaktion wurde.

Vermutlich geht das auf einen frühen Bruch zwischen der Aufklärung und der Macht der Kirche zurück, der wiederum in den lateinischen katholischen Ländern viel krasser ausfiel als andernorts. Langfristig nährte er eine ausgeprägte Kirchenfeindschaft der kritischen intellektuellen Eliten und zog überall, wo diese Gegeneliten an die Macht kamen, antireligiöse Maßnahmen nach sich. In den relativ kleinen und zentralisierten Ländern Europas bewirkten diese mehr, als in den Vereinigten Staaten je möglich gewesen wäre. Da die Medien und das Bildungswesen ebenso zentral gesteuert waren wie der Staatsapparat, konnte eine einmal an die Macht gelangte antiklerikale Elite Waffen ins Feld führen, die einst dem religiösen Establishment zu Gebote standen. So vermochte eine aufgeklärte Staatsführung das kirchliche Leben ernstlich einzuengen – oder wenigstens, wie in Skandinavien, das bestehende staatskirchliche System zu übernehmen. Die Zentralisierung von Verwaltung und Erziehungswesen bedeutete also, daß eine kirchenfeindliche oder areligiöse politische Elite ihre Weltsicht von oben nach unten durchsetzen und bis in die religiös widerspenstigen Ränder und Provinzen verbreiten konnte. In katholischen Ländern mochte dies die Form offen antireligiöser oder radikal-laizistischer Maßnahmen annehmen[3] – oder den Zwang einer aufgeklärten Autokratie ausüben. In protestantischen Ländern hingegen kann die Kirche von befreundeten oder kulturell benachbarten halbsäkularen Eliten so kooptiert werden, daß sie von innen heraus ausgehöhlt wird, während sie die unterschiedlichsten Dienstleistungen für den Staat und die Gemeinschaft erbringt – bis sie dann eines Tages erkennen muß, daß sie selbst über keine aktiven Mitglieder oder keinen eigenen Inhalt mehr verfügt.

Derartige Entwicklungen sind in den förderalistisch struk-

turierten USA einfach unmöglich, abgesehen allenfalls von
den Medien und den höheren Bildungsinstitutionen. Was die
letzteren angeht, die Universitäten, so wurden christliche
Gründungen übernommen und erfolgreich von innen heraus
ausgehöhlt. Andererseits, wo sonst gibt es eine solche Vielzahl von bedeutenden Institutionen von Harvard bis zu den
schwarzen Colleges, die auf christlichen Fundamenten errichtet wurden? Wo in Europa gibt es das Gegenstück zur Brown
University (baptistisch) oder zu den Universitäten Boston
und Emory (methodistisch) oder zur Harvard University
(presbyterianisch)? Europäische katholische Universitäten
wie Leuven, Lublin und die Gregoriana in Rom ragen allein
aufgrund ihrer relativen Isolation und ihres besonderen
Ranges heraus.

Wenn man nun die Unterschiede zwischen Europa und den
USA auf diese Weise skizziert, so impliziert dies bereits eine
Analyse dieser Unterschiede – und der Gründe, warum der
eine oder der andere Fall eine »Ausnahme« darstellen soll.
Ausschlaggebend ist offenbar, ob eine gegebene religiöse Institution offiziell in den zentralen Machtkomplex einbezogen
wird, so daß die Außenstehenden dazu neigen, das ganze Reli-
gionspaket abzulehnen – entweder durch gezielte Theorien
und Maßnahmen, wie im Fall der radikalen Mittelschicht
und Intelligenz, oder durch Rückzug und Entfremdung, wie
im Fall des klassischen Proletariats der Industriegesellschaft.
Genau diese Entwicklungen werden verhindert, wenn sich
die Religion von der Staatsgewalt (und vom Staatsgebiet)
unabhängig macht und in Form freiwilliger und miteinander
konkurrierender Vereinigungen auftritt: Die Vereinigten
Staaten haben weder eine religiös entfremdete Arbeiterschaft
noch eine radikale Intelligenz.

Bemerkenswert erscheint in diesem Zusammenhang übrigens, daß Großbritannien den Vereinigten Staaten näher
steht als jedes andere Land Europas, da es ebenfalls mehrere

relativ eigenständige Konfessionen aufwies und die Religiosität in den Frühphasen seiner industriellen Revolution ähnlich positiv aufblühte wie dort. Die britische Intelligenz war selten radikal, und auch die Arbeiterschaft war der Religion nur mäßig entfremdet. Doch in den späteren Phasen traten genügend typisch europäische Merkmale hinzu, insbesondere die Verknüpfung einer zentralen religiösen Institution mit den Kernbereichen der gesellschaftlichen Macht, um eine Verschiebung eher in die Richtung Schwedens als in die der Vereinigten Staaten herbeizuführen. Wenn der Sachverhalt richtig dargestellt ist, so muß das analytische Interesse in erster Linie auf die Verbindung zwischen gegebenen Religionen und der Macht zielen, die oft durch feste Einbettung des Glaubens in ein Staatsgebiet untermauert wird.[4]

In gewissem Sinne könnte die Analyse hier enden, da alle nötigen Schlüsse gezogen sind. Die Beschreibung hat sich die Theorie untergeordnet, wie es in den Humanwissenschaften häufig geschieht. Drei weitere Aspekte sind jedoch beachtenswert. Erstens können einmal ausgeprägte Formen sehr zählebig sein: So überdauerte das Konfliktmuster Europas von (etwa) 1760 bis 1960, das US-amerikanische Modell entstand ungefähr um 1800 und besteht bis heute. Zweitens gebiert Erfolg stets Erfolg und Mißerfolg weiteren Mißerfolg. Amerikas Religiosität bleibt trotz aller Turbulenzen der sechziger Jahre auf dem Vormarsch, während die Religion in Europa unter Druck steht und den Turbulenzen der sechziger Jahre besonders schutzlos ausgeliefert war. Auch der dritte Aspekt betrifft die Psychologie des Erfolgs, nämlich den Zusammenhang zwischen einem Gespür für Macht (und schicksalhafte Vorsehung) und der beflissenen Pflege der öffentlichen Heiligtümer. Europa hatte dieses Gespür einst, verlor es jedoch, wohingegen Amerikas von Großbritannien übernommener Sinn für die Vorsehung durch immer größere Machtanballungen beständig gestärkt worden ist.

2. Vielfalt der Schwärmer – Einheit der Republik

Der oben skizzierte Gegensatz zwischen einem sich entkirch-
lichenden Europa und einem weiterhin religiösen Amerika ist
gewiß eine – zur Verdeutlichung in scharfen Kontrasten ge-
zeichnete – Vereinfachung. Und natürlich haben derartige
Gegensätze auf beiden Seiten des Atlantiks auch zu reichlich
unterschiedlichen soziologischen Deutungen der Säkularisierung geführt. Aus europäischer Sicht ging die Entwicklung
in den Vereinigten Staaten schließlich »rückwärts«: Zunächst, im 18. Jahrhundert, gab es in den nordamerikanischen
Kolonien eine entschieden einsetzende Säkularisierung, die
sich vor allem in der Intelligenz bemerkbar machte; doch es
gab auch eine Reihe religiöser Erweckungsbewegungen, die
man »the Great Awakening« nannte.[5] Außerdem finden wir
– im Gegensatz zu Europa – offenbar keine erbitterte Gegner-
schaft zwischen aufgeklärten Denkern und religiösen
Schwärmern. So verlegte der Aufklärer Benjamin Franklin
zum Beispiel die Schriften des englischen Evangelisten
George Whitefield, und Whitefield trat seinerseits lautstark
für die Sache der Siedler im Revolutionskrieg ein. So brachen
selbst im 18. Jahrhundert die Beziehungen zwischen Religion und Aufklärung nicht ab; und es gab Berührungsebenen
zwischen Freimaurertum und Unitarismus[6], auf denen sich
Persönlichkeiten wie Thomas Jefferson hervortaten. Es sei
nur daran erinnert, daß Jefferson eine aufgeklärte Kurzfassung des Neuen Testaments vorgelegt hat und Thomas Paine,
der aus einer Quäkerfamilie kam, eine Art radikalen Deismus
vertrat.

Obwohl also die radikalen amerikanischen Denker bestimmte *Formen* der Religion als rückständig und fort-
schrittsfeindlich ansehen konnten – im Fall Paines vor allem
das Zusammenwirken von Kirche und Staat –, sahen sie doch
in der Religion an sich kein Problem. Das Spektrum religiöser

Vorstellungen in ihrer Umgebung war so beschaffen, daß es jeden derartigen Gedanken verbot: Schließlich gab es in den großen Kirchen eine Menge aufgeklärter Köpfe. Und die religiösen Schwärmer hegten ihrerseits ganz unterschiedliche politische Meinungen; viele von ihnen traten vehement für die Rechte und schließlich die Unabhängigkeit der dreizehn Staaten ein und sahen König Georg III. als Pharao und sich selbst als die siegreichen Kinder Israels.

Ein wesentlicher Aspekt der besonderen Geschichte Nordamerikas wurde bereits benannt, nämlich das Fehlen eines monolithischen kirchlichen Blocks, der sich massiv gegen Angriffe radikaler Intellektueller hätte zur Wehr setzen können. Diese Situation rührt nicht nur aus der ziemlich gütlichen konstitutionellen Trennung von Kirche und Staat 1789–1791, sondern auch aus der vorangegangenen Geschichte zwischen 1609 und 1776–1783. Wenn viele Kirchen in jeweils verschiedenen Regionen vertreten sind, dann hat jede von ihnen das Interesse, eine Übermacht der anderen zu verhindern. Und wenn keine von ihnen in der Lage ist, jene Art der hierarchischen Kontrolle auszuüben, welche eine innere Differenzierung, die Entstehung eines Schismas oder einer Vielfalt breitgefächerter Meinungen verhindert, dann kann sich ein sozialer Wandel durch einen Prozeß des gegenseitigen Ausgleichs vollziehen, ohne daß es zu massiven Blokkierungen kommt, die nur noch mit radikalen Operationen zu beseitigen sind.

Schließlich spielt noch eine Rolle, daß das Selbstverständnis der Kolonisten als die Erben des Bundes[7] (nicht zu reden von der römischen Republik) sich auf das Volk als solches und nicht auf eine Kirche bezog. Religion konnte demnach in zweierlei Weise wirksam werden. Zum einen konnte sie die schwärmerische Begeisterung auslösen, welche dann eine Unzahl freiwilliger Glaubensgemeinschaften ins Leben rief, die alle miteinander konkurrieren und sich deshalb auf ihre jeweiligen Märkte einstellen müssen. Zum zweiten konnte sie die Bestrebungen und das Schicksal des amerikanischen Volkes als ganzem in einer Weise legitimieren, daß das Ideal niemals durch eine rauhe Wirklichkeit zu widerlegen war. Die Religion – und das bedeutete: fast jede Religion – wurde deshalb positiv als eine unstreitig proamerikanische Tätigkeit angesehen. Die römisch-katholische Kirche mochte in den Augen protestantischer Populisten[8] fremd, hierarchisch, autoritär und feindselig wirken, doch tatsächlich paßte sie sich relativ mühelos an den »Amerikanismus« und die amerikanische »Bürgerreligion« an.[9] So konnten alle Konfessionen einschließlich der katholischen Kirche um verschiedene Klientelen auf einem Markt freiwilliger Religionsgemeinschaften konkurrieren, während sie gleichzeitig allesamt unter dem gemeinsamen Dach der »Einen Nation unter Gott« verblieben.

Die Verhältnisse lassen sich am Beispiel des Städtebaus darstellen und veranschaulichen. Das Zentrum einer amerikanischen Stadt ist nicht etwa ein Platz, der von einem imposanten Dom beherrscht wird. Es ist vielmehr ein offener Raum, wo ein körperloser *genius loci* die generalisierten Ideale des Gemeinwesens repräsentiert. Der Stadtpark von Boston ist hierfür ein gutes Beispiel; und dasselbe gilt für das geheiligte Feld auf der Mall in Washington. Doch um dieses leere Zentrum herum gibt es ein Ensemble von höheren und niedrigen Kirchtürmen, in denen die Vielfalt und Lebenskraft der rivalisierenden Konfessionen ihren sichtbaren Ausdruck findet. Natürlich ist der offene Raum dennoch nicht ohne jede Ikone. Im Fall des Boston Common und der Commonwealth Avenue sind es die Statuen großer Persönlichkeiten, deren Reformideal und deren wohltätige Werke zum Gemeinwohl beigetragen haben. Und in Washington weist der Tempel, der dem Befreier Lincoln errichtet wurde, als Inschrift den Wortlaut der Antrittsrede zu seiner zweiten Präsidentschaft auf, in der das gemeinsame biblische Erbe der Nation des Bundes heraufbeschworen wird. Wenn dort also keine Kirche steht, so finden sich doch sprechende Statuen und eine explizite Inschrift.

Diese Ausführungen sollten indessen nur zeigen, daß die Vereinigten Staaten vom europäischen Standpunkt aus eine Ausnahme darstellen. Wenn die Religion entweder auf das Niveau freiwilliger religiöser Vereinigungen herabgedrückt oder auf das eines unanfechtbaren Ideals emporgehoben wird, so ist dies ebenso etwas Besonderes wie der Ausschluß jeglicher Kirche von irgendeiner exklusiven Beziehung zu irgendeiner Art von historisch »ererbtem« Territorium. Doch sogleich erhebt sich eine neue theoretische Schwierigkeit, da diese Verhältnisse in den Vereinigten Staaten trotz alledem eine Neuordnung der historischen Kirchen Europas darstellen. Sie sind, wie ein britischer Premierminister einmal ziemlich euphorisch bemerkt hat, »schlicht Europa auf der anderen Seite des Atlantiks«. Auch wenn das eine Übertreibung ist, so bleibt doch die Tatsache, daß die europäischen Verhältnisse *nicht*, wie die Europäer vielleicht glauben, dem natürlichen und unausweichlichen Gang der gesellschaftlichen Evolution entsprechen. Sie sind bedingt durch die gesellschaftlichen Ordnungen, welche Europa geprägt und es einem antiklerikalen Konflikt im romanischen Süden und einer religiösen Indifferenz im protestantischen Norden ausgeliefert haben. Die Dinge könnten im Prinzip auch anders aussehen; Europa ist weder paradigmatisch noch exemplarisch. Wäre es demnach denkbar, daß nicht Amerika, sondern Europa der eigentliche Ausnahmefall ist? Schließlich waren in Europa zu viele negative (und allesamt kontingente) Faktoren wirksam, als daß die großen Veränderungen der Aufklärung, der industriellen und der sozialen Revolution ohne religiöse Krise – und ohne das Zerreißen der Religion als eines »heiligen Baldachins«[10] – hätten vor sich gehen können.

3. Säkularisierung und Säkularismus

Vielleicht muß das Problem jedoch ganz anders formuliert
werden: Gewiß muß sich jede große Zivilisation auf eine
andere und je spezifische Weise mit dem Übergang in die
Moderne auseinandersetzen. Europa nimmt jedoch insofern
eine Sonderstellung ein, als hier der Übergang zur Moderne
seinen Anfang nahm. Deshalb hat hier der Prozeß der Säkularisierung ein Ausmaß angenommen, das in der modernen
Welt einmalig ist. Wenn dies zutrifft, dann muß das Selbstverständnis Europas, dem wir Europäer fast alle anhängen, von
Grund auf revidiert werden. Wir sind *nicht* die »Leitgesell-
schaft«, die mit dem Verlauf ihrer Geschichte den Weg angibt,
auf dem ihr die übrige Welt, wenn auch unsanft und ruck-
weise, folgen muß. Wir sind nur insofern eine »Leitgesell-
schaft«, als bei uns der Prozeß der Einleitung des großen
Übergangs in die Moderne in historisch einmaliger Weise das
Zerreißen des über Jahrhunderte hinweg entstandenen Ge-
flechts von Religion und Gesellschaft unausweichlich gemacht hat. Mit anderen Worten, die religiösen Institutionen
Europas waren so stark in einer Monopolstellung verankert
und so weitgehend in das Geflecht der alten gesellschaftlichen
Strukturen eingebunden, daß mit der Umwälzung dieser Institutionen und Strukturen ein bruchloses Fortbestehen der
Religion unmöglich war. Die Religion wurde vom sozialen
Wandel stets auf dem falschen Fuß erwischt; sie wurde von
jeder neuen Entwicklung erneut erschüttert, bis sie nach ge-
raumer Zeit in eine Spirale des Niedergangs eintrat, von dem
sie sich bislang noch nicht erholt hat. Jedenfalls ist Europa
der einzig wirkliche säkulare Kontinent der Erde geworden,
nicht nur im Gegensatz zu Nordamerika, sondern auch zu
Lateinamerika, Afrika, Indien und der islamischen Welt. Allein China weist eine ähnlich weitreichende, wenn auch an-
dersartige Säkularität auf.

Wie hätte nun eine solche Formulierung des »Sonderfalls« Europa auszusehen? Erstens begann die Säkularisierung nicht nur in Europa, sondern ihre Theorie ist darüber hinaus ein Reflex dieser Tatsache und hat ihrerseits den Verlauf dieses Prozesses beeinflußt. Europa entwickelte eine Theorie seiner eigenen Zukunft, die dazu beitrug, sie Wirklichkeit werden zu lassen. Die *Tatsache* der Säkularisierung in Europa und die *Theorie* dieser Säkularisierung stehen zueinander in einem Verhältnis gegenseitiger Komplementarität. Die Europäer haben ihre eigene Wirklichkeit beschrieben und analytisch umschrieben. Und sie gelangten außerdem zu dem Schluß, nachdem sie einen Großteil ihrer Modernität so erfolgreich in die übrige Welt exportiert hätten, sei zu vermuten, die Welt werde ihnen auch auf dem Gebiet der Religion folgen. Kurzum, die Säkularisierung erschien ihnen als ein Naturprozeß.

Aus dieser europäischen Annahme folgte nun noch etwas anderes. Wenn es tatsächlich in der Natur der Dinge lag, daß man sich auf dem Weg vom Traditionellen zum Modernen, von der Gemeinschaft zur Gesellschaft etc. zugleich vom Heiligen zum Profanen bewegte, dann konnte alles, was dieser These entgegenstand, nur als zufälliges Hindernis gelten, keineswegs aber als mögliche Widerlegung. Man konnte entweder darauf warten, daß diese Blockierung verschwinden würde, oder aber man mochte selbst zu ihrer Beseitigung beitragen. Das bedeutete – wie bereits gesagt –, daß sich die Theorie der Säkularisierung in ihrer spezifisch europäischen Gestalt ebenso als ein Programm ausdrücken ließ, auf die soziale Wirklichkeit dergestalt einzuwirken, daß diese sich in eine von der Theorie vorhergesagte Richtung entwickelte. Das ist in der Tat ein auffälliges Merkmal der europäischen Situation und ein Element in der europäischen Dynamik, auf das oben bereits verwiesen wurde. So beobachteten beispielsweise die Politiker der französischen Dritten Republik die

Säkularisation nicht als bloßes soziologisches Faktum, sondern sie taten außerdem alles, sie zu gewährleisten und weiter voranzutreiben. In ähnlicher Weise waren im Ostblock unter kommunistischer Oberherrschaft in den Jahren 1947–1989 die empirischen Anzeichen für eine sozusagen »natürlich« voranschreitende Säkularisierung keineswegs durchgehend zufriedenstellend. Man mußte notfalls mit Gewalt nachhelfen, um die Wirklichkeit der Theorie anzupassen. In diesem Fall folgt aus der Theorie, daß soziale Widerspenstigkeit – wenn einzelne oder Gruppen sich nicht nach der Theorie richten – als anormal angesehen wird.

Auf diese Weise kommt es überhaupt erst zu der Vorstellung von einem religiösen »Sonderfall Amerikas«. Die Nordamerikaner sind nachweislich ein frommes Volk. Deshalb, folgern die Säkularisierungstheoretiker, sei es ein Sonderfall, eine Abweichung, die einer historischen Korrektur entgegenharrt, ein Land, das scheinbar in jeder Hinsicht an der Spitze der Entwicklung liegt, nur nicht in der Religion, was beweise, daß es in Wirklichkeit rückständig ist und etwas nachholen muß.

Nach der Skizzierung dieser merkwürdigen Verbindung von Theorie und Praxis, normativer und deskriptiver Darstellung, müssen wir einige der empirischen und historischen Elemente der Säkularisierung in Europa anführen, bevor wir uns der Frage, wieweit Europa ein Sonderfall ist, noch einmal zuwenden. Von diesen Elementen können wir sagen, daß sie insofern unabhängig von einer Verknüpfung von Theorie und Praxis existieren, als ihr Auftreten nicht daran gebunden ist, daß es aktiv gefördert wird.

Zwischen dem europäischen und dem amerikanischen Sonderfall bestehen im Hinblick auf die historischen Begleiterscheinungen der Säkularisierung einige wichtige Unterschiede. Im Fall Europas hat man in jahrzehntelanger Forschung einige allgemeine Tendenzen herauskristallisieren können. Die erste allgemeine Tendenz besteht darin, daß der

Anteil der religiös aktiven Menschen, insbesondere der Kirchgänger, mit zunehmender Einwohnerzahl der Städte abnimmt. In Großstädten wie London, Paris, Amsterdam und selbst Rom finden sich die wenigsten Kirchgänger. Die zweite allgemeine Tendenz lautet, daß die Zahl der Kirchgänger in Regionen mit hohem Arbeiteranteil, vor allem aus der Schwerindustrie, abnimmt. Diese beiden Tendenzen treten jedoch in den Vereinigten Staaten entweder überhaupt nicht oder nur sehr schwach ausgeprägt auf; und das gilt sogar für Städte, in denen sich die Einwanderer aus römisch-katholischen Ländern konzentrieren. Damit stellt sich die klare Alternative: Entweder ist (Nord)Amerika die Ausnahme oder Europa. Oder aber wir müssen alle genannten allgemeinen Tendenzen in (kontingente) Wahrscheinlichkeitsaussagen umformulieren: d. h. in Tendenzen, die vom Vorhandensein ganz bestimmter Umstände abhängen.

4. Protestantismus, Pluralismus und Föderalismus

Welche (kontingenten) Umstände aber könnten erklären, warum Europa und die Vereinigten Staaten, diese beiden doch unzweifelhaft modernen Zivilisationen, in ihrer religiösen Entwicklung derart unterschiedliche Wege eingeschlagen haben? Für den Analytiker besteht hier die Gefahr, einen ganz besonders auffälligen Unterschied anzuführen, während doch die Gesamtentwicklung möglicherweise das Ergebnis mehrerer Umstände ist, deren Wirkung durch Rückkopplungsprozesse noch verstärkt wird. Der bevorzugt angeführte Einzelfaktor ist der Unterschied zwischen dem religiösen Pluralismus und Wettbewerb in den USA und der Monopol- und Hegemoniestellung einzelner Religionen in Europa. Das mag paradox klingen, da es sehr einleuchtende Analysen gegeben hat, die zwischen dem Pluralismus von Religionen oder Weltanschauungen, einer Relativierung der jeweiligen Standpunkte und einem Nachlassen der Überzeugung, im alleinigen Besitz der Wahrheit zu sein, einen Zusammenhang vermuteten. Dennoch erscheint es wahrscheinlich, daß Konkurrenz das religiöse Unternehmertum anspornt und eine Anpassung an möglichst zahlreiche Märkte begünstigt. Im Gegensatz dazu zeigen Kirchen in einer Monopolstellung die Tendenz, sich auf ihre Rolle als Servicestellen für die eigene Klientel zu beschränken. Sie werden zu sozialen und seelsorgerischen Dienstleistungszentren, die bei Bedarf zur Verfügung stehen und über eine stabile und unangefochtene Kundschaft verfügen.

Hinzu kommt ein weiterer Faktor, der bereits eingangs erwähnt wurde, nämlich die Auswirkung einer Verbindung von Kirche und Staat.[11] Eine staatlich »etablierte« Machtstellung kompromittiert die Kirche nicht nur, weil sie diese in die Hegemonie des Staates einbindet, sondern verknüpft sie auch mit einem elitären Stil und mit der sozialen Atmosphäre der herrschenden Klassen. Ein extremes Beispiel hierfür wäre etwa die Tatsache, daß im frühen 19. Jahrhundert die Church of England keine Trauungen von Sklaven vornahm, also offensichtlich nicht darauf abzielte, die anglikanische Spiritualität auch Menschen mit dunklerer Hautfarbe nahezubringen. Zugleich werden sich die subalternen Klassen nicht in einer Oberschichtkultur oder in einer Kirchengemeinde heimisch fühlen, die von sozial Höherstehenden beherrscht werden, sofern sie zu diesen nicht als Diener, Hausmädchen usw. in einem Verhältnis unmittelbarer Unterordnung stehen. Es war daher ganz natürlich, daß sie ihre Distanz wahrten und sogar bis zu einem gewissen Grad aufgeschlossen für die These waren, die Kirche selbst und die Religion als solche seien Instrumente zur Klassenunterdrückung.

Ich sage »bis zu einem gewissen Grad«, da die Vorstellung von Religion als einem verschleierten Mittel der Klassenherr-

schaft in verschiedenen Kontexten ganz verschieden aufgenommen wurde. In manchen Teilen des katholischen
Europa gab es eine massive politische Entfremdung der Arbeiterschaft gegenüber der Kirche, in manchen Teilen der
protestantischen europäischen Länder gab es eine massive
Gleichgültigkeit, und in England eine Mischung aus Gleichgültigkeit und der Hinwendung zu alternativen, »nonkonfor-
mistischen« Kirchen. Es waren natürlich gerade die letzteren,
welche in den USA das Fundament eines Pluralismus aus
freiwilligen Religionsgemeinschaften bildeten und es den unteren Schichten ermöglichten, ihre eigenen Kirchen zu betreiben und ihre eigene Spiritualität zum Ausdruck zu bringen.
Das geschah an der vordersten Front durch die Kirchen der
Methodisten und Baptisten und ist auf seine Art noch immer
kennzeichnend für den amerikanischen Geist. Die britische
nonkonformistische Religion bahnte sozusagen den alternativen Weg, den das republikanische Amerika dann einschlug,
während sie im britischen Königreich selbst noch immer den
Hemmnissen der herrschenden anglikanischen Staatskirche
ausgesetzt war.[12]
Es gibt noch einen weiteren Umstand, der für die Beant-
wortung unserer Frage eine Rolle spielt: die Beziehung, die in
Europa zwischen einem kollektiven Nationalgefühl und einer
bestimmten Betonung zentralisierter Institutionen besteht. In
diesem Sinne ist Frankreich wahrscheinlich stärker zentrali-
siert als England und legt ein größeres nationales Selbstbewußtsein an den Tag, während gleichzeitig Frankreich und
England sowie die übrigen europäischen Länder allesamt
zentralisierter sind und ein stärkeres Gefühl von Gemeinsam-
keit hegen als die USA. Das muß sehr genau formuliert werden, da es auch ein Gruppendenken in den USA gibt, das der
britischen Extravaganz und möglicherweise weiteren europäischen Beispielen für individuelle Idiosynkrasien gegen-
übersteht.

Doch trotz alledem sind die Vereinigten Staaten unzweifelhaft föderalistisch in ihrer Regierungsform und auch ihrer regionalen Verteilung von Autorität auf die Einzelstaaten. Vor allem aber sind die USA nicht geprägt durch das Aufeinanderprallen von Gemeinschaften, insbesondere nicht durch den Kampf zwischen militanten Anhängern einer Religion und Gegnern jedweder Religion. Der Gegensatz säkularer Humanismus – Fundamentalismus in den USA ist eine harmlose Angelegenheit im Vergleich zu den tief eingewurzelten Feindseligkeiten und dem regelrechten Krieg zwischen Kirchenanhängern und Kirchengegnern in Frankreich oder Spanien oder auch in Mexiko.

Es gibt noch weitere Faktoren, die man anführen könnte, doch diese sind sozusagen noch »kontingenter« als die bereits erwähnten. Ein Aspekt, der vermutlich eine große Wirkung hatte, sind die gegensätzlichen Entwicklungen zwischen der relativ friedlichen Expansion der imperialen Republik – *La République Impériale,* wie Raimond Aron die USA genannt hat – und den Verwüstungen, die Europa in den Jahren von 1914 bis 1945 erlitten hat. Es gibt vermutlich auch einen Zusammenhang – man kann ihn im Amerika des 20. Jahrhunderts auf der Höhe seiner Macht wie auch im England des 19. Jahrhunderts beobachten – zwischen dem optimistischen Gefühl, sich an der Spitze der protestantischen Macht und des Fortschritts zu befinden, und einer gewissenhaften Pflege der Altäre der öffentlichen Meinung.

5. Vor dem Ende der konfessionellen Monopole

Soweit einige der Unterschiede zwischen der sogenannten »amerikanischen Ausnahme« und der Sonderstellung Europas. Eines ist noch anzumerken: Um die Mitte unseres Jahrhunderts und bis 1968 konnte man noch behaupten, eine gleichgültige Säkularität sei ein besonderes Kennzeichen Nordwesteuropas und der nordeuropäischen Ebene von Birmingham bis Tallinn. Mit Ausnahme Frankreichs – noch genauer: des Pariser Beckens – konnte sich der Katholizismus trotz historischer Auseinandersetzungen mit dem kleinbürgerlichen Radikalismus der Mittelklassen[13] und mit Anarchismus und Kommunismus behaupten. Das katholische Milieu war die Stütze der Christdemokraten und des europäischen Wiederaufbaus nach dem Krieg. Heute gehören diese Auseinandersetzungen jedoch der Vergangenheit an, und die katholische Solidarität hat nachgelassen, vor allem in Spanien, bis zu einem gewissen Grad jedoch auch in Italien. Die vitalen Enklaven des Katholizismus, die einst in Verbindung mit einem Ex-Minoritätenstatus existierten wie in Holland oder mit einem Mini-Nationalismus wie in der Bretagne oder im Baskenland, haben ebenfalls an Kraft eingebüßt. So könnte man sagen, daß heute die partielle Immunität gegenüber den europäischen Säkularisierungstendenzen, welche das katholische Milieu genießt, weitaus weniger beeindruckend ist als früher: und zwar gleichgültig, ob man an die romanischen Länder denkt oder an die deutschsprachigen Bastionen des Katholizismus im alpinen Kerngebiet von Bayern, Österreich und der Schweiz.

Somit hat es den Anschein, als hätten Spanien und Italien, je mehr sie zum neuen Zentrum der Europäischen Union hingezogen werden, zunehmend auch Züge der religiösen Indifferenz von Paris und Wallonien übernommen, während diese Regionen einen weiterhin wachsenden Geist der Säkularität erkennen lassen.

Vielleicht zerfallen ja die großen historischen Monopole des lateinisch-katholischen Südens und des protestantischen Nordens in Europa. Vielleicht befinden sich auch die älteren gesellschaftlichen Führungsschichten, welche einst ihre Unterstützung angeboten hatten, in einem endgültigen Niedergang. Es gibt zweifellos eine postmoderne Zersplitterung der Generationen unter 45, vor allem in Frankreich, aber auch anderswo. Dieser postmoderne Zustand ist in sich selbst religiös ambivalent, insofern er eher eine individualisierte Spiritualität begünstigt. Außerdem hat er in den USA, wo die Postmoderne soziologisch gesehen entstanden ist, offenbar zu ganz anderen religiösen Resultaten geführt als denen, die wir in Europa kennen. Somit bleibt der Unterschied zwischen den Vereinigten Staaten und Europa sogar unter den Bedingungen der Postmoderne erhalten.

Gleichwohl brachten die sechziger Jahre einen Wandel, der nicht nur die Religion betraf. Gewiß erlitt die religiöse Praxis, in geringerem Maße auch der Glaube selbst, einen schweren Rückschlag. Doch dieser betraf auch alle anderen Institutionen und Ideologien, darunter die der Aufklärung. Ohne hier die Argumente der Postmoderne übernehmen zu wollen: es gerieten *alle* großen Erzählungen, ob religiöser oder sonstiger Art, in eine Krise. Einerseits begannen die Blüten des Glaubens zu welken, da ihr gesellschaftlicher Boden verfiel, andererseits öffneten sich aber auch soziale Räume, in denen neue Ansätze möglich wurden, die in den beiden Jahrhunderten zwischen 1760 und 1960 undenkbar gewesen wären.

Man könnte auch sagen, daß Europa zwei Jahrhunderte gebraucht hat, um einen Zustand zu erreichen, den Nordamerika schon in der zweiten Hälfte des 18. Jahrhunderts herstellte. Wenn das zuträfe, könnte man erwarten, daß in Europa manche Vorboten einer pluralistischen, streitbaren, weder territorial gebundenen noch in den Komplex der Macht und Elitekultur einbezogenen Religion aufträten. Dies muß nicht bedeuten, daß die alten Stellungen einfach verschwänden: Es könnte sehr wohl der Fall sein, daß sich – *nachdem* einmal eine neue, konkurrierende Form von Religiosität aufgetaucht ist und sich die alten Verbindungen der Kirchen mit der Staatsmacht und dem Territorium einmal gelockert haben – die alten religiösen Establishments Europas als hervorragende Konkurrenten auf dem religiösen Markt herausstellen werden. Schließlich sind Katholizismus und Protestantismus auf anderen Kontinenten ebenso lebendige wie aktive Konkurrenten; und sie könnten dies auch in Europa erneut werden, sobald die Verstrickungen und sozialen Trümmer ihrer Vergangenheit nicht länger als Hemmnisse wirken. Wenn diese Entwicklung tatsächlich eintreten sollte, dann könnten wir versuchsweise ihre zukünftigen Konkurrenten in den diversen Vertretern neuer spiritueller Bewegungen erblicken, insbesondere aber in den Pfingstkirchen, die heute von Palermo bis Kiew aufblühen.

Bleibt nur anzumerken, daß Europa noch in einer weiteren Hinsicht außergewöhnlich ist, da es gegenüber Lateinamerika ebenso eine Sonderstellung einnimmt wie gegenüber den Vereinigten Staaten. Im heutigen Lateinamerika scheint der Katholizismus imstande zu sein, sich allmählich von den Macheliten zu lösen und den seit langem tobenden erbitterten Streit über die gesellschaftliche Aufgabe der Religion zu beenden. Da das alte System überdies zerfällt und der ganze Kontinent in eine Phase sehr heftiger gesellschaftlicher Veränderungen eintritt, sorgt der evangelische Protestantismus – besonders die Pfingstbewegung – für Konkurrenz und schafft damit Freiräume. So öffnet sich das Muster von Konflikt und religiösem Monopol, das Lateinamerika ursprünglich vom lateinischen Europa übernahm, schnell für den nordamerikanischen Pluralismus, was (vielleicht) belebend wirkt.[14]

Zusammenfassend läßt sich sagen, daß die gesellschaftliche Lage der Religion überall sonst in der ehemals christlichen Welt wie auch im Afrika südlich der Sahara eher der Situation Nordamerikas als der West- und Mitteleuropas ähnelt: Nur in Europa belasten die alten Strukturen das Terrain, nur hier verwelken die Blüten des Glaubens, da ihr sozialer Nährboden austrocknet. Wie bereits angedeutet, ist jedoch die lange Zeit radikaler Konflikte in Europa vorüber, scheint sich somit ein neuartiger gesellschaftlicher Raum auszubilden. Ob daraus eine Wiederverkirchlichung Europas im Stil Amerikas hervorgeht, bleibt indes abzuwarten.

Aus dem Englischen
von Hans Günter Holl und Udo Rennert

José Casanova
Chancen und Gefahren öffentlicher Religion
Ost- und Westeuropa im Vergleich

In diesem Aufsatz möchte ich zwei verschiedene analytische Aufgaben lösen:[1] Zunächst werde ich diejenigen Formen von ›öffentlicher Religion‹ definieren, welche in der modernen Welt überhaupt noch möglich sind. Danach will ich empirisch – in vergleichender Analyse – feststellen, unter welchen Bedingungen öffentliche Religionen in Ost- und Westeuropa existieren können. Beide Aufgaben sind nicht unproblematisch.

Angesichts der vorherrschenden liberalen politischen Theorien und der herrschenden soziologischen Säkularisierungstheorien muß schließlich bereits die Frage nach den Möglichkeitsbedingungen moderner öffentlicher Religionen als sinnlos, ja widersprüchlich erscheinen. Liberalismus und Säkularisierung setzen nämlich voraus, daß die Beschränkung der Religion auf die Privatsphäre zu den Strukturmerkmalen gehört, die die Moderne als solche definieren. Der empirische Vergleich ist darüber hinaus problematisch, weil die geographische Trennung Europas in Ost und West von einem religiösen Standpunkt aus nicht unmittelbar von Bedeutung ist.

Nach traditioneller Auffassung folgten die Scheidelinien Europas den konfessionellen Unterschieden, insbesondere jenen, welche die östliche, byzantinische Christenheit von der westlichen, römischen Christenheit und das protestantische vom katholischen Europa trennten. Konfessionelle Spaltungen innerhalb des Protestantismus und moderne Säkularisierungsprozesse haben weitere Differenzierungsmuster in ganz Europa hervorgebracht.[2] Die wichtige Frage lautet nun, ob die durch den Eisernen Vorhang verursachte politische Teilung Europas in Ost- und Westeuropa auch Folgen für die Religion zeitigte, die den Zusammenbruch des sowjetischen Staatensystems überdauern könnten.

1. Drei Aspekte der Säkularisierung

Das Paradigma von der Säkularisierung des Religiösen lieferte für die Sozialwissenschaften den theoretischen und analytischen Rahmen, innerhalb dessen sie die Religion in der modernen Welt betrachteten. Ohne hier eine systematische Erörterung zu beabsichtigen, will ich einfach festhalten, daß das, was gewöhnlich als *eine* geschlossene Säkularisierungstheorie auftritt, in Wirklichkeit aus *drei* ganz verschiedenen, ungleichartigen und kein Ganzes bildenden Behauptungen besteht. Unter Säkularisierung wird zum einen die Ablösung und die Emanzipation weltlicher Bereiche von religiösen Einrichtungen und Normen verstanden, zum anderen aber auch der Niedergang religiöser Überzeugungen und Verhaltensformen und drittens die Abdrängung der Religion in die Privatsphäre. Da diese drei Säkularisierungsprozesse in Europa zufällig gemeinsam auftraten, gingen die tonangebenden soziologischen Theorien davon aus, daß sie nicht nur historisch, sondern auch strukturell und ihrem Wesen nach miteinander verbunden seien.

Ein Vergleich mit der religiösen Situation im heutigen Amerika zeigt sofort, wie irrig ein solcher Schluß ist. Bereits Marx hat in seiner Entgegnung auf Bruno Bauer in »Zur Judenfrage« bemerkt, Amerika sei sowohl ein Paradebeispiel für die »vollendete politische Emanzipation« als auch »vorzugsweise das Land der Religiosität«.[3] Das aber heißt, Amerika war zugleich die säkularisierteste und die am wenigsten säkularisierte Gesellschaft der Neuzeit, je nachdem, ob man die strukturelle Bedeutung, d. h. die institutionelle Trennung von Kirche und Staat im Auge hat, oder die soziale Verbreitung von religiösen Verhaltensweisen und Überzeugungen.

Zudem beobachtete Alexis de Tocqueville ungefähr zur selben Zeit wie Marx ganz richtig, daß »die Religion, die sich bei den Amerikanern niemals unmittelbar in die Regierung der Gesellschaft einmischt, als die erste ihrer politischen Einrichtungen gelten (muß)«.[4] Die vom Staat getrennte Religion gedieh in Amerika nicht nur im Privatbereich, es gelang ihr auch erfolgreich, sich gegen eine völlige Verbannung in den Privatbereich zu wehren und eine öffentliche Bedeutung zu bewahren. Wir verfügen über reichhaltige empirische Belege dafür, daß sich diese unterschiedlichen Tendenzen in der amerikanischen und europäischen Religion bis in unsere Tage erhalten haben.

Noch in jüngster Zeit neigten Säkularisierungstheorien dazu, solche gegenteiligen Belege entweder zu ignorieren oder mit Hilfe der kaum explizierten These von der »amerikanischen Ausnahme« wegzudeuten. Diese Erklärungsstrategie diente offenkundig dem Zweck, in Amerika die Ausnahme zu sehen, welche die europäische Regel bestätigt, so daß weder die europäische Regel noch das vorherrschende Säkularisierungsparadigma in Frage gestellt werden mußten. Von einem globalen historischen Blickwinkel aus wird es jedoch zunehmend deutlich, daß die Entwicklung der Religion in Europa weitaus eher eine Ausnahme darstellt als den vorherrschenden Typus der modernen Entwicklung des Religiösen überhaupt. Ja – inzwischen erscheinen für viele Analytiker die Gegenbeweise derart überzeugend, daß das gesamte Säkularisierungsparadigma vorschnell und unkritisch als Mythos verabschiedet wird. Statt dessen wird wieder auf zyklische Theorien vom Wiederaufleben der Religion und der

»Rückkehr des Heiligen« zurückgegriffen; und die Wiederkehr fundamentalistischer Tendenzen, der Zusammenstoß
der Zivilisationen sowie ethnisch-religiöse Konflikte stehen
im Mittelpunkt der Untersuchungen.

Man wird der Komplexität der historischen Gestalten von
Säkularisierung erst dann gerecht werden können, wenn man
die drei Teilaspekte der Säkularisationstheorie analytisch
auseinanderhält: erstens Säkularisierung als Ausdifferenzierung von religiöser und weltlicher Sphäre; zweitens Säkularisierung als Niedergang religiöser Überzeugungen und Verhaltensweisen und drittens Säkularisierung im Sinne der
Beschränkung der Religion auf den Privatbereich. Dieser
Aufsatz befaßt sich mit den öffentlichen Dimensionen von
Religion in Europa und betrifft also die Fragen der Privatisierung von Religion bzw. ihrer Ent-Privatisierung. Doch einige
Bemerkungen zu den beiden anderen Thesen sind insofern
angebracht, als diese mit der Privatisierungsthese zusammenhängen.

Erstens: Die *Ausdifferenzierung der weltlichen Sphäre* und
ihre Emanzipation von der Kontrolle durch religiöse Institutionen und Normen bleibt ein durchgängiger und für alle
modernen Gesellschaften charakteristischer Trend. Man
kann diese Differenzierung in der Tat als eines der wichtigsten
Definitionsmerkmale der Moderne benutzen. Diesbezüglich
bleibt der entscheidende Kritikpunkt aller Varianten der
(amerikanischen, deutschen oder französischen) Aufklärung
in ihrer Auseinandersetzung mit der organisierten Religion
voll gültig: Staatskirchen sind unvereinbar mit modernen
ausdifferenzierten Gesellschaften; und jede Verschmelzung
zwischen der politischen und der religiösen Gemeinschaft
verstößt daher gegen das Grundprinzip moderner Staatsbürgerschaft, eine These, die seither zu einem zentralen Grundsatz des modernen Liberalismus geworden ist.

Wird eine kirchlich verfaßte Religion vom Staat getrennt, verliert sie also ihren institutionellen Zwangscharakter, dann entwickelt sie sich zu einer freiwilligen religiösen Vereinigung, zu einer Sekte oder »Freikirche«.[5] Sobald die Religionsfreiheit anerkannt ist, werden zudem alle Religionen, Kirchen und Sekten aus der Perspektive des nun rein weltlichen Staates zu Konfessionen (in den USA: *denominations*). Die beste Bestätigung für diesen strukturellen Trend der Moderne ist vielleicht die Tatsache, daß die katholische Kirche, nachdem sie sich lange und oftmals heftig gegen das Aufgeben ihrer Identität als »Kirche« gewehrt hatte, auf dem Zweiten Vatikanischen Konzil den Grundsatz der Religionsfreiheit verkündete und anschließend auch in mehrheitlich katholischen Ländern für neu konstituierte demokratische Regime die verfassungsmäßige Trennung von Kirche und Staat anerkannt hat.

Zweitens: Im Gegensatz zu dieser konstitutionellen und institutionellen Trennung von Religion und Staat stellt jedoch *der soziale Rückgang von religiösen Überzeugungen und Praktiken* keinen strukturell notwendigen Trend der Moderne dar, obgleich es sich dabei in vielen europäischen Gesellschaften zweifelsohne um eine faktisch vorherrschende historische Tendenz handelt. Insofern scheint es sinnvoller, die unterschiedlich fortgeschrittene Säkularisierung in den Vereinigten Staaten und Europa durch die verschiedenen Beziehungsmuster von Kirche und Staat zu erklären, statt auf die herkömmlichen soziologischen Erklärungen zurückzugreifen, die von einem Zusammenhang zwischen schwindenden religiösen Überzeugungen und Verhaltensweisen sowie zunehmender Industrialisierung, Urbanisierung, Bildung und dergleichen ausgehen.

Vermutlich war somit die cäsaro-papistische Vereinigung von Thron und Altar im Absolutismus mehr als alles andere für den Niedergang der kirchlich organisierten Religion in Europa verantwortlich. Die bemerkenswerten Unterschiede zwischen den katholischen Ländern Irland und Polen, in denen es niemals eine Staatskirche gab, einerseits und dem katholischen Frankreich sowie dem katholischen Spanien andererseits deuten in dieselbe Richtung. Zudem vermochten sich in ganz Europa die nicht staatlich gestützten Kirchen und Sekten in der Mehrzahl der Länder weitaus erfolgreicher gegen die Säkularisierungstendenz zu behaupten als die Staatskirchen. Es war somit gerade der Versuch, das Christentum innerhalb und durch die Institutionen des Nationalstaates zu bewahren und durch diese staatliche Stützung der modernen Aufgabentrennung zwischen Kirche und Staat zu widerstehen, welche die Kirchen in Europa beinahe zerstört hätte.

Kurz gesagt: Je stärker sich die Religionen gegen den Prozeß der modernen Differenzierung (d. h. gegen die Säkularisierung in der ersten Bedeutung) sträuben, um so mehr werden sie langfristig dazu neigen, einen Rückgang des Glaubens zu erleben (also eine Säkularisierung in der zweiten Bedeutung). Man könnte weiter versuchsweise auch die folgende, damit verbundene These aufstellen: Religionen, die im Gegensatz dazu das moderne Prinzip der Trennung von Kirche und Staat frühzeitig übernommen haben, werden auch geneigt sein, dem modernen Grundsatz freiwilliger Konfessionszugehörigkeit zuzustimmen. Daher werden sie auch besser in der Lage sein, den modernen Prozeß der Ausdifferenzierung von religiösen und weltlichen Dimensionen und Institutionen zu überstehen – und schließlich die Form evangelischer Erweckungsbewegungen anzunehmen: eine erfolgreiche Methode der religiösen Selbsterhaltung auf einem freien Glaubensmarkt. Zumindest scheint die »Ausnahme Amerika« uns gerade dies in Sachen Religion zu lehren.

Andererseits scheint der polnische Sonderfall – Polen ist

wie Amerika eine hoch industrialisierte und urbanisierte Gesellschaft mit einem hohen Bildungsstand und einer unge-
wöhnlich starken Religiosität – zu beweisen, daß der Widerstand gegen die moderne Differenzierung von Kirche und
Staat allein noch keine Schwächung der religiösen Institutionen mit sich bringt. Entscheidend ist vielmehr, ob der Widerstand aus der Position des politischen oder gesellschaftlichen Establishments heraus erfolgt. Geht der Widerstand
gegen die Differenzierung von einer dem Staat entfremdeten
hierokratischen Institution aus und genießt dieser Staat keine
Legitimation in der Gesellschaft, dann kann der Widerstand
gegen die Säkularisierung mit einem gesellschaftlichen Widerstand gegen die illegitime Staatsgewalt verbunden sein.
Diese Art des Widerstands mag dann durchaus die hierokratischen Institutionen der Kirche stärken.

Drittens: Schließlich läßt sich auch zur letzten Teilthese des
Säkularisierungsparadigmas feststellen, daß *die Privatisierung der Religion* nicht notwendigerweise eine strukturelle
Tendenz der Moderne darstellt. Zwar handelt es sich auch
hier um einen in vielen europäischen Gesellschaften historisch vorherrschenden Zug, dem wir gewöhnlich in denselben Gesellschaften begegnen, die auch einen Niedergang der
Religion erleben. Gleichwohl ist die Privatisierung von Religion kein zwangsläufiger, struktureller Entwicklungstrend
der Moderne, sondern nur eine ihrer historisch möglichen
Optionen – freilich eine »vorzugsweise« gewählte Option.
»Von innen«, d. h. aus religiöser Sicht folgt diese Präferenz für
die Privatisierung aus dem Prozeß der Rationalisierung der
Religion in der Moderne; »von außen« wird sie durch die
strukturelle Ausdifferenzierung moderner Gesellschaften bestimmt.

Nicht weniger bedeutsam ist freilich die Tatsache, daß
liberale Denkkategorien die Beschränkung der Religion auf

den Privatbereich ideologisch verordnen, und daß diese Kategorien nicht nur die politischen Ideologien und Verfassungstheorien, sondern die gesamte Struktur des modernen westlichen Denkens durchziehen. Erst wenn mit Bezug auf die Religion die liberale Trennung zwischen Öffentlichkeit und Privatsphäre in Frage gestellt wird, d. h. erst im Rahmen einer alternativen Konzeption von Öffentlichkeit, können wir die These von der Privatisierung der Religion und die Forderung nach einer Trennung von Kirche und Staat auseinanderhalten. Erst dann können wir auch über die Bedingungen der Möglichkeit von modernen öffentlichen Religionen nachdenken.

Wie wenig die Behauptung, »Religion sei eine Privatangelegenheit«, empirisch auch belegbar sein mag, so konstitutiv ist sie gleichwohl für die Moderne. Religionsfreiheit, im Sinne von Gewissensfreiheit, war historisch gesehen die »erste Freiheit« und auch die Voraussetzung aller modernen Freiheiten.[6] Da Gewissensfreiheit ihrem Wesen nach mit dem »Recht auf Privatsphäre« verbunden ist, d. h. mit der modernen Errichtung einer vor staatlichen Eingriffen und kirchlicher Kontrolle geschützten Privatsphäre, wird man sagen dürfen, die Privatheit der Religion sei für die Moderne wesentlich.

2. Grenzen der liberalen Neutralität

Die Grenzen der liberalen Auffassung resultieren aus ihrer Neigung, *alle* politischen Verhältnisse, auch die religiösen, einseitig als verfassungsrechtliche Trennungslinien aufzufassen. Aber das Problem des Verhältnisses von Religion und Politik läßt sich nicht einfach auf die Frage der verfassungsmäßig klar abgegrenzten Trennung von Kirche und Staat reduzieren. Gewiß ist diese Trennung unerläßlich, um sicherzustellen, daß die Religion frei von staatlicher Einmischung, der Staat frei von religiöser Bevormundung und die persönliche Gewissensfreiheit gegenüber beiden, Staat wie organisierter Religion, frei ist. Doch folgt daraus nicht, daß die Religion notwendig zur Privatangelegenheit werden muß, um diese Freiheiten zu garantieren. Weil aber das liberale Denken dazu neigt, Staat, Öffentlichkeit und Politik in einen Topf zu werfen und miteinander zu verwechseln, wird mit der Trennung der Religion vom Staat zugleich deren Entpolitisierung und Beschränkung auf den Privatbereich vorgeschrieben. Religion hat eine Privatsache zu bleiben.

Die *liberale* Furcht vor der Politisierung der Religion richtet sich sowohl auf eine die persönliche Gewissensfreiheit gefährdende Staatskirche als auch auf eine religiöse Moral, die nicht auf den Privatbereich beschränkt bleiben will und so eigene Vorstellungen von Gerechtigkeit, öffentlichem Interesse, Gemeinwohl und Solidarität in die »neutrale« Sphäre der liberalen Öffentlichkeit einführen könnte. Es überrascht daher nicht, daß die Bedeutung von öffentlichen Religionen für intersubjektiv normative Strukturen (»das Gemeinwohl«), für Bürgertugenden und die politische Teilhabe am Gemeinwesen vornehmlich innerhalb der *republikanischen* Tradition politischen Denkens geschätzt wird. Doch ebenso wie der Liberalismus versteht auch der Republikanismus öffentliche oder »zivile« Religionen im vormodernen Sinn, d. h., er bezieht sich auf die politische oder moralische Integration der Gesamtgesellschaft.[7] Solange aber die »Zivilreligion« entweder politisch begriffen wird, d. h. als eine Kraft, die das politische Gemeinwesen auf staatlichem Niveau normativ bindet, oder soziologisch als eine Kraft, die das soziale Zusammenleben in der Gesellschaft bindet, solange ist es unwahrscheinlich, daß eine derartige Zivilreligion in modernen Gesellschaften wieder entsteht. Zumindest ist es theoretisch unhaltbar und, wie ich hinzusetzen möchte, auch normativ keineswegs wünschenswert, wenn die Existenz einer solchen Zivilreligion einfach mit der funktionalistischen Begründung postuliert wird, daß moderne Gesellschaften ihrer bedürfen. Moderne, nach Funktionen ausdifferenzierte Gesellschaften verlangen nicht nach einer normativen, gesellschaftlich »positiven« Integration von der Art, wie Durkheims Theorie sie voraussetzt, und es ist sehr unwahrscheinlich, daß sie sie aufweisen. Jede Theorie moderner Religion, die die »Geburt neuer Götter«, die »Rückkehr des Heiligen« oder die Existenz einer »Zivilreligion« für wahrscheinlich hält, weil sie angeblich dem Integrationsbedürfnis der Gesellschaft entgegenkommen, beruht daher auf unhaltbaren Prämissen.

Wir sollten statt dessen untersuchen, welche – funktionalen oder disfunktionalen – Rollen die alten und neuen, traditionellen und modernen Religionen in der öffentlichen Sphäre der Zivilgesellschaft spielen könnten. Aus diesem Grund muß der Begriff der »Zivilreligion« so umformuliert werden, daß er sich nicht mehr auf den Staat und das soziale Zusammengehörigkeitsgefühl bezieht, sondern auf die Zivilgesellschaft. Das moderne »Gemeinwesen« läßt sich theoretisch in drei »Arenen« unterteilen: den Staat, die politische Gesellschaft und die Zivilgesellschaft.[8] Nach dem »diskursiven« Modell des »öffentlichen Raumes« läßt sich die »öffentliche Sphäre« als konstitutive Dimension jeder dieser drei Arenen des Gemeinwesens verstehen.[9]

Im Prinzip könnte sich die Religion also in allen drei öffentlichen Räumen des Gemeinwesens niederlassen. »Öffentliche« Religionen sind auf der staatlichen Ebene möglich, wofür die »Kirche« das Paradebeispiel liefert, aber auch auf der politischen Ebene. Letzteres ist etwa dann der Fall, wenn eine Religion gegen andere religiöse und weltliche Bewegungen zu Felde zieht oder wenn sie selbst zu einer politischen, mit anderen religiösen oder weltlichen Parteien konkurrierenden Partei wird. Und nicht zuletzt sind auch »öffentliche«

Religionen denkbar, die zwar die Trennung vom Staat akzeptieren und sich auch aus der eigentlichen politischen Gesellschaft zurückgezogen haben, die aber dennoch das Recht für sich in Anspruch nehmen, in Wort und Tat in die Öffentlichkeit der Zivilgesellschaft einzugreifen. Aus einer derartigen Neuformulierung des Begriffs geht eine Konzeption von »öffentlicher Religion« hervor, die mit den liberalen Freiheiten und der strukturellen und kulturellen Differenzierung moderner Gesellschaften durchaus vereinbar ist.

Die »Entprivatisierung« der Religion, ihr Heraustreten aus dem bloßen Privatbereich setzt daher voraus, daß Religion eine Privatangelegenheit ist; und sie kann nur dann gerechtfertigt werden, wenn zugleich das Recht auf Privatsphäre und Gewissensfreiheit auch vor den Übergriffen der Religion juristisch geschützt ist. Die Rede vom Heraustreten der Religion aus dem Privatbereich meint hier zweierlei: Zum einen bezieht sie sich auf die Einführung öffentlicher, d. h. intersubjektiver Normen in den Privatbereich und zum anderen auf das Eindringen der Moral in die öffentliche Sphäre des Staates und der Wirtschaft.

Solange die Religionsgemeinschaften das unumstößliche Recht und die Pflicht des persönlichen Gewissens in moralischen Entscheidungen respektieren, ist es durchaus positiv, wenn sie Fragen in die Öffentlichkeit tragen, welche der Liberalismus in die Privatsphäre verwiesen hatte. Sie erinnern damit die Individuen und modernen Gesellschaften daran, daß Moral nur als intersubjektives Normensystem Bestand hat und daß unseren persönlichen Entscheidungen nur insofern eine »moralische« Qualität zukommt, als sie sich von intersubjektiven und interpersonellen Normen leiten oder beeinflussen lassen. Eine ausschließlich auf die Privatsphäre des Individuums eingeschränkte Moral muß zwangsläufig zu einem willkürlichen Dezisionismus degenerieren. Indem Religionen die persönliche Moral mit öffentlichen Problemen und die Öffentlichkeit mit Fragen der privaten Moral konfrontieren, nötigen sie moderne Gesellschaften dazu, sich reflexiv auf ihre normativen Grundlagen zu beziehen und diese zu rekonstruieren.

3. Öffentliche Religion in Westeuropa – am katholischen Beispiel

Ich kann hier natürlich nicht einmal den Versuch unternehmen, einen umfassenden empirischen Überblick über die religiösen Entwicklungen in Europa zu geben. Statt dessen werde ich exemplarisch einige für unsere Analyse relevante Fragen beleuchten und feststellen, ob es erkennbare gegenläufige Tendenzen in Ost- und Westeuropa gibt.

Wenn wir uns zunächst Westeuropa zuwenden, so lassen sich, ein wenig kategorisch, drei Thesen über die Lebensfähigkeit von öffentlichen Religionen auf den drei Ebenen des Gemeinwesens – Staat, politische Gesellschaft und Zivilgesellschaft – aufstellen. Ungeachtet einiger anachronistischer Überbleibsel wie der Church of England und einiger lutherischer Kirchen in Skandinavien können *öffentliche Religionen auf der staatlichen Ebene* nicht mehr Fuß fassen, da Staatskirchen mit modernen, ausdifferenzierten und säkularen Staatswesen unvereinbar sind und zudem die Verschmelzung von religiöser und politischer Gemeinschaft dem modernen Grundsatz der Staatsbürgerschaft widerspricht.

Der hartnäckige, lang anhaltende und in einigen Ländern, wie etwa Spanien, verheerende Widerstand der katholischen Kirche gegen die strukturelle Tendenz der Moderne, Kirche und Staat bzw. politisches Gemeinwesen und Religion zu trennen, hat ein Ende gefunden. Die endlich erfolgte Anerkennung des Grundsatzes der Religionsfreiheit durch die katholische Kirche – eines Grundsatzes, den die katholische Lehre nun darin begründet sieht, daß »die Würde des Menschen heilig ist« – war nur möglich durch die Preisgabe ihrer Identität als »Kirche«. Infolgedessen haben die katholischen Kirchen in den einzelnen Ländern aufgehört, staatliche Zwangsinstitutionen sein oder werden zu wollen, und sind zu freien religiösen Einrichtungen der Zivilgesellschaft geworden.

Zudem hat die freiwillige »Trennung vom Staat« der katholischen Kirche ermöglicht, bei den jüngsten Übergängen einiger traditionell katholischer Länder zur Demokratie eine entscheidende Rolle zu spielen, so in Spanien, Polen, Brasilien und den Philippinen. Als Kirchen, die die Verteidigung ihres besonderen Privilegs (der *libertas ecclesiae*) in den Dienst der menschlichen Person stellen und das Prinzip der Religionsfreiheit als allgemeines Menschenrecht anerkennen, sind sie nun zum ersten Mal in der Lage, sich auf eine neue Weise öffentlich bemerkbar zu machen, nämlich als Streiterinnen für die Institutionalisierung allgemeiner Menschenrechte, die Schaffung einer modernen Öffentlichkeit und die Errichtung demokratischer Regierungsformen. Natürlich ist diese Form einer mobilisierten öffentlichen Religion bloß eine Übergangsform: je erfolgreicher sich die demokratischen Regime konsolidieren, um so mehr wird sie ihre Daseinsberechtigung einbüßen. Sobald also der Übergang zur Demokratie beginnt, macht sich ein innerer Druck bemerkbar, der die Religion in den Privatbereich abdrängt.

Was nun *öffentliche Religionen auf der Ebene der politischen Gesellschaft* betrifft, so wird man ebenfalls behaupten dürfen, daß die meisten ihrer historisch überlieferten Formen in Westeuropa keine Zukunft haben. Die ganze Bandbreite der katholisch konterrevolutionären Bewegungen von der Französischen Revolution bis zum Spanischen Bürgerkrieg, die David Martin so treffend als »reaktiven Organizismus«

bezeichnet hat[10]; die politische Mobilisierung religiöser Minderheiten gegen verschiedene Typen des Kulturkampfes – ob er nun von staatlicher Seite oder anderen religiösen und weltlichen Bewegungen oder Parteien geführt wurde; die Struktursysteme religiös-politischer »Versäulung«, die am ausgeprägtesten in Belgien und Holland entwickelt wurden; die Mobilisierung der Laien durch die »Katholische Aktion« mit dem Ziel, Interessen und Privilegien der Kirche zu schützen und zu fördern; das nach dem Zweiten Weltkrieg entstandene Geflecht christdemokratischer Parteien – sie alle können als Beispiel für verschiedene, in der politischen Gesellschaft lokalisierte Formen »öffentlicher« Religion gelten.

Zumindest in Westeuropa ist allerdings das Zeitalter dieser Formen vorüber. Eine der bedeutsamsten Entwicklungen in den jüngst erfolgten Übergängen zur Demokratie in vorwiegend katholischen Ländern besteht darin, daß die katholische Kirche, obwohl sie dort ein beispielloses Ansehen und großen Einfluß in der Zivilgesellschaft genoß, ihre herkömmlichen Versuche aufgab, offizielle katholische Parteien entweder zu gründen oder zu fördern. Die Kirche scheint nicht nur die Trennung vom Staat, sondern auch die Abkoppelung von der politischen Gesellschaft im eigentlichen Sinne akzeptiert zu haben.

Freilich bedeutet das nicht, daß damit der Katholizismus zwangsläufig zu einer reinen Privatsache würde oder die Kirche keine öffentliche Rolle mehr spielte. Es bedeutet lediglich, *daß nun die Zivilgesellschaft zum öffentlichen Ort der Kirche geworden ist,* und nicht mehr, wie früher, der Staat oder die politische Gesellschaft. Allerdings sind die Kirchen in Europa von allen drei Aspekten des Säkularisierungsprozesses so stark betroffen, daß sie nur zögernd – und wenn sie es tun, zumeist erfolglos – in die öffentliche Sphäre der Zivilgesellschaft eingreifen. Wie ich bereits erwähnte, haben moderne Religionen zwei historische Optionen: Sie können sich entweder auf den Privatbereich beschränken oder über diesen hinausgehen. Daher kann man unmöglich vorhersagen, wie eine bestimmte Religion auf moderne Säkularisationsprozesse reagieren wird. Bestenfalls lassen sich einige der Bedingungen angeben, die ein Eingreifen der Religion in den öffentlichen Bereich begünstigen könnten.

Die dafür grundlegende Bedingung ist gleichsam tautologisch: Nur Religionen, die aufgrund ihrer Lehre oder ihrer kulturellen Tradition ein öffentliches und auf das Gemeinwohl bezogenes Selbstverständnis haben, werden bestrebt sein, öffentliche Rollen zu übernehmen, und dem Druck widerstehen, ausschließlich oder auch nur primär zu privaten, »unsichtbaren« persönlichen Heilsreligionen zu werden.[11] Vor allem werden Religionen, die zwar ihre Identität als Zwangsinstitution aufgegeben haben, nicht aber ihre Identität als »Kirche« — sowohl im Durkheimschen und Hegelschen Sinn einer sittlichen Gemeinschaft als auch im Weberschen Sinn eines universalistischen Heilsanspruchs —, mit größerer Wahrscheinlichkeit dazu neigen, die Wahrnehmung öffentlicher Funktionen als ihr Recht und ihre Pflicht zu beanspruchen. Dieser Hang wird um so ausgeprägter sein, je stärker die betreffenden Religionen bereits in der Vergangenheit eine prominente öffentliche Rolle gespielt haben.

Das Beispiel Spanien zeigt nun allerdings, daß weder die Lehre noch die historische Tradition einer Religion per se eine hinreichende Gewähr dafür bieten, erfolgreich eine öffentliche Stellung in modernen Zivilgesellschaften zu behaupten — es sei denn, diese Religion vermag darüber hinaus auch das Profil einer dynamischen und vitalen privaten Heilsreligion zu bewahren oder anzunehmen. Der spanische Katholizismus hat sich damit abgefunden, daß er nicht länger eine »Kirche« im Sinne einer monopolistischen, die gesamte Nation umfassenden und allgemein verbindlichen Glaubensgemeinschaft ist. Der Katholizismus hat prinzipiell und de facto aufgehört, der nationale Glaube zu sein. Glaubensbekenntnis, nationale Identität und politische Staatsbürgerschaft haben sich schließlich in Spanien voneinander getrennt. Indem die Kirche das Prinzip und die faktische Gegebenheit einer pluralistisch organisierten Zivilgesellschaft anerkannt hat, erwarb sie den Status einer freiwilligen Konfession (*denomination*) – zweifellos den einer mächtigen, aber dennoch freiwilligen und im Rahmen der Zivilgesellschaft wirkenden Religionsgemeinschaft.

Meinungsumfragen zeigen, daß diese Grundsätze auch von der spanischen Bevölkerung verinnerlicht wurden und die Zahl der praktizierenden Gläubigen dramatisch zurückgegangen ist. Die Kirche ist heutzutage nicht mehr in der Lage, die öffentliche Moral der Spanier zu beeinflussen, und ebensowenig kann sie noch davon ausgehen, die private Moral der gläubigen Katholiken zu kontrollieren. Es erstaunt daher nicht, daß die katholische Kirche weder durch institutionellen Druck noch durch die Mobilisierung der Katholiken die von der sozialistischen Regierung eingebrachten Gesetzesvorlagen zu blockieren oder zu ändern vermochte, und dies, obwohl es sich dabei um Gesetze handelte, deren Gegenstände nach Auffassung der Kirche weiterhin in ihren Zuständigkeitsbereich fallen: nämlich religiöse Erziehung, Scheidung und Abtreibung. In Spanien sind Glaube und Moral dabei, zur Privatsache zu werden. Spanien ist nicht nur der Europäischen Gemeinschaft beigetreten, sondern hat anscheinend auch das allgemeine westeuropäische Säkularisierungsmodell übernommen.[12]

In einigen Fällen, in denen sich die katholische Kirche an den öffentlichen Auseinandersetzungen beteiligte, blieb ihre Intervention so gut wie wirkungslos. Das lag unter anderem an ihrer Unfähigkeit, die Kritik an der sozialistischen Regierung von der parteipolitisch konservativen Opposition abzugrenzen; die kirchlichen Positionen konnten leicht als hohle traditionalistische Attacken auf die moderne weltliche Zivilisation abgetan werden. Ebenso wurde die Kritik des Papstes an der »Entchristianisierung« Spaniens und dem moralischen Rückfall des Landes in ein »neues Heidentum« als herkömmlicher religiöser Angriff auf die weltliche Kultur wahrgenommen – und dies, obgleich der Papst betonte, man dürfe die Einwände der Kirche keineswegs mit ihren starren antimodernistischen Positionen der Vergangenheit gleichsetzen.[13] In beiden Fällen trug außerdem die überzogene Abwehrreaktion der sozialistischen Regierung dazu bei, die Streitfrage wie einen Reflex der für die spanische Politik in der Vergangenheit so typischen Spaltung in Klerikale und Antiklerikale aussehen zu lassen. Aus welchen Gründen auch immer – jedenfalls förderten die Interventionen der Kirche keine ernsthafte öffentliche Debatte über Wesen und Bedeutung privater und öffentlicher Moral in modernen Gesellschaften.

Das Beispiel Spanien scheint uns zu zeigen, daß die herkömmlichen Säkularisierungstheorien mit den drei Elementen strukturelle Differenzierung, Glaubensverfall und Privatisierung der Religion im Falle Westeuropas empirisch gültig sind. Es ist unwahrscheinlich, daß Religionen, nachdem der Säkularisierungsprozeß sie geschwächt hat, sich nicht in den Privatbereich abdrängen lassen. Tatsächlich haben die Kirchen Westeuropas die Hauptprämissen der Säkularisierungstheorien verinnerlicht und als unvermeidlich, ja als »Zeichen der Zeit« akzeptiert.

4. Osteuropa – die Kirchen nach dem Kommunismus

Ist die Situation in Osteuropa eine andere? Welche Möglichkeitsbedingungen für öffentliche Religionen herrschen dort? Angesichts der religionsfeindlichen und säkularen Politik, die der Staatssozialismus von der radikalen Religionskritik der Aufklärung geerbt hatte, sowie der atheistischen – wenngleich in funktionaler Hinsicht durchaus theokratischen – Ansprüche des totalitären Staates mußte jedem religiösen Widerstand unter den kommunistischen Regimen eine positive und öffentliche Bedeutung zukommen. In einem solchen Kontext konnte bereits die bloß partikularistische Verteidigung religiöser Traditionen oder die Bekräftigung des Rechts, verschieden und »anders« zu sein, schnell zum Zeugnis politischen Protestes werden. Selbst wenn der Widerstand von kirchlichen Institutionen ausging, deren Interesse lediglich der Verteidigung traditioneller hierokratischer Privilegien galt, und sogar wenn eine solche Verteidigung in Form einer Anpassung an den Cäsaro-Papismus des Staates stattfand, so hatte bereits die bloße Erhaltung eines religiösen Bereichs, der nie völlig in der offiziellen Ideologie aufging oder von den Institutionen des Systems assimiliert werden konnte, eine positive Funktion.

Einigen Kirchen – am herausragendsten der katholischen Kirche Polens – gelang es, sowohl private als auch öffentliche institutionelle Räume vor der absolutistischen Staatskontrolle zu bewahren und zu schützen. In der ganzen Region führte die historische Verschmelzung von religiöser und nationaler Identität dazu, daß das Vorhaben scheiterte, ein homogenes Sowjetreich aus lauter »Sowjetmenschen« zu schaffen. Solange sie nicht völlig verboten wurden, fiel es den Kirchen leichter als allen anderen Institutionen, als Hüterinnen der nationalen und kulturellen Tradition und als Beschützerinnen einer gewissen Art von gesellschaftlicher Autonomie aufzutreten.

Von größter Bedeutung ist jedoch, daß der religiöse Widerstand in dem Augenblick ein qualitativ neues Niveau erreichte, als kirchliche Institutionen begannen, nicht nur für bestimmte religiöse Traditionen oder religiöse Sonderrechte einer Gruppe einzutreten, sondern für das Recht auf *Religionsfreiheit als allgemeines Menschenrecht*. Dadurch griffen sie den modernen Diskurs der Individualrechte auf und erweiterten ihn. Von Polen bis zur Ukraine, von Ostdeutschland bis zur Tschechoslowakei spielte die Religion bei der Entstehung sozialer Bewegungen, die für Menschen- und Bürgerrechte und die Wiedererrichtung selbstbestimmter Zivilgesellschaften kämpften, eine wichtige Rolle. Die von Glasnost und Perestroika ausgelöste Liberalisierung und der anschließende Zusammenbruch der kommunistischen Regime sorgte für eine allgemeine und weitverbreitete Wiederbelebung der Religion in der gesamten Region. Obgleich sie miteinander verknüpft sind, lassen sich vier verschiedene Aspekte dieser Entwicklung unterscheiden:

1) Es fand eine allgemeine geistliche Wiedererweckung statt, in deren Mittelpunkt die Wiedereinsetzung des persönlichen moralischen Gewissens, die seelische Selbstfindung und ein erneutes Interesse an geistlichen Traditionen, religiöser Erziehung, erbaulicher Literatur und dergleichen mehr stand.

2) Wir erlebten die Rückkehr der alten historischen Religionen und die Restauration von verfolgten und verkümmerten Kirchen. Zuvor verbotene religiöse Körperschaften wurden legalisiert und die Autonomie der Kirchen, die bis dahin der erstickenden Kontrolle des kommunistischen Staates mit seiner cäsaro-papistischen Kontrolle des religiösen Lebens unterworfen waren, erweitert.

3) Hand in Hand mit nationalistischen Bewegungen entwickelte sich eine mitunter aggressive Selbstbehauptung kollektiver religiöser Identitäten, welche in der Vergangenheit mit ethnischen und nationalen Identitäten verschmolzen, aber unter der kommunistischen Herrschaft verschwunden oder unterdrückt worden waren. Dies ist vermutlich die verbreitetste Wiederbelebung der Religion; zumindest war es

diese Entwicklung, die wegen ihrer potentiell negativen Folgen die größte Aufmerksamkeit auf sich zog.

4) Zum ersten Mal in der Geschichte der Region entsteht ein freier Glaubensmarkt. Alle möglichen Religionen, territorial oder ethnisch in der Region verwurzelte, aber auch Neulinge, die hier einen fruchtbaren Boden für ihre missionarischen Bemühungen gefunden zu haben glauben, konkurrieren (nicht selten auch aggressiv) um die Gefolgschaft einzelner Gläubiger oder ganzer Gruppen.

5. Gefahren öffentlicher Religion

Will man die möglichen Auswirkungen und Folgen des gegenwärtigen Wiederauflebens der Religion erörtern, dann scheint es zweckmäßig, die Gefahren öffentlicher Religionen in Osteuropa ebenso zu untersuchen wie ihre Chancen. Eine Religion kann eine Bedrohung für Öffentlichkeit und Demokratie darstellen, falls ihr politisches Engagement religiöse Zwistigkeiten schürt, die ihrerseits politische Konflikte verschärfen. Hierbei lassen sich religiös-säkulare, ethnisch-religiöse und konfessionelle Streitigkeiten unterscheiden.

Wie bereits gesagt, deuten die allgemeinen gegenwärtigen Entwicklungen an, daß das Zeitalter der Auseinandersetzungen zwischen den religiösen und säkularen Bewegungen und der Kämpfe um den historischen Prozeß der modernen Säkularisierung auf dem Boden des westlichen Christentums im wesentlichen der Vergangenheit angehört. Die anfänglichen Entwicklungen in der postkommunistischen Ära scheinen diese Tendenz zu bestätigen. Sogar in Polen, dem einzigen Land, in dem sich die katholische Kirche zur Staatskirche hätte aufschwingen können, scheint sich die Kirche nach anfänglichem Lavieren nunmehr damit abgefunden zu haben, die verfassungsmäßge Trennung von Kirche und Staat zu akzeptieren. Hier waren offenbar zwei sich wechselseitig bestärkende Kräfte am Werk: Trotz der verschiedentlich geäußerten Vorlieben Kardinal Glemps und anderer Mitglieder der polnischen Hierarchie kann die katholische Kirche Polens doch kaum der vom Vatikan betriebenen, offiziellen Politik der freiwilligen Trennung von Kirche und Staat entgegenarbeiten.

Zudem hat die negative Erfahrung mit der antireligiösen Politik der kommunistischen Regime in der ganzen Region einen Lernprozeß gefördert, der sich in einer allgemeinen Achtung vor dem Grundsatz der Religionsfreiheit und der Selbstbestimmung religiöser Institutionen bzw. der religiösen Sphäre gegenüber dem Staat äußert. Sogar innerhalb der russisch-orthodoxen Kirche, also einer Institution, die jahrhundertelang dem Cäsaro-Papismus huldigte, ist diese historische Erfahrung und die daraus resultierende Befürwortung der religiösen Selbstbestimmung spürbar. Langfristig betrachtet ist dies zweifellos die positivste und hoffnungsvollste Entwicklung in der ehemaligen Sowjetunion.

Ältere Formen religiöser Konflikte, jene nämlich, die mit der Bildung von Nationalstaaten einhergehen, erweisen sich im Vergleich zur neuzeitlichen Auseinandersetzung zwischen Religion und Laizismus als weitaus ernsthafter, aber auch als gefährlicher und hartnäckiger. Heutzutage ist eine ethnisch-religiöse Homogenität allerdings unwahrscheinlicher denn je. Der Versuch, »reine« Nationalstaaten zu errichten, muß zwangsläufig zur »Säuberung« der Nation von ethnisch-religiösen Minderheiten führen, entweder durch Unterdrückung oder durch Vertreibung und Vernichtung. Ohne in irgendeiner Weise religiöse Institutionen oder Autoritäten von ihrer Schuld entlasten zu wollen, sollte man gleichwohl anerkennen, daß die aggressivsten Formen des ethnischen Nationalismus, ob nun in Bosnien oder in Nagorni-Karabach, zum wenigsten von religiösen Eiferern genährt werden. Skrupellose politische Eliten, die gestern noch für die Säkularisierung eingetreten sind, machen sich heute die überkommenen religiösen Identitäten und die kollektiven Erinnerungen an vergangene Kämpfe zwischen Religionen zunutze, um einen neuformierten Nationalismus mit seinen Hegemonialansprüchen gegen die religiös Andersgläubigen zu mobilisieren. Allerdings müssen wir sorgfältiger untersuchen, wie wichtig die Religion tatsächlich für die neuen nationalistischen Identitäten ist und wie weit gerade die Dynamik solcher ethnisch-religiösen Auseinandersetzungen religiöse Identitäten innerhalb weitgehend säkularisierter Gruppen neu zu beleben vermag.

Jede langfristige Lösung dieser nationalistischen Konflikte wird auf die Trennung der religiösen von der politischen Gemeinschaft setzen müssen. Die Kirchen, zumindest jene, die ihrer Lehre nach Teile einer übernationalen religiösen Körperschaft sind und universalistische Ansprüche aufrechterhalten, müssen aufhören, sich als Gemeinschaftskulte eines Nationalstaates zu betrachten, und zu freiwilligen religiösen Gemeinschaften werden, die eher in der Zivilgesellschaft als in der Nation verankert sind. Dieser Schritt würde es leichter machen, demokratische Staaten und politische Gesellschaften auf das individualistische Prinzip der Staatsbürgerschaft statt auf ethnische Zugehörigkeit zu verpflichten.

Die Trennung von religiöser und politischer Gemeinschaft ist noch keine Garantie dafür, daß schwerwiegende konfessionelle Streitigkeiten von der Tagesordnung verschwinden. Doch ist die Religion erst einmal vom Staat getrennt und von der politischen Gesellschaft abgekoppelt, können religiöse Auseinandersetzungen Teil des normalen, institutionalisierten Wettbewerbs zwischen religiösen Vereinigungen auf einem mehr oder weniger freien und offenen Glaubensmarkt werden. Obgleich es einige Zeit dauern könnte, bevor sich das amerikanische Modell allgemein in Europa durchsetzt, zeigt sich zunehmend, daß es seiner historischen »Ausnahme-stellung« zum Trotz mit seiner Trennung von Kirche und Staat, seiner freien Religionsausübung, seinen freiwilligen Denominationen und seinem religiösen Pluralismus am besten mit den differenzierten Strukturen der Moderne übereinstimmt.

In der Ukraine haben die nationale Unabhängigkeit und die Institutionalisierung der Religionsfreiheit die Bedingungen für einen pluralistischen Markt geschaffen, der in Osteuropa nicht seinesgleichen hat und auf dem die verschiedensten Konfessionen miteinander konkurrieren können. Allerdings sind damit auch die Bedingungen für äußerst dramatische Konflikte zwischen den Konfessionen entstanden. Die Streitigkeiten zwischen Katholiken und Orthodoxen über kirchlichen Grundbesitz in der gesamten westlichen Ukraine nahmen schon bald den Charakter eines internationalen Konfliktes zwischen dem ukrainischen und russischen Nationalismus an. Diesem internationalen Konflikt zwischen verschiedenen Konfessionen war der ältere übernationale Streit zwischen Papsttum und Moskauer Patriarchat, dem »dritten Rom«, vorgelagert. Der hartnäckige Widerstand der ukrainischen Katholiken und die Wiedererstehung der autokephalen orthodoxen Kirche der Ukraine haben die verschiedenen Versuche des Moskauer Patriarchats, ein oligopolistisches Übereinkommen zwischen Rom und Moskau zu erzielen, durchkreuzt. Wäre es zustande gekommen, hätte der Vertrag die Katholiken Osteuropas gezwungen, zwischen der römisch-katholischen und der russisch-orthodoxen Kirche zu wählen.

In der Ukraine bildet sich derzeitig ein verwickelter, aber wirklicher konfessioneller Pluralismus heraus. Rom unterstützt weiterhin die Selbstbestimmung der ukrainischen katholischen Kirche, verfolgt aber gleichzeitig in der ganzen früheren Sowjetunion eine aggressive Expansionspolitik des römischen Katholizismus. Dies gilt vor allem für die drei slawischen Republiken, die Ukraine, Weißrußland und Rußland. Die ukrainische Orthodoxie hat sich in drei konkurrierende Konfessionen gespalten, in die autokephale orthodoxe Kirche der Ukraine, in die ukrainisch-orthodoxe Kirche und die russisch-orthodoxe Kirche der Ukraine. Zahllose Ableger der protestantisch-evangelikalen Bewegungen Amerikas missionieren eifrig in der Ukraine, ohne sich daran zu stören, daß sie weder die Sprache noch die Kultur und die religiösen Traditionen des Landes kennen, einzig hingerissen von dem Wunsch, den Eingeborenen das Evangelium Jesu Christi zu bringen. Zudem entwickelt sich die Ukraine zu einem blühenden Zentrum für neue Religionen, exotische Kulte und spirituelle Bewegungen aller Art: von den Roon Virists, die vorchristliche, heidnische Kulte wiederbeleben wollen, über die allgegenwärtigen Hare-Krischna-Jünger bis hin zu der äußerst bizarren und apokalyptischen Weißen Bruderschaft, die internationale Schlagzeilen machte, als sie das Schauspiel der Kreuzigung und Wiederauferstehung ihrer messianischen Oberhirtin Maria Dewi Christos in Kiew ankündigte.

Als Reaktion auf einen derart bewegten und unerwarteten religiösen Wettbewerb kam es zu eigenartigen Winkelzügen und Bündnissen zwischen den Konfessionen. Obwohl sie untereinander heftig zerstritten sind, verbünden sich die orthodoxen Institutionen gegen das Eindringen des römischen Katholizismus in ihr historisches Gebiet. Das hindert sie jedoch nicht daran, zugleich ökumenische oligopolistische Absprachen mit der katholischen Kirche und den gemäßigten protestantischen Kirchen[14] anzustreben, in der Absicht, den Wettbewerb zu regulieren und sich gegen streitbare evangelikale Sekten zu schützen, welche die tief verwurzelten historisch religiösen Traditionen der osteuropäischen Länder nicht anerkennen wollen. Inzwischen sind sich alle christlichen Konfessionen auch darüber einig, neue Religionen und

»illegitime« Kulte aus dem offenen, aber gleichwohl regulierten Glaubensmarkt auszuschließen. Das Wiedererstehen der religiösen Identität von Juden und Moslems (Krimtataren) trägt das Seine zu den verwickelten interkonfessionellen Streitigkeiten bei.

Die entscheidende, weiter zu untersuchende Frage ist, ob die entstehenden konfessionellen Konflikte positiv zu bewerten sind, nämlich als Vorboten eines Prozesses, der in ganz Europa zu einem offenen religiösen Pluralismus und wirklich freiwilligen Religionsgemeinschaften führen kann. Eine derartige Entwicklung könnte durch die Freisetzung der religiösen Gemeinschaften aus ihrer traditionellen Bindung an Staaten und Nationen auch zu offeneren und kulturell wie politisch pluralistischeren Strukturen beitragen.

Oder müssen wir im Gegenteil die Konflikte zwischen den Konfessionen als unheilschwangere Anzeichen zukünftiger Zusammenstöße zwischen den Zivilisationen deuten, die, wie Samuel Huntington und andere Beobachter meinen, die internationalen Auseinandersetzungen des Zeitalters der Nationalstaaten und der Epoche des kalten Krieges ablösen werden?[15] Tatsächlich sollte man nicht übersehen, daß die historischen Bruchlinien zwischen dem westlichen und östlichen Christentum sowie zwischen Christentum und Islam zur Zeit in der gesamten osteuropäischen Region wiedererstehen, was potentiell fatale Folgen für den politischen und wirtschaftlichen Fortschritt haben könnte. Huntingtons dramatische Vision eines Zusammenpralls von Zivilisationen, welche mit gleichsam unwandelbaren Traditionen in der Vergangenheit wurzeln, berücksichtigt jedoch nicht, daß ununterbrochen religiöse Erweckungsbewegungen und Reformationen stattfinden, wodurch sich der Charakter gegenwärtiger und zukünftiger Begegnungen zwischen Religionen und Zivilisationen sehr wohl wandeln kann. In diesem Zusammenhang sei darauf verwiesen, daß das jüngste *aggior-namento*[16] des Katholizismus nach jahrhundertelangem Widerstand gegen die neuzeitlichen Entwicklungen, die Trennungslinie zwischen protestantischen und »lateinischen«, katholischen Zivilisationen einschneidend verändert hat.

6. Öffentliche Religion und Demokratie

Weitaus schwieriger zu bestimmen und noch schwerer überzeugend nachzuweisen ist allerdings, worin der positive Beitrag und das hoffnungsvolle Versprechen von fortgesetzten religiösen Wiedererweckungen für die Demokratisierungsprozesse in der Region bestehen könnten. Ich will dennoch kurz drei Bereiche anführen, in denen eine vergleichende historische Analyse den Schluß nahelegt, die Religion erfülle hier eine positive Funktion.

Erstens: Die Verteidigung der Menschenrechte
Historisch gesehen war die Verteidigung der Menschenrechte, ausgehend von der entscheidenden Rolle, welche die protestantischen Sekten bei der Durchsetzung des neuzeitlichen Grundsatzes der allgemeinen Menschenrechte als transzendenter und offensichtlicher Wahrheiten gespielt haben, wahrscheinlich der wichtigste Beitrag der Religion zur modernen Demokratisierung. Indem sie die Religions- und Gewissensfreiheit als ein unveräußerliches, gottgegebenes Recht, ja als Grundlage aller modernen Rechte und Freiheiten begründete, trat die Religion für die Heiligung der Menschheit in der Person jedes einzelnen Menschen ein. Diese Verehrung des Individuums oder, um es mit den heute üblichen Worten der katholischen Oberhirten zu sagen, die »geheiligte Würde der menschlichen Person« konstituiert das, was Durkheim so überzeugend die Religion der Moderne nannte.

Tatsächlich läßt sich die Einstellung aller religiösen Traditionen zur neuzeitlichen Lehre von den allgemeinen Menschenrechten als Feuerprobe für ihr Verhältnis zur Moderne im allgemeinen und zur Demokratie im besonderen betrachten. In diesem Kontext ist es wichtig zu fragen, inwieweit die Kirchen Osteuropas eine Art *aggiornamento* durchmachen. Oder sollte ihre religiöse Erweckung nichts anderes sein als die Rückkehr zu älteren, traditionellen Formen der Religiosität? Diese Fragen sind vor allem für die byzantinischen Ostkirchen von Bedeutung.

Zweitens: Religiöse Tugenden und republikanische Tugend
Kein neuzeitlicher Denker hat so systematisch und scharfsinnig die möglichen Verbindungen zwischen religiösen Tugenden und republikanischer Tugend untersucht wie Alexis de Tocqueville. Obgleich er dazu neigt, seine These über die Religion in Amerika zu verallgemeinern, um sie auf transzendente Religionen überhaupt anwenden zu können, zeigt sich bei näherem Hinsehen, daß sich sein Argument vor allem auf eine bestimmte Form der Religion bezieht, deren Charakteristikum eine bestimmte Art des religiösen Individualismus und des freiwilligen Zusammenschlusses ist.

Angesichts der allgemeinen Demoralisierung und des moralischen Verfalls wie auch der säkularisierten Einöde, wie sie von der jahrzehntelangen kommunistischen Herrschaft produziert wurde, sollten wir nicht unterschätzen, welche Bedeutung die Wiederbelebung der traditionellen theologischen Tugenden (Glaube, Liebe, Hoffnung) und der Kardinaltugenden (Gerechtigkeit, Klugheit, Mäßigung und Tapferkeit) haben kann. Würde eine religiöse Wiedererweckung zu einer moralischen Erweckung im Privatbereich führen, könnte dies nur günstige Folgen für den öffentlichen Bereich haben. Mehr noch als die einzelnen religiösen oder moralischen Lehren ist es der quasi-republikanische Charakter der kirchlichen Institution des amerikanischen Protestantismus, namentlich ihr richtig verstandener religiöser Individualismus, ihre Freiwilligkeit und vereinsmäßige Organisation, der die aus dem *Second Great Awakening*[17] hervorgegangenen evangelischen Denominationen zu einem fruchtbaren Boden und einer hervorragenden Lehranstalt für die republikanischen Tugenden machte, auf die eine Demokratie angewiesen ist. Der entscheidende Punkt an Tocquevilles Argument ist, daß die Kirchen weder im Staat noch in der politischen Gesellschaft, sondern in der Zivilgesellschaft verankert sind. Sie stellen freiwillige Vereinigungen der Zivilgesellschaft dar.

Die Kirchen müssen also, um die Demokratie zu fördern, nicht ihr traditionelles kirchliches Selbstverständnis aufgeben und selbst zu individualistischen oder demokratisierten Organisationen werden. Verlangt ist vielmehr, daß sie zwar den Grundsatz und die Vision einer sittlichen Gemeinschaft aufrechterhalten, aber aufhören, sich als staatliche Zwangsinstitutionen oder als Gemeinschaften zu betrachten, die mit der Nation oder der Gesellschaft zusammenfallen. Die Kirchen sollten also unter Beibehaltung ihrer universalistischen Wahrheitsansprüche ausdrücklich das konfessionelle Selbstverständnis von »Freikirchen« annehmen.

Unter den Bedingungen der Moderne beinhaltet das religiöse Bekenntnis eines Individuums, selbst wenn es einer orthodox religiösen Tradition anhängt, immer auch, daß es sich dabei um eine reflektierte, persönliche und freie Wahl handelt. So gesehen ist die moderne individuelle Religiosität zumindest ihrer Struktur nach implizit immer eine Wiedergeburt, eine Bekehrung im Erwachsenenalter. Das pietistische Erweckungserlebnis des evangelischen Protestantismus ist daher für alle modernen Formen der Religion in gewisser Weise paradigmatisch. Auch hier lautet die entscheidende Frage wieder, ob die osteuropäischen Religionen einen derart evangelischen Wandel durchmachen.

Drittens: Religion in der öffentlichen Sphäre

Wie oben bereits dargelegt, bedeutet die Tatsache, daß moderne religiöse Institutionen notwendigerweise in der Zivilgesellschaft verankert sein müssen, keinesfalls, daß sie zur reinen Privatangelegenheit werden und den öffentlichen Bereich völlig verlassen sollen. Die liberale Maxime, »Religion ist eine Privatangelegenheit«, ist zwar grundsätzlich richtig, kann aber nicht meinen, daß sich Religion nur mit Privatangelegenheiten und nicht auch mit öffentlichen Fragen befassen soll, oder sich nicht in die öffentlich ausgetragene Erörterung solcher Fragen, d. h. in den öffentlichen Bereich der Zivilgesellschaft einmischen darf.

Denn Religionen nötigen die modernen Gesellschaften dazu, öffentlich und kollektiv über ihre normativen Strukturen nachzudenken, indem sie ihre eigenen normativen Traditionen als Grundlage für Debatten über öffentliche Streitfragen geltend machen und sich bestimmten Thesen mit religiösen Argumenten widersetzen. Zudem stellen die Religionen mit ihrem hartnäckigen Beharren auf dem Grundsatz des »Gemeinwohls« und ihrem Selbstverständnis als sittlicher Gemeinschaft eine Herausforderung für die vorherrschenden individualistisch-liberalen Theorien dar, die das Gemeinwohl auf die Gesamtsumme persönlicher Präferenzen reduzieren. Und schließlich besteht vermutlich die wichtigste Aufgabe der Religion darin, öffentlich für den Grundsatz der »Solidarität« mit allen Menschen einzutreten.

Religionen, welche die geheiligte Würde jedes Menschen gegen die unpersönlichen Prinzipien der beiden dominanten sozialen Systeme, der staatlichen Verwaltung und der kapitalistischen Märkte, verteidigen, erinnern sowohl die Staaten als auch ihre Bürger daran, wie notwendig es für die Menschen ist, die Logik der Nationalstaatenbildung und ihrer Staatsräson einem höheren »Gemeinwohl« unterzuordnen. Und indem sie die unmenschlichen Ansprüche der kapitalistischen Märkte in Frage stellen, allein gemäß unpersönlicher und moralisch neutraler selbstregulativer Mechanismen zu funktionieren, rufen Religionen den Individuen und den Gesellschaften in Erinnerung, wie wichtig es ist, die anonymen Marktmechanismen zu kontrollieren und zu steuern. Denn nur so läßt sich sicherstellen, daß Marktakteure oder staatliche Bürokratien für die von ihnen möglicherweise verursachten menschlichen, sozialen und ökologischen Schäden zur Rechenschaft gezogen werden und sich den Bedürfnissen aller Mitglieder der Gesellschaft gegenüber verantworten müssen. Universalistische Religionen und transnationale religiöse Institutionen sind außerdem immer dann herausgefordert, wenn es gilt, alle Menschen und Gesellschaften darauf zu stoßen, daß das »Gemeinwohl« unter heutigen Bedingungen zunehmend weltweit, universal und humanistisch verstanden werden muß und die öffentliche Sphäre der modernen Zivilgesellschaften mithin keine nationalen oder staatlichen Grenzen haben darf.

Aus dem Amerikanischen von Christiana Goldmann

III.
SÄKULARISIERUNG
UND MODERNE

Einführung des Herausgebers

> *Ich stelle mir gerne vor, was passiert wäre,*
> *wenn die Araber bei Poitiers gesiegt und die*
> *Eroberung und Islamisierung Europas fort-*
> *gesetzt hätten. Ohne Frage wären wir alle*
> *Bewunderer von Ibn Webers* Die charidschi-
> tische Ethik und der Geist des Kapitalismus,
> *in dem schlüssig nachgewiesen würde, wie*
> *der Geist moderner Rationalität [...] nur als*
> *Folge des charidschitischen Puritanismus des*
> *sechzehnten Jahrhunderts in Nordeuropa*
> *hätte entstehen können [...] und die moderne*
> *ökonomische und organisatorische*
> *Rationalität nie hätte entstehen können,*
> *wäre Europa christlich geblieben, angesichts*
> *des eingefleischten Hangs dieser Glaubens-*
> *richtung zu einer barocken, manipulativen,*
> *heiligenschutzsüchtigen, quasi-animistischen*
> *und verworrenen Vorstellung von der Welt.*
>
> Ernest Gellner
> *(Der Islam als Gesellschaftsordnung)*

Alle Klassiker der modernen Gesellschaftstheorie, ob Marx oder Durkheim, Weber oder Parsons, haben die Moderne auch durch ihr Verhältnis zur Religion definiert. Wie Charles Taylor in seinem Beitrag anmerkt, ist die moderne Säkularisierung der politischen, rechtlichen, wirtschaftlichen u. a. Wertsphären, die Befreiung aus ihrer religiösen Obhut, ein auf christlichem Terrain gewachsenes Produkt. Dies bedeutet freilich nicht – so klagt Robert Spaemann ein (und aus anderer Sicht wies oben bereits José Casanova darauf hin) –, daß Religionsgemeinschaften, die sich als universalistisch verstehen, ihre Relegation in eine Sphäre bloßer privater Meinungen akzeptieren müßten. Der Fundamentalismusforscher Martin Riesebrodt weist zudem auf ganz spezifische weltliche Ohnmachts- oder Krisenerfahrungen hin, die unter bestimmten Bedingungen religiösen Radikalismus hervortreiben können. Daß indes Religion *als* Religion – als ausdifferenzierte und doch allzuständige Sinnsphäre – die weltliche Wirklichkeit triftig zu kritisieren imstande ist, bezweifelt Niklas Luhmann.

Vielleicht bleibt also die Religion im pluralistischen Westen als ausdifferenzierte Religion *nur* Kultur – und produziert somit zugleich den Protest gegen diese ihre Rolle mit. Diesen inneren Konflikt kennen wir schon aus der Geistesgeschichte des deutschen Protestantismus: Die protestantische Glaubensunmittelbarkeit – die Aufhebung jedes Klassenunterschiedes zwischen Priestern und Laien im Angesicht der Gnadenbedürftigkeit aller Menschen, der ganz auf »das Herz, die empfindende Geistigkeit des Menschen« (G. W. F. Hegel) ausgerichtete paulinisch-augustinische Subjektivismus – ließ sich sowohl schwärmerisch als auch liberal interpretieren. Und wir finden auch beide gegensätzlichen Interpretationen bei demselben protestantischen Philosophen, in unterschiedlichen Phasen seiner Entwicklung.

Die erste Variante war der romantische ›Kommunitarismus‹ des jungen Hegel – beim späten Hegel finden wir statt dessen eine der ersten Versionen der Säkularisierungstheorie: in seiner These von der ›guten‹, d. h. protestantischen *Verweltlichung* des christlichen Prinzips (im Gegensatz zur ›schlechten‹, äußerlichen ›Verweltlichung‹ von Theologie und Philosophie in der katholischen Scholastik). In der protestantisch wohlgeordneten Welt wird die Freiheit des Christenmenschen zur Innenleitung des Gott-unmittelbar gestellten Individuums. Äußerliche Vorschriften oder gar die buchhalterische Verrechnung von guten Werken mit jenseitigen Strafen werden damit überflüssig; statt dessen verinnerlicht die protestantische Moral die Glaubens- und Gewissenskontrolle; und diese setzt sich dann fest als Sittlichkeit.

Die Verweltlichung des Christentums in diesem ›positiven‹ Sinne ist also für Hegel und seine Nachfolger das Wirken des Heiligen Geistes in der Welt. In kritischer Anknüpfung an Durkheims Theorie der Religion als Selbstheiligung der Gesellschaft hat auch Jürgen Habermas vermittels seiner sprachtheoretischen Version des Säkularisierungstheorems Genesis und Geltung der rationalen Moral systematisch an die Prozesse der ›Versprachlichung des Sakralen‹ geknüpft. Auch das rationale Vernunftrecht soll vormoderne ›sakrale‹ Rechtsgrundlagen plausibel ersetzen können. Wir können somit in Jürgen Habermas' normativ gehaltvoller Konzeption der Moderne unschwer das Hegelsche Programm einer protestantischen Verweltlichung/Verwirklichung des Christentums wiedererkennen – wenn auch nur inhaltlich und gerade *nicht* bezogen auf Hegels spezielle spekulative Methode.

Für Luhmann ergibt sich hingegen gerade die Ausdifferenzierung der Religion – als Form paradoxer Selbstbeschreibung des systemisch nicht Beschreibbaren – aus der Wissenssoziologie der modernen Gesellschaft. Eine der Leistungen der Moderne (sprich: der Ablösung der ständischen Hierarchie durch anonyme Mechanismen funktionaler Differenzierung) ist also, daß sie die (Suche nach) Transzendenz eines eigenen sozialen Mediums, Ortes und Standes zunehmend beraubt – man könnte aber auch sagen: daß sie den Glauben freisetzt. In Habermas' kritischer Theorie läßt die säkulare Institutionalisierung der Vernunft durch kommunikative Rationalität in Wissenschaft, Recht und Moral (als Rahmen-

strukturen für Milieus gewaltfreier Einigung) einer gesonderten öffentlichen Existenz des Religiösen kaum mehr Aufgaben übrig – abgesehen von per definitionem nicht rational zu
bewältigenden Residuen: Trost und Erinnerung, Trauer und
›grundlose‹ Unbedingtheit usw. … Für Luhmanns entzau-
berte Gesellschaftstheorie hingegen wird erst in und erst mit
der Moderne die Religion autonom, aller nur sozialen Fragen
und Sachprobleme frei. Freilich ist dies letztlich mit dem
Risiko verbunden, keine einzige in bestimmten sozialen Sub-
systemen, Institutionen und Kommunikationsmedien co-
dierte Sprache mehr zu sprechen – und zu verstehen.

Charles Taylor
Drei Formen des Säkularismus

1. Überkonfessionelle Gemeinsamkeit oder weltliche Ethik?

Was der Ausdruck »Säkularismus« bedeutet, ist nicht völlig
klar; mit diesem Wort werden ganz unterschiedliche Kon-
zepte bezeichnet. Diese Vorstellungen möchte ich zunächst
auseinanderhalten. Am ehesten gelingt dies vielleicht auf hi-
storischem Wege, also durch den Versuch, darzustellen, wie
eine solche Norm – wonach der Staat der etablierten Religion
gegenüber Abstand zu halten und zwischen den verschiedenen Konfessionen als neutral zu gelten hat – entstanden ist.
Das führt uns auf die christliche Verwendung des Ausdrucks
»säkular« zurück; denn damit fängt die Geschichte an.

Dieser Zugang zum Thema ermöglicht es uns außerdem,
eine weitere Frage mitzubehandeln, die manchmal zu erhitz-
ten Auseinandersetzungen führt. Häufig wird von außerhalb
des europäischen Kulturkreises die These aufgestellt, der
Säkularismus sei eine nicht ohne weiteres übertragbare
Erfindung der abendländischen Zivilisation und dürfe daher anderen Kulturen nicht aufgezwungen werden. Viele
Moslems halten z. B. den Säkularismus für ein Produkt des
Christentums. Jeder Versuch, die Trennung von Religion und
Staat auch auf islamische Gesellschaften anzuwenden, erscheint ihnen daher als das Aufzwingen einer fremden Form,
dramatisch ausgedrückt: als die Fortsetzung der Kreuzzüge
mit anderen Mitteln. Nun wurzelt die Konzeption des Säkularismus zwar tatsächlich im Christentum. Gleichwohl –

und dies wird im folgenden hoffentlich deutlich werden —
wäre es verfehlt zu glauben, sie sei deshalb in ihrer Anwendung ausschließlich auf nachchristliche Gesellschaften beschränkt.

»Säkular« ist ein christlicher Ausdruck: Ursprünglich im
Sinne von »Jahrhundert« oder »Zeitalter« verwandt, erhielt
das gewöhnliche lateinische Wort *saeculum* eine neue Bedeutung, indem es sich jetzt auf die profane, weltliche Zeit bezog,
auf die ganz gewöhnliche Zeitfolge — die historische Zeit, in
der das Menschengeschlecht zwischen dem Sündenfall und
der Wiederkunft Christi lebt. Diese Zeit galt im christlichen
Kontext als verwoben mit einer höheren Zeit, die manchmal
die »Ewigkeit« heißt — die Zeit der Ideen, die Zeit des Ursprungs, die Zeit Gottes. Nun leben die Menschen zwar in all
diesen Zeitformen; aber bestimmte Handlungen, Lebensfor-
men, Institutionen oder soziale Gebilde tendieren stärker in
die eine oder die andere Richtung. Die Regierung etwa ist —
im Gegensatz zur Kirche — eher »im Säkulum« angesiedelt;
der Staat galt als »weltlicher Arm«. Die normalen Pfarrgeist-
lichen, die unter tief in die Welt und die Geschichte verstrick-
ten Menschen Seelsorge betrieben, hießen »Weltklerus«, um
sie von den geistlichen Orden, vom »Ordensklerus«, zu
unterscheiden.

Diese Gegensätze spiegeln eine Grundeigenschaft des Christentums: die Notwendigkeit, zwischen Kirche und Welt
einen Abstand zu bewahren — auf ihrem Nicht-Zusammen-
fallen zu beharren. Es gab natürlich im Mittelalter viele Über-
schneidungen und zahlreiche schwere Konflikte zwischen
Kirche und Staat — aber stets und für alle Beteiligten stand
fest, daß es eine Trennung beider Sphären geben mußte.
Einerseits — und aus der Sicht der einen Partei — mochte dies
wie der Versuch wirken, die Unabhängigkeit des Politischen
zu wahren; aber noch grundlegender war wohl das kirchliche
Bedürfnis nach Distanzierung gegenüber der weltlichen

Sphäre. Daß sie nicht vollständig im säkularen Bereich aufging, galt als entscheidend für die Berufung der Kirche selbst. Im Christentum hatte und hat die Abgrenzung eines säkularen Bereiches stets vor allem theologische Gründe.

Die heutigen Formen des Säkularismus bauen auf dieser ursprünglichen Unterscheidung auf, enthalten aber zugleich eine Umgestaltung. Der Ausgangspunkt des abendländischen Säkularismus der Neuzeit liegt in den Religionskriegen – oder vielmehr in dem durch Kriegsmüdigkeit und Entsetzen ausgelösten Bestreben, einen Ausweg aus diesen Kämpfen zu finden. Das Bedürfnis nach einem friedlichen Zusammenleben der Christen unterschiedlicher Konfession bedeutete in der Praxis, daß der öffentliche Bereich durch bestimmte Normen oder Abmachungen geregelt werden mußte, die unabhängig waren von der Religionszugehörigkeit. Man brauchte unumstößliche Richtlinien für einen Frieden, der auch Ketzer einschloß, und für den Gehorsam gegenüber der legitimen Autorität, selbst wenn diese schismatisch war.

Es gab zwei mögliche Wege, derartige Regeln festzulegen. Der Unterscheidung zwischen ihnen kam zwar seinerzeit keine große politische Bedeutung zu; von heute aus gesehen lassen sich jedoch auf diese Unterscheidung zwei recht verschiedene Auffassungen von Säkularismus zurückführen. Die erste ließe sich beschreiben als eine ›Strategie des gemeinsamen Fundaments‹: Es ging dabei um die Festlegung einer Ethik des friedlichen Zusammenlebens und der politischen Ordnung, welche zwar theistisch oder sogar christlich argumentierte, sich dabei jedoch auf die Lehrsätze stützte, welche von *allen* christlichen Sekten (oder sogar von allen Theisten) geteilt wurden. Eine solche Ethik ließ sich durch eine Spielart der Naturrechtslehre begründen, die im Sinne des hl. Thomas von Aquin zwar von der Offenbarung unabhängig, aber im stillen mit dem Theismus [d. i. dem rationalen Glauben an einen persönlichen Gott] verknüpft war; denn dieselbe Ver-

nunft, durch die wir zum Recht gelangen, führt uns auch zu
Gott.

Der entscheidende Schritt, den man für diese Strategie der
gemeinsamen Grundlage tun mußte, bestand darin, daß die
aus dem gemeinsamen Kern hervorgehenden politischen Vorschriften alle konfessionell bedingten Sonderforderungen
ausstachen. Im Gegensatz zu den kampfeslustigen Verfech-
tern der Mißachtung von Verträgen mit Ketzern pochten die
Befürworter des gemeinsamen Fundaments darauf, wir seien
es Gott schuldig, die unseren Mitmenschen (bzw. allen Gott-
gläubigen) gegebenen Versprechen zu halten. Diese Pflicht
stehe höher als jede konfessionelle Loyalitätsbeziehung.

Sowohl Samuel Pufendorf als auch John Locke lieferten
Versionen dieser Art von Naturrechtslehre; und Gottfried
Wilhelm Leibniz' Suche nach einer Basis für die Übereinkunft
zwischen den großen konfessionellen Blöcken in Europa läßt
sich als Versuch deuten, die Logik dieser ›Strategie des gemeinsamen Fundaments‹ noch weiter zu treiben. Letztlich
konnte diese Argumentationsstrategie dazu führen, die konfessionellen Dogmen völlig zugunsten der allen Christen gemeinsamen Glaubenssätze herunterzuspielen; und noch weiter, d. h. auch über die Grenzen des Christentums hinaus
getrieben, konnte man damit im Deismus enden [d. i. in der
›natürlichen Religion‹ der Aufklärung, die den Glauben an
Gott auf die reine Annahme eines Schöpfers der Weltordnung
beschränkt].

Daneben gab es jedoch eine zweite Argumentationsstrategie: sie bestand im Versuch, eine von der Religion unabhängige politische Ethik (bzw. eine ethische Grundlegung der
politischen Ordnung) zu stiften. Der bekannteste frühe Er-
kunder dieser ›Strategie der unabhängigen politischen Ethik‹,
die es uns erlaubt, von unseren religiösen Überzeugungen
überhaupt abzusehen, war Hugo Grotius. Er suchte nach
Eigenschaften der menschlichen Natur, der *conditio hu-*

220

mana, aus denen sich ausnahmslos gültige Normen ableiten lassen, die auch Frieden und politischen Gehorsam betreffen. Grotius geht davon aus, daß die Menschen vernunftbegabte und zugleich gesellige Wesen sind. Aus diesen Grundsätzen folgert er, wie wir uns zueinander verhalten sollten. So lasse sich z. B. zeigen, daß der Verstoß gegen ein feierliches Versprechen nicht vereinbar sei mit der Natur eines geselligen Wesens, das auch Vernunft besitze, also nach Regeln oder Vorschriften verfahre. So gelangt Grotius zu dem Schluß, daß diese Normen selbst dann bindend wären, wenn es keinen Gott gäbe – *etsi Deus non daretur.* Damit verfügen wir über die Basis einer unabhängigen Ethik.

Diese Unterscheidung zwischen zwei Argumentationsstrategien hat sich deshalb als wichtig herausgestellt, weil sie die Basis ist für zwei verschiedene Auffassungen darüber, warum Menschen mit verschiedener Religion oder ungleichen Grundbindungen friedlich zusammenleben sollten: Bei dem einen Verfahren beruft man sich auf diese unterschiedlichen Bindungen und macht geltend, daß sie in bestimmten, fundamentalen Aspekten konvergieren. Das andere Verfahren verlangt, daß man, soweit es um eine politische Moral geht, von diesen tieferen bzw. höheren Überzeugungen absieht und nach einer unabhängigen Grundlage sucht: nach einer vor allen kontroversen Überzeugungen geschützten Basis des Zusammenlebens, die von sich aus so zwingend wirkt, daß sie unsere politische Loyalität erheischt.

Manchmal ist freilich Mühe nötig, und man muß dafür sorgen, daß die religiösen oder sonstigen Überzeugungen nicht ausufern und die unabhängige Ethik bedrohen. Ein treffendes Beispiel hierfür liefert Thomas Hobbes im zweiten Teil des *Leviathan.* Während im ersten Teil des Buches eine berühmt-berüchtigte unabhängige Ethik aufgestellt wird, die auf vermeintlich unbestreitbaren Wesenseigenschaften des Menschen und der unbezweifelbaren Bedeutung von Grundbegriffen wie »Freiheit« und »Gerechtigkeit« beruht, wird im zweiten Teil theologischer Boden betreten, um zu widerlegen, daß sich die angebliche Christenpflicht des weltlichen Ungehorsams auf die Bibel stützen könne. Die christlichen Forderungen müßten zurückgeschraubt werden, um die unabhängige Ethik unangetastet zu lassen.

Im Grunde stellt Hobbes die Forderungen des christlichen Glaubens in ihrer konfessionellen Ausprägung als etwas für die politische Öffentlichkeit Belangloses dar. Im öffentlichen Bereich könne und müsse der Gläubige tun, was das Gewissen verlange, doch solange er sich an die eingebürgerten Bräuche halte, begehe er keine Sünde. Die Bestimmung dieser Bräuche ist das gottgegebene Vorrecht des Souveräns, was zugleich bedeutet, daß ein weiser Herrscher seinen Untertanen privaten Spielraum läßt. Wirklich zählen – so die Logik der von Hobbes angeführten Argumente – darf die Religion nur im privaten Leben und in den privaten Pflichten der Menschen.

Macht man Ernst mit dieser Logik, kann das dazu führen, daß die Religion überhaupt aus der Öffentlichkeit verstoßen wird. Der Staat stützt keine Religion und verfolgt keine religiösen Ziele, während religiös definierte Zwecksetzungen keinen Stellenwert haben im Rahmen der staatlich geförderten Ziele. Dies ist *eine* der Bedeutungen des heute im Westen weitgehend akzeptierten Prinzips der Trennung von Kirche und Staat, aber keineswegs die einzige. Sie ergibt sich aus dem ›Ansatz der unabhängigen Ethik‹, aber nicht aus dem Gedanken der ›Suche nach dem gemeinsamen Fundament‹. Letzterer kommt es ja nicht darauf an, die Religion ihrer Relevanz für Öffentlichkeit und Politik zu berauben, sondern die Bevorzugung einer Konfession vor den anderen zu verhindern. Das Ziel besteht hier nicht darin, im Namen einer unabhängigen Ethik jegliche Relevanz von Religion im öffentlichen Leben und für politische Entscheidungen auszuschalten, sondern eher darin, den Staat davon abzuhalten, eine Konfession zugunsten aller anderen zu unterstützen. Das Ziel ist also ein Staat, welcher die unterschiedlichen religiösen Gesellschaften gleich(-berechtigt) behandelt und sozusagen gleichen Abstand von allen einhält.[1]

Beide Modelle haben ihre Schwächen. Das offenkundige Problem der Argumentation mit dem gemeinsamen Fundament liegt darin, daß der einst allen gemeinsame Bereich mit zunehmender Erweiterung der Bandbreite religiöser und metaphysischer Bindungen nur noch das Fundament einer Einzelgruppe unter vielen darstellt. Man kann einen neutestamentlich inspirierten Deismus so weit ausdehnen, daß er auch einen vageren bibelorientierten Theismus umfaßt und somit auch die Juden einschließt. Doch in modernen Gesellschaften, in denen neben Atheisten auch Moslems, Hindus, Buddhisten sowie die Vertreter sonstiger Anschauungen leben, ändert sich das gemeinsame Fundament oder verliert bald an Substanz. Das wiederum scheint für die Gegenauffassung zu sprechen.

Aber diese Auffassung gerät ebenfalls in Schwierigkeiten. Dieselbe Vielfalt nämlich, die dem Ansatz des gemeinsamen Fundaments den Boden entzieht, bringt auch den Ansatz der unabhängigen Ethik in Bedrängnis. Solange alle Beteiligten Christen sind, mag der Unabhängigkeitsanspruch der Ethik zwar einige Theologen verunsichern, wirkt aber nicht unbedingt wie eine Bedrohung. Der Geist einer solchen Ethik kann durchaus »christlich« sein; denn es wird schließlich von niemandem verlangt, seine christlichen Überzeugungen preiszugeben, sondern er soll nur einsehen, daß einige anerkannte Auffassungen nicht von diesen Überzeugungen abhängen. Doch die Situation ändert sich völlig, sobald es in der Gesellschaft regelrechte Atheisten gibt, für die die unabhängige Ethik nicht nur ein Gedankenexperiment ist, sondern *die* entscheidende Grundlage ihres sittlichen Lebens. Sie werden diese Lebensweise darüber hinaus für die eigentlich richtige Umsetzung einer solchen Ethik ansehen und vielfach Argwohn hegen gegenüber denen, die sich zu religiösen Anschauungen bekennen, denn diese werden ihnen wie laxe Vertreter einer solchen Ethik, vielleicht sogar wie potentielle Verräter vorkommen. Außerdem werden sie die Grenzen zwischen der unabhängigen und der religiösen Ethik genauer überwachen und die Religion im öffentlichen Bereich weiter zurückdrängen wollen. Das wiederum kann sehr leicht Reaktionen der Religionsanhänger auslösen, so daß die Gesellschaft womöglich in einen *Kulturkampf*[2] abgleitet, in dem sich Vertreter des »Säkularismus« und Gläubige um die Grundsätze ihrer Gesellschaftsordnung streiten. Was der atheistische Vertreter des Säkularismus dabei als notwendige Überwachung der Grenze einer gemeinsamen und von jeder religiösen Überzeugung unabhängigen öffentlichen Sphäre ansieht, erachtet der Gläubige oftmals für eine unnötige und im Namen einer metaphysischen Konkurrenzmeinung vollzogene Verbannung der Religion. Was der einen Seite als strengere und konsequentere Anwendung der Neutralitätsprinzipien erscheint, wirkt auf die andere Seite wie Parteilichkeit. Was von dieser anderen Seite als berechtigte öffentliche Äußerung der Religionszugehörigkeit wahrgenommen wird, prangern jene als Bevorzugung von Minderheitenüberzeugungen an. Auf die Spitze getrieben wird dieses Problem, wenn die Gesellschaft so mannigfaltig wird, daß sie eine erhebliche Anzahl von Anhängern nicht jüdisch-christlicher Religionen umfaßt: Wenn die »nachchristliche« unabhängige Ethik sogar von manchen Christen für parteilich gehalten wird, dann fragt sich, wie inakzeptabel sie auf Moslems wirken mag.

Damit kommen wir zurück auf den in vielen nichteuropäischen Gesellschaften erhobenen Vorwurf, der Säkularismus sei aus ehemals christlichen Gebieten importiert worden. Überzeugend erscheint dieser Vorwurf im Hinblick auf das

Modell der unabhängigen Ethik, das aus dem Zusammenhang des atheistischen Westens herausgerissen tatsächlich
den Eindruck erweckt, hier werde eine – überdies noch
fremde – metaphysische Anschauung zwangsweise anderen
übergeordnet. In dieser Gestalt läßt sich der westliche Säkularismus vielleicht wirklich nicht aus seinem Ursprungsgebiet
auf andere Länder übertragen, es sei denn in der Form eines
autoritären Programms, das – wie in der Türkei unter Kemal
Atatürk oder in China unter Mao – dazu bestimmt ist, den
Einfluß der Religion auf die Massen zu verringern.

Dieser Vorwurf trifft allerdings nicht das andere Modell,
das trotz seiner christlichen Herkunft immer wieder auf neue
Kontexte übertragen werden kann, wenngleich nicht in seiner ursprünglichen Form. Im Lichte der obigen Ausführungen ließe sich eine übertragbare Form vielleicht als drittes
Modell definieren, das von den beiden ersten gleich weit
entfernt ist oder sie womöglich miteinander kreuzt. Am ehesten ließe sich dieses dritte Modell wohl durch den von John
Rawls aufgebrachten Begriff des »übergreifenden Konsenses« kennzeichnen.[3] Obwohl ich, wie im dritten Abschnitt
noch angedeutet werden wird, mit einigen Einzelheiten der
Anwendung dieses Begriffs in der Theorie von Rawls nicht
einverstanden bin, möchte ich den Ausdruck hier verwenden
und den Ansatz zunächst ganz allgemein schildern.

Der historisch gegebene Ansatz des gemeinsamen Fundaments gerät in Schwierigkeiten, weil er voraussetzt, daß es
einige allen Beteiligten gemeinsame religiöse Grundsätze
gibt, welche die für den öffentlichen Bereich maßgeblichen
Normen bestimmen, – und zwar auch dann, wenn sie ganz
allgemein gehalten sind: im Sinne eines konfessionell unge-
bundenen Christentums etwa bzw. einer theistischen Anschauung oder eines nachaufklärerischen Deismus. Aber
sogar der Deismus stellt noch zu hohe Ansprüche an die
kulturell und religiös vielgestaltigen Gesellschaften von

heute. Gemeinsamkeiten können wir uns nur mit Bezug auf eine *rein politische Ethik* erhoffen, aber nicht in Hinblick auf deren religiösen Rahmen. Hier scheint das Modell der unabhängigen Ethik alle Voraussetzungen zu erfüllen; denn als gemeinsames Fundament bietet es eben eine solche politische Ethik: z. B. eine Lehre der Menschenrechte, der Volkssouveränität, der Freiheit und der Gleichheit. Aber das Problem dieses Modells liegt darin, daß es ebenfalls nicht nur verlangt, daß alle Beteiligten die politische Ethik teilen, sondern auch ihre Grundlegung – in diesem Fall eine Begründung, die völlig unabhängig von jeder Religion zu sein hat.

Charakteristisch für den ›*Ansatz vom übergreifenden Konsens*‹ ist es nun aber gerade, daß er diese Forderung nach einer von allen geteilten Begründung fallenläßt. Er zielt lediglich auf eine allgemeine Anerkennung bestimmter politischer Prinzipien (was freilich schwierig genug ist). Doch er läßt von vornherein gelten, daß es für diese Prinzipien keine allgemein anerkannte – sei es unabhängige oder religiöse – Grundlage geben kann, und sieht ein, daß eine derartige Vorbedingung der wohlgeordneten demokratischen Gesellschaft zu nichts weiter führen kann als zum tyrannischen Versuch, die philosophischen Ansichten einiger Menschen[4] auch anderen aufzuoktroyieren.

Der Ansatz des übergreifenden Konsenses weiß sehr wohl, daß sich diese gemeinsame politische Ethik nicht selbst genügt, da jeder, der sich zu ihr bekennt, einer umfassenderen und tieferen Rahmenauffassung des Guten anhängen wird. Der Ansatz des übergreifenden Konsenses ist darauf aus, die Mannigfaltigkeit solcher Auffassungen zu respektieren, während er den Konsens auf der Ethik fußen läßt. Dieses Modell läßt sich meines Erachtens so gut wie überall anwenden oder, besser gesagt, neu erfinden. Außerdem wird es mit wachsender religiöser und weltanschaulicher Vielfalt im Ursprungsgebiet des Säkularismus auch dort in immer höherem Maße übernommen werden müssen. Doch ehe ich dieses Modell ein wenig ausführlicher erörtere, möchte ich begründen, weshalb es meiner Meinung nach nicht nur befolgt werden kann, sondern auch befolgt werden sollte – warum also die Ausrede, es sei ein rein westliches und folglich fremdes Modell, *heute* nirgends auf der Welt mehr stichhaltig wirkt.

2. *Säkularismus, Nationalismus und Demokratie*

Das »heute« ist zu betonen, weil sich die Unumgänglichkeit des Säkularismus aus dem Wesen des modernen Staats ergibt, insbesondere aus dem Wesen des demokratischen Staats. Der moderne Nationalstaat ist, um mit Benedict Anderson zu reden, eine »vorgestellte Gemeinschaft«.[5] Ein solcher Staat verfügt über eine spezifische soziale Vorstellungswelt, also eine in seiner Gesellschaft verbreitete Art und Weise der Imagination sozialer Räume. Diese moderne politische Vorstellungswelt besitzt zwei wichtige Merkmale, die sich am besten verdeutlichen lassen, indem man sie den früheren Zuständen in Europa gegenüberstellt:

Erstens hat ein Wechsel stattgefunden von der hierarchischen Gesellschaft zu einer horizontalen Gesellschaft mit direktem Zugang. In der früheren Gesellschaftsform gingen die Hierarchie und das, was ich »mittelbaren Zugang« nenne, Hand in Hand. Eine ständische Gesellschaft, wie etwa die französische im siebzehnten Jahrhundert, war offensichtlich hierarchisch geordnet, was zugleich bedeutete, daß man nur durch die Zugehörigkeit zu einem Teil dieser Gesellschaft zu ihrem Mitglied wurde. Als Bauer war man abhängig von einem Herrn, der seinerseits in einem Lehnsverhältnis zum König stand. Als Vertreter einer Stadt spielte man im Königreich eine bestimmte Rolle oder nahm eine parlamentarische Aufgabe wahr usw. Der moderne Begriff des Staatsbürgers beinhaltet dagegen eine direkte Mitgliedschaft. Wie immer man auch durch Zwischeninstanzen mit der übrigen Gesellschaft verbunden sein mag, die Rolle als Staatsbürger wird als unabhängig davon aufgefaßt. Man steht auf der gleichen Stufe wie alle Mitbürger in einem direkten Verhältnis zum Staat, dem alle in gleicher Loyalität verbunden sind.

Das bedeutet nicht unbedingt, daß sich auch die Gepflogenheiten geändert haben. Kenne ich etwa jemanden, der Beziehungen zum Gericht oder zur großen Politik hat, dann werde ich den Betreffenden anrufen, sobald ich in eine Klemme gerate. Was sich geändert hat, ist sozusagen das normative Bild. Doch dem liegt ein Wandel zugrunde, ohne den die neue Norm für uns gar nicht existieren könnte: die Art und Weise, in der man sich die Zugehörigkeit vorstellt, hat sich verändert. In Frankreich gab es im siebzehnten Jahrhundert gewiß Menschen, denen schon allein der Gedanke des direkten Zugangs fremdartig und unfaßbar erschienen wäre. Gewiß, die Gebildeten hatten das Modell der antiken Republik – aber zahlreiche andere konnten sich die Zugehörigkeit zu einem größeren Ganzen, wie zu einem Königreich oder einer Weltkirche, nur vermittelt über die Zugehörigkeit zu einer unmittelbarer faßbaren und verständlichen Einheit wie einer Pfarrgemeinde, einem Herrengut, einer Stadt, einem Kloster o. ä. vorstellen. Die Moderne bedeutete also unter anderem, daß der soziale Vorstellungsraum umgewälzt wurde: die älteren Vorstellungen der mittelbaren Zugehörigkeit wurden durch Bilder des direkten Zugangs verdrängt.

Dieser Vorgang hat mehrere Erscheinungsformen. Beispiele sind die Entstehung der Öffentlichkeit, in der sich die Menschen als Teilnehmer an einer nationalen (oder sogar internationalen) Diskussion begreifen; die Entwicklung der Marktwirtschaft, in der alle ökonomischen Akteure als gleichberechtigte Vertragspartner gelten; außerdem natürlich der Aufstieg des modernen, durch gleiche Rechte der Bürger gekennzeichneten Staatswesens. Daneben gibt es aber auch noch weitere Aspekte, unter denen die Unmittelbarkeit des Zugangs unseren Vorstellungshorizont verändert. So sehen wir uns z. B. in einem Raum der Mode, in dem wir Stilrichtungen aufgreifen und weitergeben, sowie als Teil des weltweiten Publikums der Medienstars. Dies sind zwar Räume mit jeweils eigenen – um nahezu legendäre Gestalten kreisenden – Hierarchien; aber sie bieten allen Teilnehmern Zugangswege, die durch keine sonstigen Loyalitätsbeziehungen oder Zugehörigkeiten vermittelt werden. Ähnliches gilt auch – mit weit intensiverer Beteiligung – für die sozialen, politischen, religiösen Bewegungen, die ein entscheidendes Merkmal der Moderne darstellen und die Menschen ortsübergreifend, sogar international zu kollektiv handelnden Einheiten oder Gruppen verbinden können.

Diese Formen eines vorgestellten direkten Zugangs hängen mit den modernen Begriffen von Freiheit und Gleichheit zusammen; ja, sie sind im Grunde nur verschiedene Facetten dieser Begriffe. Durch die Direktheit des Zugangs wird die Heterogenität der hierarchischen Zugehörigkeiten beseitigt; sie macht uns gleichförmig – das ist *ein* Weg zur Gleichheit.[6] Zugleich verlieren die traditionellen Vermittlungsinstanzen immer mehr an Bedeutung im Leben; daher löst sich das Individuum immer stärker von ihnen und gewinnt, als Individuum, stärkeres Selbstbewußtsein. Der moderne Individualismus als moralische Vorstellung bedeutet ja nicht, daß man überhaupt keiner Gruppe oder Einheit mehr angehört[7], sondern daß man sich als immer weiteren und unpersönlicheren Einheiten zugehörig vorstellt: dem Staat, der Bewegung, der Gemeinschaft aller Menschen.

Das zweite wichtige Merkmal der neuzeitlichen sozialen Vorstellungswelt besteht darin, daß die umfassenderen, ortsübergreifenden Gebilde nicht mehr so verstanden werden, als gründeten sie in etwas anderem, in etwas Höherem als dem

gemeinsamen Handeln innerhalb der profanen oder weltlichen Zeit. Im vormodernen Staat war das anders: Die hierar-
chische Ordnung des Königreichs beruhte auf der »Großen
Kette der Wesen« (Arthur Lovejoy); die Stammeseinheit galt
als durch das in »unvordenkliche Zeiten« zurückreichende
Stammesgesetz begründet oder vielleicht aus einem (im Sinne
Mircea Eliades) »urzeitlichen« Gründungsakt entstanden.
Dieser Rückblick auf das ursprüngliche Gesetz spielt in allen
vormodernen Revolutionen (bis hin zum Englischen Bürgerkrieg) deshalb eine eminente Rolle, weil das politische Gemeinwesen gegenüber der Sphäre des aktuellen Handelns als
transzendent galt: es kann sich nicht einfach aus sich selbst
heraus, durch das eigene Handeln erschaffen; sondern nur,
weil es bereits als Einheit verfaßt ist, kann es auch als Einheit
handeln. Und deshalb ist seine Legitimität immer vom Re-
kurs auf die ursprüngliche Verfassung abhängig.

Die im siebzehnten Jahrhundert aufkommende Theorie
des Gesellschaftsvertrags – wonach ein Volk sich aus einem
Naturzustand heraus durch Zusammenschluß bildet – gehörte offenkundig bereits einer anderen Denkungsart an.
Doch erst im ausgehenden achtzehnten Jahrhundert drang
diese neue Auffassung auch in die gesellschaftliche Vorstellungswelt ein, wobei die amerikanische Revolution gewissermaßen als Wasserscheide gelten kann: Hier berief man sich
auf die Idee, ein Volk oder eine Nation könne schon existieren, ehe es zur Formulierung einer politischen Verfassung
kommt. Aufgrund dieser Unabhängigkeit ist dann das Volk
imstande, sich aus freien Stücken in säkularer Zeit die eigene
Verfassung zu geben – woraufhin diese epochemachende Tat
freilich schon bald mit Bildern befrachtet wird, die von älteren Vorstellungen einer höheren Zeit hergenommen sind.[8]
Die Verfassungsgebung wird dann selbst als eine Art von
»Ursprung« hingestellt. Dennoch setzt sich damit eine neue
Vorstellungsweise durch: Völker oder Nationen können ei-

230

nen Nationalcharakter haben, sie sind unabhängig von allen bestehenden politischen Strukturen zum kollektiven Handeln in der Lage. Damit ist eine der Hauptprämissen des modernen Nationalismus entstanden, ohne welche auch die Forderung nach nationaler Selbstbestimmung sinnlos wäre.

In Benedict Andersons Darstellung werden die beiden genannten Merkmale der modernen Vorstellung der politischen Zugehörigkeit auf anregende Weise miteinander verknüpft.[9] Anderson zeigt nämlich, wie die Entstehung von Gesellschaften des direkten Zugangs mit sich wandelnden Zeitverständnissen und daher mit neuen Vorstellungen des gesellschaftlichen Ganzen zusammenhängt. Das neue Gefühl, einer Nation anzugehören, wurde – wie Anderson betont – angebahnt durch eine neue Auffassung der Gesellschaft unter dem Gesichtspunkt der Gleichzeitigkeit: Jetzt galt die Gesellschaft als die Gesamtheit zahlloser gleichzeitiger Ereignisse, die das Leben ihrer Angehörigen zu einem bestimmten Zeitpunkt charakterisieren. Diese Ereignisse füllen diesen Zeitabschnitt in einer homogenen Zeitabfolge aus – und dieser klare und eindeutige Begriff der Gleichzeitigkeit gehört zu einer Auffassung, die auch die Zeit als etwas ausschließlich Säkulares versteht.

Ein rein säkulares Zeitverständnis gibt uns die Möglichkeit, die Gesellschaft »horizontal« aufzufassen, d. h. ohne Beziehung zu irgendwelchen »Höhepunkten«, an denen die normale Abfolge der Ereignisse eine höhere Zeit berührt – und daher auch ohne Anerkennung privilegierter Personen oder Instanzen (wie Könige oder Priester), die an solchen angeblichen Höhepunkten postiert sind und Vermittlungsarbeit leisten. Diese radikale Horizontalität wird vorausgesetzt von der Gesellschaft des direkten Zugangs, in der jedes Mitglied in »unmittelbarer« Beziehung zum Ganzen steht.

Außerdem verlangt die moderne Gesellschaft eine veränderte Art und Weise, in der wir uns Bilder von der eigenen

Gesellschaft machen. Ausschlaggebend ist dabei die Fähigkeit, die Gesellschaft von einem dezentrierten, keinem Subjekt angehörenden Blickpunkt aus zu erfassen. Das Streben nach einer getreueren und maßgeblicheren Perspektive als der eigenen führt jetzt nicht mehr zu einer ›vertikalen‹ Begründung der Gesellschaft durch einen König oder eine geweihte Versammlung oder dergleichen, sondern stellt jene seitlich orientierte, ›horizontale‹ Betrachtungsweise in Rechnung, die einem standpunktlosen Beobachter zukommen könnte: die Gesellschaft erscheint, als würde sie durch ein Bild ohne hervorstechende Knotenpunkte wiedergegeben. Es gibt eine enge innere Verbindung zwischen den modernen Gesellschaften des direkten Zugangs, ihrem Selbstverständnis, ihrer gebrochenen Spiegelung in kategorischen Identitäten und den modernen synoptischen Darstellungen in einer »Zeit des Weltbilds« (Heidegger):[10] Dies ist eine Gesellschaft der gleichzeitigen Geschehnisse, des gesellschaftlichen Verkehrs im Sinne eines unpersönlichen »Systems«, des sozialen Feldes als eines kartographisch erfaßten Gebiets, der historischen Kultur als Schaumaterial in Museen und so fort.[11]

Die mit direkten Zugangsmöglichkeiten ausgestattete horizontale Gesellschaft, der durch einen Akt des Volkes politische Form verliehen wird – dies ist die Hintergrundvorstellung des Volkswillens als der zeitgenössischen Quelle politischer Legitimität. Dieses Prinzip zu bestreiten, wird in der modernen Welt immer schwieriger. Sieht man von der partiellen Ausnahme einiger sogenannter »islamischer« Regime ab, so ist heute der Wille des souveränen Volkes nahezu die einzige zulässige Grundlage für jedes Regime, das sich nicht von vornherein zu einer bloßen Regierung auf Zeit oder einer Übergangsregierung erklärt. Nun hat freilich auch die Volkssouveränität bestimmte funktionale Voraussetzungen: Denken wir zunächst an das Beispiel der repräsentativen Demokratie, um zu sehen, wie das Prinzip der Volkssouveränität dort umgesetzt wird. Es liegt im Wesen dieser wie jeder anderen freien Gesellschaftsform, daß sie ein gewisses Maß an Bindung und Hingabe von seiten ihrer Bürger verlangt. Traditionelle despotische Regierungsformen traditioneller Art konnten sich damit begnügen, das Volk zur Passivität und zum Gehorsam vor dem Gesetz anzuhalten, während eine Demokratie (im antiken wie im modernen Sinn) mehr fordern muß. Sie verlangt, daß ihre Angehörigen hinreichend motiviert sind, um die nötigen Leistungen aufzubringen, nämlich Vermögen (in Form von Steuern), manchmal Blut (im Krieg) und stets einen gewissen Grad an politischer Beteiligung.

Demokratien erfordern also eine relativ starke Bindung seitens ihrer Bürger. Diese müssen ihre Staatsbürgerschaft als einen wichtigen Bestandteil ihrer Identität ansehen; insbesondere muß sie mehr bedeuten als die trennenden Momente, die zur Spaltung der Bürgerschaft führen können. Anders ausgedrückt, der moderne demokratische Staat setzt (wie man früher sagte) ein gesundes Maß an »Patriotismus« voraus[12] – also ein ausgeprägtes Gefühl der Identifikation mit dem Gemeinwesen und eine gewisse Bereitschaft zur Selbstaufopferung. Darum versuchen moderne demokratische Staaten, Patriotismus und ein starkes Gefühl gemeinsamer Identität selbst dort zu schaffen, wo es dergleichen vorher nicht gab. Aus diesem Grund hat die moderne Demokratie auch die Tendenz, das Gleichgewicht der verschiedenen Identitätsmerkmale des heutigen Bürgers zu verändern, so daß die staatsbürgerliche Zugehörigkeit Vorrang erhält vor vielen anderen Identitätspolen, wie etwa Familie, Klasse, Geschlecht und sogar (oder vielleicht: *insbesondere*) Religion.[13]

Darin liegt eines der Motive für den Säkularismus der unabhängigen Ethik. Allerdings kann die von der unabhängigen Ethik gestiftete und vermeintlich bindende Identitätsbeziehung ebenfalls zu Trennungen führen. Aber aus der

Betrachtung des Wesens der modernen Demokratien geht hervor, daß der Säkularismus in dieser oder jener Form unerläßlich ist, obwohl sich die Verlockung zu Abweichungen stark bemerkbar machen kann.

Unerläßlichkeit und Verlockung einer säkularen Staatsordnung gehen aus derselben Quelle hervor. Moderne Demokratien setzen ein »Volk« voraus, also eine staatsbürgerliche Körperschaft, die souverän sein soll und daher nach eigenem Selbstverständnis (a) aus in etwa gleichberechtigten und autonomen Mitgliedern bestehen muß, die (b) im Rahmen dieses gemeinsamen Unterfangens der Selbstregierung miteinander verknüpft sind. Ihr Legitimitätsempfinden beruht darauf, daß diese Bedingungen erfüllt werden. Demokratische Legitimität verlangt, daß die Gesetze, unter denen man lebt, in gewissem Sinne aus den eigenen kollektiven Entscheidungen resultieren. Dementsprechend wird das Volk als eine Art von kollektiver Entscheidungsinstanz begriffen. Aber eigentlich tun wir mehr, als nur über klar ausformulierte Fragen zu befinden. Wir müssen nämlich außerdem beratschlagen, Sachverhalte klären und uns zu Beschlüssen durchringen. Demnach muß das Volk auch als kollektive Beratungsinstanz aufgefaßt werden.

Es liegt im Begriff dieser Beratung, daß das Volk auch als Gruppe mit gleichberechtigten und autonomen Mitgliedern angesehen wird. Denn wenn dagegen verstoßen würde und einige von anderen abhängig wären, müßte man annehmen, daß die Entscheidung nicht vom ganzen Volk ausginge, sondern nur vom einflußreichen Teil des Volkes.

Faßt man diese beiden Elemente zusammen, gelangt man zur Vorstellung eines Beratungs- und Entscheidungsprozesses, bei dem sich jeder Gehör verschaffen kann. Stellt man sehr hohe Ansprüche, wird sich diese Vorstellung natürlich stets als Utopie erweisen, und in der Wirklichkeit begnügen sich die demokratischen Gesellschaften normalerweise mit einer Annäherung an diese Norm. Doch sobald der Anschein überhandnimmt, bestimmte Teile der Bevölkerung würden *systematisch* daran gehindert, sich Gehör zu verschaffen, ist die demokratische Legitimität dieser Gesellschaft in Frage gestellt.

Es gibt mehrere Möglichkeiten, den begründeten Nachweis dafür zu erbringen, daß ein bestimmter Teil der Bevölkerung systematisch daran gehindert wird, sich Gehör zu verschaffen. Früher wurde das im Namen der Arbeiterklasse behauptet, heute ließe sich derselbe Vorwurf einleuchtend im Interesse der arbeitslosen und an den Rand gedrängten Armen erheben, und häufig wird dieses Argument energisch von Frauen vorgebracht. Mir geht es hier um die Art und Weise, in der eine solche Kritik mit Bezug auf eine ethnische, sprachliche oder religiöse Gruppe vorgebracht werden kann.

Eine Minderheitsgruppe kann das Gefühl haben, (a) daß ihre Sicht der Verhältnisse von der der Mehrheit abweicht, (b) daß dieser Unterschied von der Mehrheit im allgemeinen weder verstanden noch anerkannt wird, und (c) daß die Mehrheit aber auch nicht bereit ist, den Charakter der Auseinandersetzung (bzw. die Definition der strittigen Fragen) so zu ändern, daß auch die Minderheitssicht zur Geltung kommen kann. Somit wird die Minderheit systematisch daran gehindert, sich Gehör zu verschaffen. Ihre Stimme dringt in der öffentlichen Debatte nicht durch; ihre Mitglieder sind nicht wirklich gleichberechtigte Teilnehmer an der Beratung. Wenn dies der Fall ist, dann wird die politische Gesellschaft in den Augen der Minderheit ihre volle Legitimität verlieren; und wenn die Angehörigen der Minderheitsgruppe diesen Schluß ziehen, so entspricht das durchaus der Logik der Volkssouveränität.

Darum ist irgendeine Form von Säkularismus die notwendige Voraussetzung für das demokratische Leben in religiös gemischten Gesellschaften. Das Gefühl wechselseitiger Ver-

knüpfung und daher auch die daraus hervorgehenden maßgeblichen Bezugspunkte der politischen Auseinandersetzung
müssen Bürgern, die verschiedenen Konfessionen bzw. gar
keiner Konfession angehören, zugänglich sein. Wäre das Volk
konfessionell definiert, dann wären alle dieser Religionsgemeinschaft nicht Zugehörigen faktisch von der vollen Beteiligung an der Selbstregierung ausgeschlossen. Sie würden nicht
nur als außerhalb des Gruppenverbunds der Kirche oder
Religionsgemeinschaft Stehende definiert, sondern ihren an-
dersartigen Einstellungen und Perspektiven würde ebenfalls
per definitionem ein minderes Maß an Legitimität zugebilligt. Sie wären keine Vollmitglieder des souveränen Volkes.

Aber diese Art von Ausschließung kann auch eine Versuchung darstellen: Gerade weil eine erfolgreiche Demokratie
ein Band zwischen ihren Bürgern voraussetzt, kann eine
nachgerade unwiderstehliche Tendenz in die Richtung drängen, man müsse ins Zentrum der gemeinsamen Identität des
Volkes eben solche Dinge stellen, die Menschen auf intensive
Weise vereinigen können, und das sind nun einmal häufig
ethnische oder religiöse Identitätsmerkmale. Dieselbe funktionale Voraussetzung eines demokratischen »Volkes« also,
die den Säkularismus als unverzichtbar erscheinen läßt, kann
also auch umgedreht werden – und dann zu seiner Ablehnung
führen.

Die Geschichte Indiens ist hierfür ein Beispiel. Der Säkularismus von Nehru und Gandhi entsprach in etwa dem Säkularismus des ›gemeinsamen Fundaments‹ (wenngleich Nehru,
anders als Gandhi, durchaus einige Sympathie für die ›unabhängige Ethik‹ der westlichen Aufklärung hegte). Religiös
inspirierte ethische Grundsätze – wie die Gewaltfreiheit –
spielten eine große Rolle. Obwohl diese nicht offiziell »etabliert« waren, prägten sie doch den Charakter der öffentlichen Auseinandersetzung mit. Der Staat griff mitunter
selbst auf religiöse Gestalten und Symbole aus der Geschichte

zurück, etwa auf König Asoka. Was aber das Volk zusammenhalten sollte, das war ein Gefühl von (oder für) ›Indien‹ als eine sich durch die Geschichte fortsetzende Zivilisation, die stets in der Lage war, zahlreiche und recht unterschiedliche Religionen und Sprachen zu umfassen und teilweise zu absorbieren.

Dennoch gab es stets auch einen Strang der indischen Politik, für welchen ›Indien‹ die Gesellschaft der Hindus bedeutete oder bedeuten sollte. Nach diesem Verständnis hatte Demokratie ›Hindu Raj‹ zu bedeuten; und diese Bewegung hat jetzt in Gestalt der BJP an Macht gewonnen.[14] Diese Art von »Nationalismus« ist ein im Wesen modernes Phänomen und bezieht sich auf die Volkssouveränität als Legitimationsideal: Das indische Volk – die durch ihre gemeinsamen Bande zur Selbstregierung berufene Einheit – ist für die BJP wesentlich durch seinen hinduistischen Ursprung definiert.

Weil der Hindu-»Nationalismus« diesen Weg zum Ausschluß aller anderen noch nicht bis zu Ende gegangen ist, muß er natürlich einen Weg finden, auch die Minderheiten des indischen Subkontinentes irgendwie einzubeziehen. Diese, so heißt es, müßten nur das historische Übergewicht des Hinduismus akzeptieren. Aber *de facto* wird der Schwerpunkt dieser Art von nationaler Identität unweigerlich dahin tendieren, daß die Nicht-Hindus auch vollständig als Nichtmitglieder angesehen werden. Und an diesem Punkt besteht eine Anomalie der Demokratie: Es gibt Einwohner, die sogar seit Jahrhunderten im Lande ansässig sind, die jedoch an der demokratischen Selbstregierung der Nation nicht teilnehmen. Die an diesem Punkt naheliegende Wendung ist dann die Behauptung, daß sie *in Wirklichkeit* woanders hingehören: z. B. nach Pakistan.

Ich will den Fall des hinduistischen Chauvinismus hier nicht weiter verfolgen. Er sollte nur als Illustration dafür dienen, daß das Zeitalter der modernen Demokratie säkulare

Regierungsformen notwendig macht. Es gibt zwar Alternativen, und manchmal erscheinen diese sogar verlockend. Statt ein *inklusives* [i. e. den Einschluß aller Einwohner förderndes] Volk auf ein Identitätsgefühl zu stützen, zu dem alle Zugang haben, kann es ratsam – und sogar historisch gerechtfertigt – erscheinen, eine bereits bestehende gemeinschaftliche Identität zur Nationalität zu machen. Dabei ergibt sich dann freilich das Problem, daß die Erfordernisse demokratischer Legitimität die Minderheiten in eine anomale Situation versetzen, welche nur durch ihren *Ausschluß* – durch Umsiedlung, Auswanderung oder Schlimmeres – »endgültig« gelöst werden kann. So kommt es auch im Zeitalter der Demokratie zu säkularismusfeindlichen oder Minderheiten ausschließenden Regimen, deren Logik Furcht erregt: Das Anomale der Minderheit ist schwer zu ertragen. Immerfort gibt es Einwände gegen ihre Legitimität. Außerdem könnte es, wenn ihre Zahl zunimmt, dahin kommen, daß sie an die Macht gelangen und das Regime ändern. Da kann es überaus verlockend wirken, sie zu verbannen.

Der Säkularismus gehört heute zu den Tendenzen, die auf inklusive Definitionen des Volkes und auf das Zusammenleben im Umkreis allgemein zugänglicher Identitätsmerkmale hinwirken. Wenn es hingegen an solchen inklusiven Definitionen und Koexistenzmustern fehlt, dann kann sich aus der Logik der Demokratie die Logik der ethnischen Säuberung ergeben. Wenn die alten Hierarchien verfallen, dann schlägt keinesfalls automatisch die Stunde des Liberalismus. Vielmehr wird der Einsatz, um den gespielt wird, höher: entweder kommt es zur zivilisierten Koexistenz verschiedenartiger Gruppen oder zu neuen Formen der Barbarei. In diesem Sinne gibt es in der Neuzeit gar keine Alternative zum Säkularismus.

3. Übergreifender Konsens und multikulturelle Gesellschaft

Nach diesem Exkurs möchte ich kurz zurückkommen auf die dritte Form des Säkularismus, die ich oben im Anschluß an John Rawls als den ›Ansatz vom übergreifenden Konsens‹ bezeichnet habe. Die politische Philosophie schuldet Rawls für seine Definition dieses Begriffs viel; denn er eröffnet uns die Möglichkeit, über die beiden früheren Modelle säkularer Regierungsform hinauszukommen, die durch die beständig wachsende kulturelle und religiöse Vielfalt moderner Gesellschaften immer stärker unter Druck geraten sind. Denn einerseits ist für Menschen, die aus nicht-westlichen Zivilisationen kommen, die nachchristliche Bezugnahme auf ›gemeinsame Fundamente‹ nicht mehr möglich. Andererseits läuft die nachaufklärerische ›unabhängige Ethik‹ Gefahr, als nur eine weitere Familie spiritueller Überzeugungen neben den vielen anderen aufgefaßt zu werden, die jeweils auf Kosten der anderen nach staatlicher Anerkennung streben.

Die weitere Entwicklung des Säkularismus führt wahrscheinlich in eine dritte Richtung. Das Tableau der Übereinstimmungen wird dabei, ebenso wie bei der unabhängigen Ethik, von einer Reihe politisch-ethischer Prinzipien und Güter gebildet werden. Dazu gehört im Regelfall eine Charta verbriefter Rechte, die zunächst den Individuen, in bestimmten Fällen aber auch Gemeinschaften zugebilligt werden. Diese Rechte gehen mit der Staatsbürgerschaft einher und müssen daher von allen Bürgern gleichermaßen in Anspruch genommen werden können. Außerdem wird die politische Ethik typischerweise demokratischer Natur sein; sie wird mithin die Volkssouveränität als Legitimationsbasis festigen und die politische Freiheit (im Tocquevilleschen Sinne) hoch bewerten. Liberale Regime schätzen überdies die negative Freiheit des einzelnen, und zwar sowohl im Sinne eines Verbots der Einmischung seitens des Staates oder sonstiger mächtiger Instanzen als auch im Sinne einer positiven Aufforderung an die Gesellschaft, zur Schaffung einiger Voraussetzungen der vollständigen Selbstentfaltung und Persönlichkeitsäußerung des Individuums beizutragen.

Mit dieser politischen Ethik ist nun normalerweise die gemeinsame Identität, durch die sich das jeweilige Volk verbunden fühlt, keineswegs vollständig erfaßt: Jene gemeinsame Identität wird vielmehr auch eine Reihe partikularistischer Elemente einschließen, die mit der Geschichte des betreffenden Volkes, seiner Sprache, Kultur und in manchen Fällen auch seiner Religion zusammenhängen. Aber die politische Ethik formuliert so etwas wie den ethischen Kern eines modernen demokratischen Patriotismus. Wenngleich gewiß nicht jede Gesellschaft durch reinen »Verfassungspatriotismus«[15] zusammengehalten wird (aber gibt es denn überhaupt eine Gesellschaft, in der dies der Fall ist?), so schließt jedenfalls für liberale Demokratien die Definition der nationalen Identität eine starke ethische Komponente ein, deren Grundzüge ich im letzten Absatz zu skizzieren versucht habe.

Im Unterschied zum oben genannten ›Ansatz der unabhängigen Ethik‹ ist hier allen Beteiligten von vornherein klar, daß diese gemeinsame Grundlage nicht auf eigenen Füßen steht. Für den übergreifenden Konsens ist nämlich die allgemeine Einsicht entscheidend, daß es mehr als nur *eine* Menge stichhaltiger Gründe für das Einverständnis gibt. Denken wir etwa an das »Recht auf Leben«, das dann juristisch näher definiert wird durch eine Reihe von Rechten, die Schutz bieten gegen willkürliche Verhaftung oder Bestrafung und mit verschiedenen Freiheitsrechten verbunden sind. Dieses Recht läßt sich auf eine von der Aufklärung inspirierte Lehre der Würde des Menschen als vernünftig handelnden Wesens gründen. Es kann aber auch auf einer religiösen Anschauung fußen, die den Menschen als Ebenbild Gottes auffaßt. Und der Buddhist kann, anstatt sich auf diese typisch jüdisch-christliche Betrachtungsweise zu stützen, einer bestimmten Deutung der ethischen Forderung nach Gewaltverzicht überzeugende Gründe für die Achtung solcher Rechte entnehmen.[16] Diese Liste ließe sich immer weiter fortsetzen: Der Konsens betrifft jedenfalls in all diesen Fällen das moralische Gebot, die Integrität und Freiheit aller Menschen zu respektieren — so unterschiedlich auch die Begründungen dafür ausfallen mögen.

So formuliert, klingt die Sache allerdings weitaus weniger kompliziert, als sie in Wirklichkeit ist (obwohl sie auch in dieser Formulierung alles andere als leicht zu verwirklichen ist). Vorausgesetzt ist dabei eine Unterscheidung zwischen dem Konvergenzziel, der Ethik, und der unterliegenden Begründung. Um wieder mit John Rawls zu reden: Wir unterscheiden zwischen dem Begriff der Gerechtigkeit als Fairneß und den umfassenden Vorstellungen vom Guten, welche diesem Begriff als Rahmen dienen. Diese beiden Elemente lassen sich aber nicht immer so leicht auseinanderhalten. Vor allem bei auf den ersten Blick gleich wirkenden Verzeichnissen von Rechten kann es ohne weiteres vorkommen, daß sie verschieden aufgefaßt werden. Dieser Verschiedenartigkeit liegt der Umstand zugrunde, daß sich eine politische Ethik ebensowenig selbst interpretiert wie eine Charta verbriefter Rechte. Sobald sie auf neue Fälle übertragen wird, interpretiert man sie im Hinblick auf den gesamten Rechtfertigungshintergrund, dem sie entspringt. Sobald mehrere Hintergründe dieser Art gegeben sind, werden unweigerlich auch ihre Interpretationen auseinandergehen, und das führt oft zu gravierenden Differenzen.

Das erkennen wir schon an den Auseinandersetzungen über den Schwangerschaftsabbruch, die in einigen westlichen Gesellschaften geführt werden und in denen das allgemein akzeptierte »Recht auf Leben« ganz unterschiedlich gedeutet wird, je nach den Grundauffassungen vom menschlichen Handeln und dessen Stellung im Universum oder im Plan Gottes. In einer Gesellschaft, die im Sinne eines übergreifenden Konsenses begriffen wird, werden derartige Meinungsverschiedenheiten unweigerlich immer häufiger vorkommen.

Wie nun soll über diese Differenzen entschieden werden? Die Antwort lautet, daß es *keine* kanonische Theorie oder Lehrmeinung gibt, auf der diese Entscheidung fußen könnte. Besser gesagt: es gibt *zu viele* derartige Theorien und Meinungen. Unter den Bedingungen des übergreifenden Konsenses muß man sich daran gewöhnen, daß es Fälle gibt, in denen die Berufung auf eine grundlegende Lehrmeinung nicht mehr als Basis für maßgebliche politische Entscheidungen dienen kann. An bestimmten Punkten, an denen die Gestalt und die Grenzen der Konvergenz-Ethik umstritten sind, wird man mit Hilfe von Überredung vorankommen und sich mitunter auch an ausgehandelte Kompromisse halten müssen. Nicht alle von uns werden imstande sein, genau den Katalog von Rechten gelten zu lassen, den wir anhand der eigenen Hintergrundphilosophie begründen können. Auch heute schon gelingt das freilich den meisten nicht. Doch das begreifen wir als Aufforderung, uns unter Bezugnahme auf die vorausgesetzten gemeinsamen Prämissen mit unseren Landsleuten auseinanderzusetzen. In wirklich kulturell heterogenen Gesellschaften, in denen ein übergreifender Konsens gilt, könnte das allerdings vielleicht nicht mehr das richtige Vorgehen sein.

Das heißt nicht, daß Debatten und rationale Auseinandersetzungen je aufhören sollten. Es steht mir frei, den Buddhisten, den Moslem oder den Atheisten dazu überreden zu wollen, seine buddhistische, islamische oder atheistische Weltanschauung anders zu fassen und daher auch andere

Konsequenzen zu akzeptieren. Und auch die anderen sollten
mir gegenüber zu solchem Entgegenkommen bereit sein. Solche Auseinandersetzungen sind sogar wesentlich für eine ge-
sunde Gesellschaft, die Verschiedenheiten gelten läßt; sie
kennzeichnen und stützen die tatsächliche wechselseitige
Achtung von Menschen mit verschiedenen Grundbindungen.
Denn jene Art von blutleerem »ökumenischem Gespräch«,
wo sich ein jeder verpflichtet fühlt, sich möglichst nicht
über die Auffassung der anderen Glaubensgemeinschaften
(kritisch) zu äußern, ist ja nur eine Form, all die alten Miß-
verständnisse und Feindschaften unter dem Maulkorb re-
spektvollen Schweigens aufrechtzuerhalten.

In der politischen Arena müssen wir jedoch von der Voraussetzung ausgehen, daß es auch künftig zu Meinungsverschiedenheiten kommen und daß es keine Einigkeit geben
wird über den maßgeblichen Entscheidungskanon. Das bedeutet auch, daß wir mit Kompromissen zwischen zwei oder
mehreren solcher Anschauungen leben müssen. Ein solcher
Zustand darf mithin nicht als abnorme, skandalöse und hoffentlich vorübergehende Übergangsphase begriffen werden,
sondern er muß als die für die absehbare Zukunft normale
Sachlage gelten.

An diesem Punkt möchte ich die von Rawls vertretene
Auffassung des übergreifenden Konsenses ein wenig modifi-
zieren.[17] Nach meiner Formulierung besagt diese Konzeption, daß es im Hinblick auf einige politische Grundsätze zur
Konvergenz zwischen uns kommt, aber nicht im Hinblick auf
unsere Hintergrundmotive bzw. die Gründe dafür, diese
Prinzipien zu übernehmen. John Rawls unterscheidet mit
Recht den übergreifenden Konsens von einem bloßen »modus vivendi«. Letzterer beinhaltet, daß wir zwar übereinkommen, unser gemeinsames Handeln auf einer bestimmten
Grundlage zu regeln, diese jedoch nicht als moralisch bindend ansehen. (Vielleicht können wir uns darauf einigen,

einander zu respektieren, weil das Kräfteverhältnis jeden Versuch, davon abzuweichen, zu einer Katastrophe machen würde. Aber wenn wir einmal stärker werden, dann ...) Ein übergreifender *Konsens* besteht vielmehr dann, wenn wir uns *moralisch* auf die konvergierenden Prinzipien verpflichtet fühlen. Was den Konsens *übergreifend* macht, ist eben der Umstand, daß die zugrundeliegenden Motive oder Hintergrundargumente *verschieden* sind.

Hier nun möchte ich behaupten, daß Rawls an einem immer noch zu großen Stück der einstigen unabhängigen Ethik festzuhalten trachtet. Nach seiner Anschauung konvergiert die liberale Gesellschaft in einer politischen Ethik der ›Gerechtigkeit als Fairneß‹. Diese definiert er aber nicht nur durch die Prinzipien der Gerechtigkeit als Leitlinien des Handelns, sondern auch durch eine bestimmte Begründung dieser Prinzipien: mit Hilfe einer Theorie des politischen Konstruktivismus, der vernünftigen wechselseitigen Erwartungen, der gerechten sozialen Kooperation. Damit verlangt nun Rawls meines Erachtens zu viel. Der entscheidende Punkt beim ›Ansatz des übergreifenden Konsensus‹ – und der Grund, warum dieses Modell dem vorhergehenden (Nach-Aufklärungs-)›Modell der unabhängigen Ethik‹ überlegen ist – war ja gerade, daß er *keinerlei* bestimmte Rechtfertigung oder Hintergrundtheorie vorschreibt. Eher schon sollte die Devise lauten: Aus welchen Gründen auch immer die Menschen der übergreifenden politischen Ethik zustimmen, spielt keine Rolle – sie sollen nur zustimmen!

So wird es z. B. nicht mehr möglich sein, mit Bezug auf das Herzstück des Säkularismus – die »Trennung von Kirche und Staat« – nur eine einzige Hintergrundtheorie zur Anwendung zu bringen. Gewiß: bereits die Grundsätze der religiösen Unparteilichkeit des Staates bzw. der Inklusion von Mitgliedern aller Glaubensgemeinschaften erfordern *irgendeine* Form des Abstandes zwischen Staat und Religionsgemeinschaften. Aber es gibt mehr als nur eine Formel, die diese Anforderungen erfüllt. Die völlige Trennung aller staatlichen Behörden von jeglicher religiösen Institution ist ein denkbares Muster, aber keineswegs das einzige. Man kann sich dafür entscheiden, daß die »Trennung« bereits die Subventionierung konfessioneller Schulen aus Steuergeldern verbietet; aber die beste Lösung könnte auch darin bestehen, möglichst viele solcher Schulen auf einer fairen, keine Konfession bevorzugenden Grundlage zu unterstützen. Auf einer dieser Formeln als der einzigen mit »liberalen« Prinzipien konsistenten Lösung zu beharren bedeutete ja gerade, eine einzige Hintergrund-Rechtfertigung als höchste und universell bindende anzusehen. Doch damit würde ja gerade das entscheidende Moment des *übergreifenden* Konsenses verfehlt. Die USA sind leider ein unglückliches Beispiel dafür.

Der Säkularismus des übergreifenden Konsensus wird also Konflikten neuer Art ausgesetzt sein – und vielleicht gar einer Vervielfältigung bislang seltener oder ungewohnter Konfliktmuster (wie die Abtreibungsdebatte). Das wird nicht leicht zu bewältigen sein. Es wird einen Wandel in unserer Gesinnung erfordern, der uns wegführt von einem hoch aufgeladenen Moralismus, der sich nur mit der einzig richtigen und aus unwiderlegbaren Letztbegründungsprinzipien gewonnenen Antwort zufriedengibt. Leider ist diese geistige Haltung unter den Liberalen, die von einer unabhängigen (nach-)aufklärerischen Ethik zehren, nur allzu verbreitet.

Doch dieser Säkularismus – der des übergreifenden Konsenses – ist die einzige Form, die uns in den multireligiösen und multikulturellen Gesellschaften von heute zu Gebote steht. Die beiden früheren Varianten, die sich im Zuge der Entwicklung der säkularen Gesellschaften des Abendlands historisch herausgebildet haben, sind aus unterschiedlichen Gründen nicht mehr lebensfähig. Doch da es, wie im zweiten Abschnitt dargelegt wurde, in der modernen Demokratie keine Alternative zum Säkularismus gibt, bleibt uns gar nichts anderes übrig, als diesen in seiner einzig verfügbaren Form zum Erfolg zu führen. Ob uns das gefällt oder nicht – es muß dafür gesorgt werden, daß der übergreifende Konsens seine Aufgabe erfüllt.

Aus dem Amerikanischen von Jürgen Schulte
(mit Ergänzungen von Otto Kallscheuer)

Martin Riesebrodt
Zur Politisierung von Religion
Überlegungen am Beispiel fundamentalistischer
Bewegungen

Das Problem der Politisierung von Religion läßt sich auf
unterschiedliche Weisen angehen, je nachdem, was man unter
Politik und unter Religion versteht. Wer etwa glaubt, daß
sowieso alles »politisch« sei, für den ist die Frage von vornherein falsch gestellt. Das gleiche gilt für denjenigen, der Religion
als einen autonomen Bereich innerlichen Erlebens versteht,
der nur unter Verlust seiner Identität politisierbar sei. Beide
Positionen erscheinen problematisch: Die erste faßt den Begriff des Politischen so weit, daß er zu Unterscheidungsleistungen nicht mehr taugt und dadurch auch soziologisch amorph
wird. Die zweite faßt den Begriff des Religiösen so eng und
diffus zugleich, daß er eher dem Zweck normativer Abgrenzung zu dienen scheint als dem empirischer Analyse.

Um eine Politisierung von Religion sinnvoll thematisieren
zu können, benötigen wir also einen Religionsbegriff, der
einerseits vom Politischen klar unterscheidbar ist, andererseits aber – ohne Verlust seiner konstitutiven Merkmale – auf
die Politik Bezug nehmen bzw. in eigentümlicher Weise das
Politische durchdringen und sich aneignen kann. Worauf es
mir im folgenden ankommt, ist deshalb ein Verständnis der
Politisierung von Religion, das sich sowohl von einer Infor-
miertheit von Politik durch religiöse Werte als auch von einer
wechselseitigen Instrumentalisierung von Religion und Politik unterscheidet. Bevor ich dies weiter explizire, will ich
zunächst kurz zwei typische Sichtweisen des Verhältnisses
von Religion und Politik skizzieren.

1. Religion und Politik

Die beiden Klassiker soziologischen Denkens, Émile Durkheim und Max Weber, haben auf die Frage des Verhältnisses
von Politik und Religion recht unterschiedliche Antworten
gegeben. Durkheim geht vom anfänglich totalen religiösen
Charakter von Gesellschaft aus. Alles, was sozial und kom-
munal, obligatorisch und moralisch ist, im Falle der Über-
schreitung sanktioniert und regelmäßig durch Rituale verstärkt wird, wird von ihm als »religiös« verstanden. Geht
man von dieser Konzeption aus, dann erweist es sich als
schwierig, wenn nicht unmöglich, Religion überhaupt von
Politik zu unterscheiden. Der einzig logische Ausweg scheint
in einer Zweiteilung der Politik in eine alltäglich-profane und
eine außeralltäglich-heilige zu liegen, wobei die erstgenannte
auf den stillschweigend vorausgesetzten Grundlagen der
zweitgenannten ruht. Dennoch bleibt die Unterscheidung
von Religion und Politik hier unbefriedigend, weil letztlich
beide miteinander in weiten Bereichen identifiziert werden.
Religion ist identisch mit Zivilreligion, Politik demzufolge
notwendigerweise »religiös« in diesem Sinne.[1]

Im Unterschied zu diesem eher funktionalistisch, von un-
terstellten Erfordernissen sozialer Systeme her argumentie-
renden Ansatz bietet die Religionssoziologie Max Webers
eine Perspektive an, die vom kulturell nicht nur *geprägten,*
sondern auch *befähigten* Akteur sowie einer idealtypischen
Unterscheidung »letzter« Interessen ausgeht. Diese Unterscheidung macht nach Weber weitgehend erst Sinn mit dem
Aufkommen von »Erlösungsreligionen«, in denen ein auto-
nomes, religiöses Interesse artikuliert wird, das von pragmatischen Alltagsinteressen klar unterscheidbar ist. Es ist nicht
mehr das gute Leben auf Erden, wie es den im Rahmen der
jeweiligen Kultur und Gesellschaft definierten menschlichen
Bedürfnissen entspricht, auf das diese Religionen abzielen,

sondern die Verwirklichung eines davon unterscheidbaren Heilsinteresses. Die Verfolgung dieses Heilsinteresses ist in der Regel an einen Verhaltenskodex und an diesem zugrundeliegende letzte Werte gekoppelt, die es in der alltäglichen Lebensführung und sozialen Interaktion zu verwirklichen gilt. Da diese aber tendenziell mit pragmatisch-innerweltlichen Interessen konfligieren, entsteht so ein relativ autonomer, von Macht- und Versorgungsinteressen unterscheidbarer Interessenbereich. Aus dieser Weberschen Perspektive tragen alle Gesellschaften heilsreligiöser Prägung zumindest ein potentielles Spannungsverhältnis zu Politik, Wirtschaft und nichtreligiöser Kultur (bildender Kunst, Musik, Theater, Wissenschaft, Erotik) in sich.

In der Praxis vermischen sich die verschiedenen institutionalisierten Interessen und subjektiven Motive freilich, was aber kein Argument dafür sein kann, auf diese analytischen Unterscheidungsleistungen zu verzichten. Zudem entwickeln alle Erlösungsreligionen im Verlauf ihrer Geschichte, die nicht zuletzt eine Geschichte von Gruppenkonflikten und Machtkämpfen ist, ein vielfältiges Repertoire von möglichen Beziehungen zwischen Religion und Politik, das die jeweiligen Siege, Niederlagen und Kompromisse zwischen den Vertretern der verschiedenen institutionellen Ordnungen und Interessen reflektiert. Aus meiner Sicht handelt es sich dabei um einen historisch offenen Prozeß; alle Traditionen können ihr Repertoire ständig erweitern, aber auch einengen.[2]

Vergleicht man die beiden hier kurz skizzierten Ansätze, so bewährt sich der Durkheimsche vor allem in der Analyse der politischen Systemen zugrundeliegenden normativen Ordnung, des unterschwellig sakralen Charakters von Politik und seiner öffentlich-zeremoniellen Inszenierung. Will man jedoch eher die Eigentümlichkeit der Verbindung und Verschmelzung von Religion und Politik als zweier relativ unabhängiger Ideen-, Interessen- und Institutionenkomplexe verstehen, so erscheint mir der Webersche Ansatz besser geeignet. Nimmt man die Konzeption einer Politisierung von Religion nämlich ernst und spitzt sie idealtypisch zu, so geht es dabei eben weder um den »sakralen« Charakter von Politik, noch um die Diffusion religiöser Werte in politische Institutionen und Prozesse, noch um die legitimatorischen Funktionen von Religion für politische Herrschaft und Verfassungen. Vielmehr handelt es sich um eine Politisierung von Heilsinteressen, oder genauer, um die Deutung politischen Geschehens im Sinne heilsgeschichtlicher Szenarien sowie um ein darauf basierendes aktives Eingreifen in politische Prozesse.

Eine solche Unterordnung und Aneignung von Politik durch Religion sollte vor allem deshalb von anderen Arten der Verschmelzung unterschieden werden, weil sie einen klar unterscheidbaren Typ sozialen Bewußtseins, sozialer Interessenlagen und sozialen Handelns hervorbringt, der allen drei Arten von Säkularisierungsprozessen zuwiderläuft sowie die drei »Arenen« moderner Gemeinwesen wieder entdifferenziert. Wie José Casanova überzeugend gezeigt hat, haben in modernen westlichen Gesellschaften nahezu alle Bekenntnisse unter Einschluß der katholischen Kirche sowohl die institutionelle Differenzierung der Religion als auch die damit verbundenen Spielregeln akzeptiert, religiösen Überzeugungen im Bereich der Zivilgesellschaft, nicht des Staates oder der politischen Parteien, öffentliche Wirksamkeit zu verschaffen.[3]

In diesem Sinne findet im Zentrum moderner Gesellschaften westlichen Typs eine genuine Politisierung von Religion in der Regel nicht statt. Statt dessen treffen wir auf eine wechselseitige Durchdringung bei weitgehender Respektierung der institutionell differenzierten Sozialordnung. Bestimmte Zustände und Ereignisse werden freilich auch hier religiös gedeutet und bewertet. Aber diese Stellungnahmen werden nicht in Form heilsreligiöser Szenarien in den politischen Meinungsbildungsprozeß hineingetragen. Religion als Heilsgeschichte verbleibt im Kontext der Überzeugungen von Glaubensgemeinschaften oder des Individuums und wird in den öffentlichen Diskurs wesentlich in Form ethischer Richtlinien oder moralischer Grundwerte eingebracht. Diese tendenzielle Respektierung der modernen differenzierten Sozialordnung zeigt sich selbst im jüngsten Kruzifix-Streit in Deutschland, in dem erstaunlicherweise gerade die Vertreter religiöser Bekenntnisse darauf beharren, daß es sich beim Kruzifix nicht um ein religiöses, sondern um ein generell kulturelles Symbol handele. Eine solche Argumentationsstrategie scheint zu akzeptieren, daß rein konfessionelle Symbole in öffentlichen Institutionen tatsächlich fehl am Platze wären.

Eine genuine Politisierung von Religion ist im modernen Westen generell selten geworden. Und dies trifft in noch verstärktem Maße in Gesellschaften zu, die vom Luthertum oder vom Katholizismus geprägt sind, weil die bürokratischen Strukturen und Gesinnungen dieser Großkirchen solch charismatischer (prophetischer, messianischer oder millenarischer) Verschmelzung von Religion und Politik mit Argwohn gegenüberstehen. Diese ablehnende Haltung hat auch auf die Sozialwissenschaften abgefärbt, die ihre Berührungsängste mit solchen Phänomenen oftmals durch Ignorieren, Rationalisieren oder Verdrängen ins Irrationale ausdrücken.[4] Sie tendieren deshalb dazu, soziale Bewegungen, welche Religion genuin politisieren, entweder utilitaristisch mißzuverstehen, sie als Erscheinungsformen falschen Bewußtseins und der Interessenverkennung zu deuten, oder aber sie als psychopathologisch auszugrenzen. Ich halte es hingegen für geboten und möglich, auch in solchen Fällen die Perspektive der Handelnden verstehend zu rekonstruieren und diese subjektive Dimension zu einem konstitutiven Bestandteil der Erklärung zu machen. Dazu bedarf es freilich eines neuen Verständnisses des Spezifikums der Politisierung von Religion.

Ich sehe dies in zwei zentralen Bestandteilen: Im Prozeß
einer genuinen Politisierung von Religion wird zum einen die
institutionelle Differenzierung von Politik und Religion aufgehoben. Es gibt für die Anhänger solcher Bewegungen keinen ethischen Pluralismus im Sinne einer unterschiedlichen
ethischen Regelung verschiedener gesellschaftlicher Subsy-
steme. Zum anderen wird von ihnen die Religion auch nicht
nur als Ethik und Moral, sondern wieder als positive Offen-
barungsreligion verstanden. Die Politisierung von Religion
bedeutet hier folglich eine Deutung geschichtlichen Geschehens als Heilsgeschehen und es ist diese heilsgeschichtliche
Deutung und Dramatisierung geschichtlichen Geschehens
und der darauf basierende politische Aktivismus, den ich im
eigentlichen Sinne als Politisierung von Religion bezeichne.
Die so verstandene Politisierung von Religion verdient unsere
spezielle Aufmerksamkeit, weil sie eine Sicht der Welt und
ihrer Geschehnisse darstellt, welche von der Weltsicht der
westlichen Moderne abweicht, aber dennoch durchaus ver-
stehbar und erklärlich ist. Sie ist nicht nur politisch bedeutsam, weil sie weltweit an Boden gewonnen hat, sondern auch
soziologisch interessant, weil sich aus ihr grundlegende Unterschiede der Weltanschauung, der Bewertung von Ereignissen und Institutionen, der sozialen Identitätsbildung und Interessendefinition sowie des generellen sozialen Verhaltens
ergeben.[5]

2. Zur Identität fundamentalistischer Bewegungen

Ich werde diesen Prozeß einer genuinen Politisierung von
Religion im folgenden anhand der Beispiele des protestantischen Fundamentalismus in den Vereinigten Staaten der
1920er Jahre sowie des schiitischen Fundamentalismus im
Iran der 1960er und 70er Jahre illustrieren.[6] Bei meiner Ana-

lyse konzentriere ich mich weniger auf die Glaubensinhalte, in denen sich die Politisierung von Religion konkret ausdrückt[7], als vielmehr auf die Genese einer Trägerschaft, für die eine solche heilsgeschichtliche Dramatisierung plausibel ist.

Klassenkulturen und Kulturmilieus

Ansätze, die soziale Bewegungen erklären, ohne sie subjektiv verstehen zu wollen, deduzieren oftmals Handlungsmotive aus ihrer sozialstrukturellen Analyse, wobei gerne dann »unbewußte« Motive unterstellt werden, wenn empirische Evidenz fehlt. Obgleich die Existenz unbewußter Motive hier nicht in Abrede gestellt werden soll, gehe ich davon aus, daß eine solche Argumentation nur dann legitim ist, wenn sie nicht beliebig zugeschrieben werden kann. Wenn es von vornherein schon immer feststeht, daß sich ein Phänomen »natürlich« nur aus dem Kapitalismus, Kolonialismus oder Vaterkonflikt erklären lasse, kann von wissenschaftlicher Erklärung wohl keine Rede sein. Eine Deutung, die unbewußte Motive reklamiert, sollte Handlungssinn und -motive nicht einfach aus der sozialen Lage der Betroffenen, so wie sie der Sozialwissenschaftler sieht, deduzieren, sondern zunächst einmal unabhängig voneinander die soziale Lage einerseits und das subjektive Selbstverständnis andererseits analysieren. In einem dritten Schritt kann man dann eine sozialwissenschaftliche Erklärung versuchen, indem man beide Dimensionen systematisch aufeinander bezieht.[8]

Um eine solche Vorgehensweise zu ermöglichen, unterscheide ich zwischen Klassenkulturen und Kulturmilieus: Begriffe, die sich aus der analytischen Trennung zwischen der sozialen Zusammensetzung einerseits und der kulturellen Selbstdeutung andererseits ergeben. Ich spreche von *Klassenkulturen,* sofern die Gruppenformation auf der faktischen Homogenität sozialökonomischer Positionen beruht und die

Gruppenidentität dies ausdrückt. Die Kultur ist dann ein bewußter Ausdruck der sozialen Bedingungen und Ideale einer Klasse, die sich selbst als durch geteilte Interessen, gemeinsames Schicksal, Solidaritätszumutung und geteilte Ideale einer zukünftigen Sozialordnung vereint wahrnimmt.

Von *Kulturmilieus* spreche ich, wenn die Selbstdeutung einer Gruppe primär auf außerökonomischen Kriterien beruht, wie z. B. dem Glauben an nationale, ethnische, regionale, geschlechtliche oder religiöse Zusammengehörigkeit. Solche Milieus können entweder sozioökonomisch homogen oder heterogen zusammengesetzt sein. Der Begriff *klassenhomogen* beschreibt Gruppenformationen, deren Mitglieder sich aus vornehmlich einer Klasse rekrutieren, deren Identität sich aber aus anderen als sozioökonomisch definierten Interessen, Schicksalserfahrungen und Solidaritätserwartungen ableitet. Ein gutes Beispiel für ein solches Milieu stellt die frühe Pfingstbewegung in den USA dar, die zwar als ethnisch heterogene Unterschichtbewegung begann, sich aber als Avantgarde religiös Berufener jenseits sozioökonomischer Grenzen verstand. Der Begriff *klassenheterogener* Milieus schließlich dient der Umschreibung von Gruppenformationen, die sowohl ihrer kulturellen Selbstdeutung nach anderen als sozioökonomischen Kriterien folgen, als auch aus einer Vielzahl von Klassen und Klassensegmenten zusammengesetzt sind.

Die Bedeutung dieser Unterscheidungen liegt darin, daß sie die subjektiven Voraussetzungen der jeweiligen Vergesellschaftungsgrundlagen sowie die daraus folgenden Identitäten, Interessen und Handlungslogiken ernst nehmen und systematisch in die Interpretation mit einbeziehen. Wir verstehen Gruppenbildungen nicht, wenn wir ihr Selbstverständnis nicht ernst nehmen. Und wir erklären Gruppenbildungsprozesse nicht, wenn wir nicht die tatsächliche soziale Zusammensetzung und die kulturelle Selbstdeutung systematisch aufeinander beziehen und kontextualisieren. Es ist wenig überzeugend, klassenhomogene Milieus als sich selbst mißverstehende Klassenkulturen zu deuten. Und es ist natürlich noch weit problematischer, klassenheterogene Milieus durch Kunstgriffe in Klassenkulturen umzufrisieren. Weder sind Klassenkulturen der Normalfall und deshalb nur Kulturmilieus erklärungsbedürftig, noch ist das Umgekehrte der Fall. Was statt dessen vonnöten ist, ist eine Analyse der sozialen Bedingungen, welche entweder die Genese von Klassenkulturen oder von Kulturmilieus begünstigen. Bei allen mir bekannten fundamentalistischen Bewegungen handelt es sich um Kulturmilieus im definierten Sinne. Sowohl der protestantische Fundamentalismus in den USA der 1920er Jahre als auch der schiitische im Iran der 60er und 70er Jahre stellt ein klassenheterogenes Milieu dar.

Fundamentalismus als Innovation

Generell muß fundamentalistische Gruppen- und Identitätsbildung als ein innovativer historischer Prozeß angesehen werden. Fundamentalismus entsteht aus einem Spannungsfeld zwischen Traditionalismus und Modernismus, auf das er in ideologischer wie sozialer Hinsicht innovativ reagiert. Ideologisch inkorporiert der Fundamentalismus Aspekte beider, aber er transformiert sie zugleich in eine neue Synthese. Sozial stellt der Fundamentalismus einen wesentlichen Kristallisationspunkt in einem gesellschaftlichen Umstrukturierungsprozeß dar. Hier formiert sich ein *neues* Milieu, in das sich unterschiedliche Klassensegmente integrieren.

Ideologisch gesehen ist der Fundamentalismus nicht bloßer Traditionalismus, sondern reflexiver, radikalisierter, manchmal sogar revolutionärer Traditionalismus. Und er enthält etliche Elemente, die als »erfundene Tradition« bezeichnet werden können. Ausgangspunkt ist die Herausforderung des Traditionalismus durch modernistische Wandlungsprozesse.

Der Versuch, den Traditionalismus zu verteidigen, zwingt zur Reflexion über das Gewohnte, Althergebrachte, Gegebene. Dies resultiert in der Formulierung einer Ideologie, im Sinne eines komplexen Systems der Erklärung, Legitimation, Abgrenzung und Agitation.

Ein zentraler Stellenwert kommt darin der heilsgeschichtlichen Deutung der gesellschaftlichen Umwälzungsprozesse zu, die wesentlich zur Identitätsbildung, sozialen Differenzierung, sozialpsychologischen Einstellung und emotionalen Einstimmung beiträgt. Zugleich politisiert sich die fundamentalistische Ideologie auch durch Bezug auf andere Ideologien, wie Nationalismus, Liberalismus, Marxismus oder Feminismus. Wie immer man Fundamentalismus betrachten mag, er ist kein Überbleibsel früherer Zeiten, sondern stets ein Reflex gegenwärtiger sozialer Spannungen, Konflikte und Strukturwandlungen. Die fundamentalistische Identitätsbildung erfolgt negativ durch soziale Abgrenzung und Gesellschaftskritik, positiv durch Selbstdefinition, Ausformung einer spezifischen Lebensführung und deren Institutionalisierung sowie übergreifend durch eine heilsgeschichtliche Dramatisierung politischen Geschehens. Ich wende mich hier zunächst der negativen Abgrenzung in Form fundamentalistischer Gesellschaftskritik zu.

Identitätsbildung durch Gesellschaftskritik

Das durchgehende Thema fundamentalistischer Gesellschaftskritik ist der moralische Verfall. Ihre Pamphlete und Reden ergehen sich in Klagen über den Zerfall der Familie, Ehescheidungen, Ehebruch, Prostitution, Homosexualität, Pornographie, Geschlechtskrankheiten, Alkoholismus, Glücksspiel. Diese Fixierung auf sozialmoralische und speziell sexualmoralische Themen ist kennzeichnend für fundamentalistische Bewegungen auch jenseits des Protestantismus und Islam. Der zweite große Themenkomplex fundamentalistischer Gesellschaftskritik ist der religiöse Identitätsverlust der Nation: Iran sei kein islamisches Land mehr, die USA keine christliche (d. h. protestantische) Nation. Auch dieses Thema ist übergreifend und findet sich gleichfalls im singhalesischen Buddhismus wie auch im radikalen Hinduismus.

Was haben diese beiden Themenkomplexe mit fundamentalistischer Identitätsbildung und mit Geschichtsbewußtsein zu tun? Diese Verfallsprozesse werden nicht als unbeabsichtigte Nebenfolgen sozioökonomischer, politischer und kultureller Wandlungsprozesse verstanden, sondern als beabsichtigte Unterminierung gesellschaftlicher Strukturen und Moral, die konkreten Gruppen und Agenten angelastet werden kann. In erster Linie kommt die Korruption stets von außen und muß dies auch, da die religiös geprägte staatliche Gemeinschaft eigentlich »rein« sei. Im Falle der USA zur Zeit des Ersten Weltkrieges stammte diese Verunreinigung aus Deutschland durch eine Mischung aus importierter Bibelkritik, Nietzsche-Philosophie und Bierbrauerei; daneben durch katholische und jüdische Einwanderer aus Ost- und Südeuropa. Im Falle des Iran der 60er und 70er Jahre war es der Westen, der intellektuell und sozialmoralisch das Land vergifte, vor allem die USA, Israel, aber auch der Marxismus.

Die Korruption werde aber stets durch einheimische Agenten verbreitet, die im Dienste des äußeren Feindes stünden. Damit erhält die Gesellschaftskritik eine spezifischere Funktion, indem sie einen zentralen innergesellschaftlichen Gruppenkonflikt anspricht. Die identitätsbildende Funktion liegt nun in der Art, wie die Abgrenzung gesellschaftlicher Gruppen erfolgt. Die Grenzziehung erfolgt primär durch kulturelle, sozialmoralische Kriterien der Lebensführung und idealen Ordnungsvorstellungen, die weniger mit Klassengrenzen als vielmehr mit Milieugrenzen zusammenfallen. Vier größere Gruppen werden in der Regel als Gegner identifiziert: zum einen die neue politische Klasse, die das Produkt eines neuen Typs universitärer Bildung darstellt; zum zweiten Angehörige der neuen Ober- und oberen Mittelschicht, oftmals konsumorientierte Neureiche; zum dritten Intellektuelle, Schriftsteller, Journalisten, Professoren, Lehrer, die klassischen »Vergifter der Jugend« und »Gotteslästerer«; und zum vierten Minoritäten, Juden und Katholiken in den USA, Juden und vor allem Bahai im Iran.

Mit anderen Worten: es sind die politischen Agenten des Wandels – Befürworter und Praktiker der Säkularisierungspolitik, Politiker, Bürokraten und Verfassungsrichter –, die die Trennung zwischen Staat und Religion vorantreiben, Privilegien entziehen, lokale Autonomien abschaffen, Märkte öffnen. Es sind weiterhin die ökonomischen wie kulturellen Gewinner dieser Umstrukturierungsprozesse: einerseits die Neureichen und Profiteure der Gründerjahre, andererseits die neue intellektuelle Elite, die sich von der alten religiösen Elite abgrenzt. Im Falle der USA wie des Iran werden vor allem diese Gruppen für den sozialmoralischen Verfall wie für den Säkularisierungsprozeß verantwortlich gemacht. All diese Gruppen hätten sich außerhalb der religiös definierten Gemeinschaft begeben. Sie bilden das modernistische Milieu, gegen das sich der Fundamentalismus konstituiert und organisiert.

Identitätsbildung durch Lebensführung
Die fundamentalistische Identitätsbildung findet zwar in Abgrenzung von anderen Gruppen statt, ist aber keineswegs nur negativ bestimmt. Vielmehr ist gerade auch die positive Definierung einer idealen Sozialordnung sowie einer frommen Lebensführung von zentraler Bedeutung für die fundamentalistische Milieubildung. Obgleich natürlich die Lebensführungsideale verschiedener fundamentalistischer Gruppierungen erheblich variieren, teilen die meisten Bewegungen einen Grundzug. Nahezu alle betonen die alleinige Legitimität pa-

triarchaler Autorität und einen gottgewollten Geschlechter-
dualismus.[9] Mann und Frau seien unterschiedlich geschaffen,
weil sie füreinander geschaffen seien. Ausdruck dieser Schöp-
fungsteleologie sei die Familie als eine heilige Institution. Die
Frau sei dem Mann untertan. Die gottgewollte Funktion der
Frau sei das Gebären und Aufziehen von Kindern, ihre natürliche Sphäre die häusliche. Die gottgewollte Funktion des
Mannes sei die des Erzeugers, Beschützers und Ernährers.

Ein weiterer Grundzug des fundamentalistischen Lebens-
führungsideals ist seine asketische Zurückweisung der modernen Konsum- und Freizeitkultur. Diese erklärt sich keineswegs primär, wie oft suggeriert wird, mit finanziellen Gründen. Vielmehr stehen auch hier sozial- und sexualmoralische
Fragen im Vordergrund. In Abgrenzung davon kreiert der
Fundamentalismus seine eigene Konsum- und Freizeitkultur, die sich in spezifischer Kleidung, Haartracht, Nahrung
symbolisiert und zur Schaffung eines spezifischen Habitus
beiträgt. Eine besondere Rolle für die positive Gestaltung
fundamentalistischer Identität spielt die religiöse Freizeitge-
staltung, die oftmals einhergeht mit der Schaffung weiterer
Institutionen von Kindergärten über Schulen bis zu Restaurants und Läden für den alltäglichen Bedarf. All dies trägt zur
Schaffung einer partikularistischen Identität in kognitiver
wie emotionaler Hinsicht bei; es fördert die Abgrenzung von
anderen sozialen Gruppen und stützt die Institutionalisierung patriarchalischer Autoritätsstrukturen.

Auch im Hinblick auf Vorstellungen einer idealen Sozialordnung lassen sich Grundmuster fundamentalistischen
Denkens feststellen, die zur positiven Identitätsbildung beitragen. Ich will hier zur Verdeutlichung nur kurz auf das
Verhältnis des Fundamentalismus zu Nationalismus und Demokratie eingehen. Bezüglich des Nationalismus zeigen sich
beträchtliche Unterschiede zwischen fundamentalistischen
Bewegungen. Man findet unter ihnen sowohl religiösen Na-

tionalismus wie auch Universalismus. In beiden Fällen zeigt sich jedoch ein deutliches Spannungsverhältnis zum säkularen Nationalismus westlich modernen Typs. Im speziellen Falle des protestantischen Fundamentalismus in den USA und des schiitischen im Iran steht zumindest anfangs ein religiöser Universalismus im Vordergrund, der jedoch zunehmend im Sinne einer exemplarischen Verwirklichung universaler Ideale in einem Lande interpretiert wird.[10]

Auch das Verhältnis zur Demokratie ist spannungsreich, in der Regel feindselig. Oberflächlich gesehen, bedient sich der Fundamentalismus oftmals demokratischer Wahlen, um Machtpositionen zu erobern. Sein positives Gesellschaftsideal ist jedoch die Implementierung der göttlich gebotenen Ordnung, weshalb in der Regel eine republikanische Verfassung vertreten wird. Da die Wahrheit als bekannt vorausgesetzt wird und Kompromisse nicht geduldet werden, kann Demokratie nur als Mittel der Implementierung einer absoluten Wahrheit, nicht zur Findung einer relativen Wahrheit dienen. Fundamentalisten sind niemals Demokraten aus Prinzip, sondern stets nur aus Opportunität.

Will man Lebensführung und Sozialutopie in ihrer prägenden Wirkung auf die fundamentalistische Identitätsbildung gegeneinander abwägen, so kann man vielleicht den Praktiken frommer Lebensführung eine größere *Breiten*wirkung zumessen, während die idealen Ordnungsvorstellungen innerhalb der intellektuellen Kader von stärkerer Bedeutung sein mögen. Beide Aspekte werden aber meines Erachtens durch die heilsgeschichtliche Dramatisierung der Moderne in signifikanter Weise integriert und zugespitzt.

Die heilsgeschichtliche Dramatisierung der Moderne

Ein Großteil der Dynamik und der Radikalität des Konfliktes zwischen modernistischem und fundamentalistischem Milieu speist sich aus der Einbettung von Idealen und Praktiken frommer Lebensführung und sozialer Ordnung in ein heilsgeschichtliches Szenarium, welches dem modernistischen Zukunftsszenarium materiellen Fortschritts und zunehmenden Wohlstandes ein fundamentalistisches Szenarium spirituellen, moralischen und heilsgeschichtlichen Verfalls entgegenstellt. Dieses Gegenszenarium wirkt nicht nur auf der kognitiven Ebene kultureller Deutungsmuster, sondern verankert zugleich unterschiedliche psychologische Einstellungen und Erwartungen und verkörpert ein neues Ethos.

Dem anthropozentrischen Geschichtsbild zunehmender Verwirklichung von Modernität, Aufklärung, Wirtschaftswachstum sowie menschlicher Autonomie und Weltbeherrschung wird ein theozentrisches Weltbild entgegengestellt, in welchem die moderne Geschichte als Degeneration erscheint, als Abfall von den Ordnungsprinzipien des ewigen, offenbarten, göttlichen Gesetzes. Die Rettung liegt nicht in der Zukunft, sondern in der Rückkehr zu den gottgegebenen Grundlagen der Vergangenheit. Der jeweils aktuelle Konflikt ist demzufolge auch kein wirtschaftlicher oder politischer Interessenkonflikt im Sinne eines ökonomischen Verteilungskampfes oder eines systemimmanenten Machtkampfes, sondern ein apokalyptischer Kampf zwischen den göttlichen und den satanischen Mächten. Es geht nicht um Menschengeschichte, sondern um Heilsgeschichte, in der Kompromiß und Pluralismus nicht Tugend, sondern Verderbnis bedeuten. Gemäß den traditionellen messianischen und millenarischen Erwartungen im schiitischen Islam wie im protestantischen Sektentum wird die Wendung zum Besseren letztlich durch einen Heiland gebracht, der die gerechte Ordnung etabliert. Im Zuge der Politisierung der heilsgeschichtlichen Erwartungen werden jedoch in beiden Fällen die Menschen aufgerufen, auf dieses Ereignis nicht mehr quietistisch zu warten, sondern sich aktiv an diesem Prozeß zu beteiligen.[11] Erst damit erlangt das heilsgeschichtliche Szenarium seine volle dramatische

Wirkung in der Öffentlichkeit, eine Wirkung, die es zuvor lediglich im Innern des einzelnen Gläubigen bzw. der Glaubensgemeinschaft besaß.

Mit dieser heilsgeschichtlichen Umkehrung anthropozentrisch-modernistischer Geschichtserwartung und deren aktiver Politisierung erhält das fundamentalistische Milieu eine spezifische Identität, welche es klar von anderen Gruppenbildungen trennt. Es ist vor allem dieses Szenarium mit seiner radikalen Umwertung der modernistischen Werte, das zu einer spezifisch fundamentalistischen Deutung historischer Ereignisse und Prozesse führt und die Welt wiederverzaubert oder, vielleicht besser, die Geschichte als Wiederholung eines Mythos versteht. Nicht zuletzt darauf beruht meines Erachtens das Radikalisierungspotential fundamentalistischer Zeloten bis hin zur Selbstaufopferung.[12]

3. Symbolische Integration und heilsgeschichtliche Dramatik

Aus Raumgründen verzichte ich hier auf eine detailliertere Analyse der sozialen Zusammensetzung verschiedener fundamentalistischer Milieus.[13] Interessanter als die empirische Frage nach der sozialen Zusammensetzung ist freilich die nach den Methoden und Mechanismen, die Personen von recht unterschiedlicher sozialer Herkunft und diversen pragmatischen Alltagszusammenhängen in ein neues Milieu integrieren und mit einem neuen Habitus versehen. Fundamentalismus als ein klassenheterogenes Milieu entsteht schließlich nicht durch spontane Interaktion von Gleichgesinnten. Vielmehr findet die Milieubildung durch Institutionalisierung praxisrelevanter Ideologie sowie ideologisch signifikanter Praxis statt, welche zusammen den klassenübergreifenden Zusammenhalt schaffen, verstärken und reproduzieren.

Trotz neugeschaffener Identität und umgeformtem Ethos ist jedoch anzunehmen, daß die fundamentalistische Ideologie für Menschen heterogener sozioökonomischer, demographischer und kultureller Herkunft unterschiedliche Bedeutungsgehalte zumindest für eine gewisse Zeit mittransportiert. So mag »Ungerechtigkeit« von Mitgliedern der traditionellen Mittelklassen assoziiert werden sowohl mit dem Verlust ihrer kulturellen Vorbildfunktion als auch privilegierter Marktchancen. Mitglieder der modernen Mittelschicht mögen dabei eher an enttäuschte Aufstiegserwartungen denken. Und vorindustrielle Arbeiter verbinden damit vielleicht primär die Unpersönlichkeit und den als inhuman empfundenen größeren Zeitdruck großindustrieller Arbeitsbedingungen. Diese unterschiedlichen Konnotationen mögen erhalten bleiben, jedoch werden die jeweiligen Erfahrungen, Erwartungen, Beschwerden und Hoffnungen umgedeutet, in heilsgeschichtlicher Perspektive reinterpretiert und neu symbolisiert. Durch Ideologie, Symbole und geteilte Lebensführungspraxis findet eine Homogenisierung des Milieus statt, welche die herkömmliche, weit stärker sozialökonomisch bestimmte Identität modifiziert und transformiert.

Natürlich stellt sich hier die Frage, ob in diesem Prozeß der Milieubildung nicht am Ende doch Klasseninteressen oder ein klassenspezifischer Habitus dominant werden. Auf der einen Seite könnten die Organisatoren und Sprecher des Fundamentalismus in der Lage sein, ihre Weltanschauung und Interessen dem Milieu aufzuprägen. Und selbst wenn dies nicht der Fall wäre, könnten doch zumindest die Ideale der Lebensführung klassenspezifisch geprägt sein. Es empfiehlt sich deshalb, einen genaueren Blick auf die Ebenen der Führung wie der Lebensführungsideale zu werfen.

Ohne Zweifel haben Organisatoren und Repräsentanten des fundamentalistischen Milieus einen strategischen Vorteil gegenüber einfachen Mitgliedern, ihre Ideen und Interessen geltend zu machen. Und die Führung des Fundamentalismus entstammt tatsächlich überwiegend der Mittelschicht. Dennoch sollte man daraus nicht zu schnell Schlußfolgerungen ziehen. Selbst wenn die Führung relativ homogen wäre, müßte sie, um legitim zu sein, erhebliche Kompromisse mit den Interessen der breiten Anhängerschaft schließen. Darüber hinaus kann man die Führung wohl kaum als homogen im Sinne geteilter Klasseninteressen bezeichnen. Auf der einen Seite ist die Mittelschicht in sich selbst äußerst heterogen. Sie besteht aus Handwerkern, Händlern, Predigern, Lehrern, Ingenieuren, Regierungsangestellten usw., die darüber hinaus noch von unterschiedlichster sozialer, regionaler, kultureller und demographischer Herkunft sind. Da gibt es Lehrer aus Handwerkerhaushalten, Prediger von bäuerlicher Herkunft, Bürokraten aus Händlerfamilien usw. Diesen allen ein gemeinsames Klasseninteresse oder gar von Haus aus den gleichen Habitus zuzuschreiben, kann also nicht überzeugen. Mehr mag man sich deshalb von einem Blick auf die Lebensführungsideale versprechen. Und tatsächlich zeigen diese, im Gegensatz zur heterogenen Zusammensetzung, eine nicht unerhebliche Prägung durch die traditionale Mittelschicht. Doch auch diese Charakterisierung sollte mit Vorsicht erfolgen. Sind es wirklich die alten Lebensführungsideale der traditionalen Mittelschicht? Oder ist es eher deren Wiedererfindung in idealisierter und radikalisierter Form angesichts der Erfahrung ihrer Erosion?

Hier zeigt sich erneut, daß der Fundamentalismus kein bloßer Traditionalismus, sondern neudefinierter und radikalisierter Traditionalismus ist. Denn es läßt sich nachweisen, daß der Fundamentalismus in wesentlichen Punkten über den Traditionalismus hinausgeht, diesen neu interpretiert, verengt, radikalisiert. Auch wenn sich also der Fundamentalismus in wesentlichen Aspekten aus dem traditionalistischen Mittelschichtsmilieu heraus entwickelt, so repräsentiert er dennoch nicht mehr die Lebensführung und Ideale der traditionellen Mittelschicht, sondern die eines neu geformten klassenheterogenen Milieus. Freilich bestand in der ersten Generation von Fundamentalisten noch historische Kontinuität mit dem Milieu der traditionalistischen Mittelschicht und ihrer Lebensführung, obgleich es sich schon teilweise im Prozeß der Desintegration befand. Viele Repräsentanten und Anhänger entstammten noch selbst diesem Milieu oder waren mit ihm zumindest vertraut. Für spätere Generationen handelt es sich jedoch zunehmend um eine abstrakte Idealisierung einer verlorengegangenen Lebensweise, vergleichbar der Idealisierung des Mittelalters in der romantischen Reaktion gegen die Französische Revolution.

Heilsgeschichtliche Dramatisierung von Politik
Wenn man dieser Perspektive folgt, macht es wenig Sinn, weiter nach verborgenen Klassendimensionen im fundamentalistischen Milieu zu suchen, um es letztlich doch als Vehikel zum Transport von Klasseninteressen zu »entlarven«. Jedoch ist damit die Konstituierung des fundamentalistischen Milieus noch keineswegs erklärt. Wie ist es möglich, daß Menschen so relativ unterschiedlicher Herkunft sich zu einem neuen Milieu formieren, das sich primär religiös definiert und sein Handeln an einer heilsgeschichtlichen Dramatisierung von Politik orientiert? Und wie kommt es, daß im Unterschied zu religiösen, ethnischen oder »rassischen« Minoritäten diese neue Milieubildung nicht wesentlich von außen, also durch staatlichen oder gesellschaftlichen Druck oktroyiert wird? Auf diese komplexen Fragen kann ich hier nur eine recht vorläufige Antwort geben, die sich auf die beiden Beispiele fundamentalistischer Bewegungen bezieht.

Erstens kreieren Prozesse politischer Zentralisierung und Säkularisierung ein komplexes Potential von Entfremdeten. Auf der einen Seite entfremdet die staatliche Säkularisie-

rungspolitik all diejenigen, welche mit dem traditionalistischen religiösen Milieu wert- und interessemäßig verbunden
sind. Auf der anderen Seite unterminiert die politische wie
wirtschaftliche Zentralisierung und Bürokratisierung lokale
und regionale Autonomie und marginalisiert breite Schichten
der Bevölkerung. Der Fundamentalismus bietet einen organi-
satorischen Rahmen sowie eine alternative Lebens- und Be-
wußtseinsform, die solche Erfahrungen thematisiert und in
einen komplexen Erklärungszusammenhang bringt und zugleich sozialen Raum für eine Gegenkultur schafft, durch
welche die traditionellen Werte an die nächste Generation
weitergegeben werden können.

Zweitens beseitigt der Fundamentalismus kognitive und
soziale Widersprüche, Konflikte und Konfusionen bezüglich
der sozialen Identität und Interessendefinition, welche sich
aus den dramatischen sozialen Wandlungsprozessen und
ihrer hohen Geschwindigkeit ergeben haben. So kann z. B.
durch plötzliche soziale Umschichtungsprozesse (in Form
aufsteigender, absteigender, horizontaler und demographischer Mobilität) die Definition der eigenen Identität, der
sozialen Zugehörigkeit und Interessenlage überaus schwierig
werden: Bestimmen sich die Interessen nach sozialer Herkunft, gegenwärtiger Position oder angestrebter zukünftiger
Lage? Wem schuldet man Solidarität: seinen sozialen Ursprüngen, seinen gegenwärtigen Schicksalsgenossen oder seinem imaginierten künftigen Umfeld? Wenn alte Bindungen
nicht mehr hinreichend stark und neue noch nicht hinreichend gewachsen sind, kann eine Weltanschauung wie die
fundamentalistische die Spannungen lösen und überwinden,
indem sie diese theoretisch wie praktisch als obsolet erweist.

Drittens mag eine Deutung des Wandels als Degeneration
für all diejenigen plausibel sein, welche unter den dramatischen Wandlungsprozessen Schaden erlitten oder Enttäu-
schungen erlebt haben oder mit den gewandelten Sozialstruk-

turen und der normativen Regulierung von Beziehungen (vor allem auch zwischengeschlechtlicher Beziehungen) nicht zurechtkommen. Da die vorhersehbare gesellschaftliche Entwicklung kaum eine Umkehrung dieser Trends verspricht, da also die »Fortschrittsgeschichte« nicht auf der Seite dieser Enttäuschten ist, wird sowohl eine Idealisierung der Vergangenheit als auch die Hoffnung auf eine systemexterne Machtinstanz sinnvoll, welche den Unterdrückten und Beleidigten den Sieg verheißt. Dies führt einerseits zur Idealisierung der Lebensführung der traditionellen Mittelschicht und ihrer patriarchalischen Ordnungsprinzipien als Modell für die »gute alte Zeit«, andererseits zu einer heilsgeschichtlichen Dramaturgie, welche den Sieg dieser Lebensführung als der gottgewollten verheißt.

Es sind unter anderen diese drei Prozesse, welche die Rückkehr zu einer moralischen Ordnung der Gerechtigkeit, Frömmigkeit, patriarchalischen Autorität und Bescheidenheit für eine Vielzahl von Individuen und Gruppen attraktiv machen. Der modernistischen Utopie ununterbrochenen sozialen Fortschritts, Wohlstandes und individueller Selbstverwirklichung wird der fundamentalistische Degenerationsmythos entgegengesetzt.

Die heilsgeschichtliche Dramatisierung der Moderne ist kein Klassenkampf, weil sowohl das fundamentalistische wie das modernistische Milieu sozial komplex zusammengesetzt sind. Vielmehr handelt es sich um ein apokalyptisches Szenarium, in dem es nicht um Marktchancen, sondern um Lebensführungschancen geht, die zugleich als Heilschancen verstanden werden. Dabei entspricht die Komplexität des holistischen Gegenentwurfs dem Drama und Trauma der Transformationsprozesse. Die Antwort des Fundamentalismus liegt in einer radikalen Zurückweisung des modernistischen Wertrelativismus, von individualistischen Selbstverwirklichungs- und Fortschrittsutopien, wie auch modernen Tendenzen zur

Versachlichung und Bürokratisierung. Die idealen und teilweise auch die praktizierten Sozialbeziehungen des fundamentalistischen Milieus beruhen auf patriarchalischen und personalistischen Ordnungsprinzipien. Eingebettet sind diese Ordnungsvorstellungen und Praktiken in eine heilsgeschichtliche Dramatisierung der Moderne, die ganz wesentlich zur Gruppendifferenzierung beiträgt, indem sie mit dem Geschichtsbild auch Mentalität und Habitus, Interessendefinitionen und gefühlsmäßige Dispositionen neu strukturiert. Damit läßt sich die fundamentalistische Politisierung von Religion nach Form, Inhalt und Auswirkung von anderen Verschränkungen zwischen Politik und Religion, wie ich meine, klar und mit Erkenntnisgewinn unterscheiden.[14]

4. Fundamentalismus in Europa – Radikalismus der Mehrheit?

Läßt sich das hier anhand der Beispiele des protestantischen und schiitischen Fundamentalismus entwickelte Modell einer Politisierung von Religion auch auf die gegenwärtige Situation in Europa sinnvoll anwenden? Ich glaube, daß dies in der Tat der Fall ist, sofern man die möglichen Analogien nicht überinterpretiert und bei Prognosen den jeweiligen fördernden oder hemmenden Strukturbedingungen die nötige Aufmerksamkeit schenkt. Mir kommt es hier vor allem darauf an, die bisher wohl kaum thematisierten Potentiale eines endogenen Fundamentalismus in Europa anzudeuten.

Sofern man den Fundamentalismus nicht überhaupt als exotisches Fremdphänomen verdrängt hat, spricht man im europäischen Kontext davon primär mit Bezug auf muslimische Einwanderergruppierungen.[15] Geht man aber von dem oben entwickelten Modell aus, dann liegen die Potentiale für eine »fundamentalistische Gefahr« für die europäische politische Kultur ganz woanders, nämlich in endogenen Bedingungen. Der Fundamentalismus stellt sich in den skizzierten Beispielen als eine Defensivreaktion von Gruppen dar, welche den Verlust ihrer öffentlichen Dominanz oder ihre allmähliche Marginalisierung vor allem als kulturellen Erosionsprozeß, als Degeneration einer Zivilisation, als Zusammenbruch von Gerechtigkeit und Moral deuten und den so verstandenen Verfall in einen heilsgeschichtlichen Zusammenhang bringen. Dabei verschmelzen sie sich mit anderen Marginalisierten zu einem neuen klassenübergreifenden Milieu.

Eine Parallele zu diesem Szenarium läßt sich sowohl in West- wie in Osteuropa durchaus ziehen, und es wäre von Interesse, dem mit größerer Genauigkeit nachzugehen, als ich dies hier in der folgenden Skizze tun kann. Chancen für eine Formierung von fundamentalistischen oder diesen vergleichbaren Milieus sehe ich vor allem in drei Entwicklungen: zum einen als Reaktion auf die dramatischen politischen, wirtschaftlichen, sozialen und kulturellen Umwälzungsprozesse in Osteuropa; zum zweiten als Widerstand gegen Prozesse kultureller Pluralisierung, vor allem in den wohlhabenderen Industrieländern; sowie drittens als Zurückweisung der Interventionspolitik und des Zentralismus der Eurobürokratie. Ich skizziere hier lediglich die beiden erstgenannten Beispiele, bei denen ich es für wahrscheinlicher halte, daß sie eine *religiös*-fundamentalistische Form annehmen könnten.[16]

Der Verwestlichungsschock
Die Entwicklung in Osteuropa ist seit dem Umbruch von dramatischen Umstrukturierungsprozessen gekennzeichnet. Die Einführung parlamentarischer Demokratien, der Marktwirtschaft und westlicher Konsumkultur hat zu gewaltigen Umschichtungsprozessen und teilweise anomischen Zuständen geführt, die denen der iranischen Entwicklung der 1960er und 70er Jahre keineswegs nachstehen. Als Träger

einer dem Fundamentalismus vergleichbaren Milieubildung kommen mehrere Gruppierungen in Frage: untere und mittlere Ränge der alten kommunistischen Parteikader und des Militärs, religiös Konservative, die ältere Generation von Arbeitslosen und Rentnern sowie das »Lumpenproletariat«.

Die mittleren und unteren Ränge der alten kommunistischen Kader und des Militärs hatten es am schwersten, den Übergang in neue Machtpositionen zu schaffen. Sie haben, wenn nicht unbedingt Einkommensverluste, so doch einen enormen Prestigeverlust erlitten und wurden ihrer Macht sowie ihrer faktischen wie symbolischen Privilegien entkleidet.[17] Ökonomisch am härtesten von der Umschichtung betroffen wurde die ältere Generation der Arbeiter und Rentner. Viele sind frühzeitig arbeitslos geworden, andere können ihren Lebensabend nicht wie geplant von der erwarteten Rente bestreiten, müssen Gelegenheitsarbeiten wahrnehmen, Besitz verhökern, andere um Hilfe bitten oder betteln. Und schließlich sind es religiös und kulturell Konservative, denen sich die Gegenwart insgesamt als ein »Sodom und Gomorrha« von Kriminalität, Mafiastrukturen, Pornographie, Prostitution sowie Verschwendungssucht und Protz der Neureichen darstellt.

All den genannten Gruppen kann eine idealisierte Vergangenheit keineswegs zu Unrecht als »gute alte Zeit« erscheinen, in der »Gerechtigkeit«, »Recht und Ordnung«, »Sitte und Anstand« geherrscht hätten. Ob diese idealisierte Vergangenheit der Kommunismus ist, ein ethnischer Nationalismus, ein religiöser Nativismus oder eine Mischung aus diesen Elementen, hängt von den konkreten Strukturbedingungen der jeweiligen Länder ab sowie von den Intellektuellen, welche die Ideologiebildung besorgen und ihre Deutungen weitervermitteln, wobei sie sich an die Bedürfnisse, Erfahrungen und Stimmungen ihrer potentiellen Gefolgschaften anpassen.

Das Kreuz der Mehrheitskultur

Eine zweite Möglichkeit zu einer fundamentalistischen Milieu- und Ideologiebildung in Europa sehe sich in Reaktionen auf kulturelle Pluralisierungsprozesse. Vor allem in den reicheren europäischen Industrieländern findet seit Jahrzehnten – auch als Konsequenz von Immigration – ein zunehmender kultureller Pluralisierungsprozeß statt. Bisher hat sich dieser Prozeß wesentlich in informellen Gesellschaftsbereichen vollzogen, in der Umgestaltung von Wohnvierteln, dem Straßenbild, Restaurants und Geschäften, geänderten Konsum- und Freizeitgewohnheiten. Zentrale öffentliche Institutionen sind dagegen nach wie vor von der dominanten Kultur und deren Trägern geprägt geblieben.

Dieser kulturelle Pluralisierungsprozeß sowie die zunehmende Entfremdung breiter Schichten von den Kirchen hat in einer Reihe von Ländern das Bewußtsein dafür geschärft, wie halbherzig und inkonsequent die Trennung von Kirche und Staat vollzogen worden war. Vor allem in einigen von Luthertum oder Katholizismus geprägten Ländern besitzen die Kirchen eine Reihe von Privilegien, wie etwa Steuereintreibung durch den Staat, Steuervergünstigung oder Subventionierung ihrer Einrichtungen, Repräsentanz in öffentlichen Gremien, bis hin zur öffentlichen Anbringung religiöser Symbole in staatlichen Einrichtungen, wie Schulen, Gerichten, oder Krankenhäusern. Die jüngste Kontroverse über Kruzifixe in öffentlichen Schulen in Deutschland und Österreich ist dafür ein prominentes Beispiel.

Aus der langandauernden Verschränkung von Staat und Religion hat sich eine eigenartige Ambivalenz der religiösen Symbole entwickelt. Ursprünglich eindeutig religiös-konfessionelle Bedeutungsträger, haben sie im Zuge von Säkularisierungs- und Traditionalisierungsprozessen an spezifischer Bedeutung eingebüßt und sind »einfach da«, wie sie sich auch in der Popkultur, in Tätowierungen, Anhängern an golde-

271

nen Kettchen etc. unreflektiert verbreitet haben. In dieser Situation argumentieren religiös gebundene Befürworter von Kruzifixen in öffentlichen Schulen, daß es sich um ein generelles Symbol der abendländischen Kultur handele[18], während die Gegner es eher als spezifisch religiöses Symbol verstehen. Leicht übertrieben formuliert, vertreten die Gläubigen die Popversion des Kruzifixes, während die Atheisten es ernst nehmen. Beide Argumente haben strategische Implikationen. Als generelles Kultursymbol ist das Kruzifix auch Nichtchristen bzw. im Falle von Bayern und Österreich Nichtkatholiken zumutbar, als spezifisch religiöses Symbol jedoch nicht.

Obgleich sich die Debatte um Kruzifixe in öffentlichen Schulen zunächst nur als ein Problem einer unzureichenden Trennung von Kirche und Staat darstellt, scheint es mir sinnvoller zu sein, sie als Symptom eines weiterreichenden Strukturproblems zu verstehen, das in der generellen Pluralisierung der Kulturen besteht. Diese Sicht findet Unterstützung durch die Tatsache, daß vergleichbare Konflikte auch in Ländern wie den Vereinigten Staaten und Frankreich existieren, in denen die Trennung von Staat und Kirche weit konsequenter und rechtlich eindeutiger durchgeführt ist. So wird in den USA immer wieder die Abschaffung des Schulgebets in öffentlichen Schulen in Frage gestellt. Wie in der Kruzifix-Debatte versucht man auch hier, diesem den konfessionellen Charakter dadurch zu nehmen, daß man es in einen allgemein kulturellen Akt umzudeuten versucht. Und Frankreich hat gleichermaßen Konflikte über religiöse Symbole erlebt, wie etwa die Kontroverse über das Tragen von Kopftüchern in öffentlichen Schulen durch muslimische Mädchen. Hier ist es nicht die mangelnde oder unklare Trennung von Staat und Religion, sondern eher der radikale Säkularismus, der konfliktverschärfend wirkt. Worum es in allen Fällen zu gehen scheint, ist die Balance zwischen weltanschaulicher Neutralität des Staates und dem Recht der Bürger auf freie Entfaltung ihrer Persönlichkeit, auf Meinungs- und Religionsfreiheit. Doch in allen diesen Fällen steht noch mehr auf dem Spiel: Es geht um den Versuch verschiedener Gruppen, ihre schwindende kulturelle Dominanz und ihre unter Legitimationszwang geratene Privilegierung zu verteidigen. Dies gilt für konservative Gläubige ebenso wie für radikale Säkularisten. Es geht um die Frage, wer den kulturellen Code bestimmt, wer durch die privilegierte Zurschaustellung seiner Symbole als kulturell repräsentativ und vorbildlich gilt, wer »normal« und wer »abweichend« ist, wem das Land gehört und wer nur Gast oder Untermieter ist. Die Symptome dieses grundlegenden Konflikts unterscheiden sich je nach der individuellen Verfaßtheit der Länder, die Grundstruktur gleicht sich jedoch ganz wesentlich.

Angesichts dieses generellen Strukturproblems steht zu erwarten, daß im Kontext kultureller Pluralisierungsprozesse solche Fragen immer wieder zu Kontroversen führen werden. Nimmt man den Kruzifix-Streit zum Maßstab, so besteht in Ländern wie Deutschland oder Österreich durchaus ein Potential für eine fundamentalistische Milieu- und Ideologiebildung, für die vor allem die folgenden Gruppierungen in Frage kommen: religiös konservative Christen, antipluralistische Abendländler sowie Vertreter fremdenfeindlicher Strömungen innerhalb verschiedener Schichten.

Zum einen werden natürlich konservative Christen mobilisiert, wenn ihren Bekenntnissen die staatliche Privilegierung entzogen wird. Bei ihnen würde es sich um den genuin religiös-fundamentalistischen Kern handeln, bei dem es im engeren Sinne um eine heilsgeschichtliche Deutung dieses Prozesses geht. Zum zweiten gibt es ein beträchtliches Potential, das nicht aus religiösen, sondern aus generell kulturellen Gründen meint, sich gegen die vermeintliche Gefahr der Unterminierung abendländischer Werte wehren zu müssen.

Und zum dritten kann das gesamte Potential diffus fremdenfeindlicher Strömungen mobilisiert werden, Menschen, die sich aufgrund des Zuzugs von Ausländern zurückgesetzt, marginalisiert oder benachteiligt fühlen. Eine Allianz dieser verschiedenen Gruppen ist durchaus denkbar, in der es zu einer Politisierung von Religion und zur Organisation eines Kreuzzuges zur Verteidigung des »christlichen Abendlandes« kommt.

Eine solche Entwicklung für denkbar zu halten wird auch durch den bisherigen Verlauf der Kruzifix-Debatte in Deutschland nahegelegt. Hier konnte man lernen, wie schnell der Umschlag von der Verantwortungsethik in gesinnungsethische oder gar demagogische Argumentationsweisen selbst bei erfahrenen demokratischen Politikern vonstatten gehen kann, wenn sie etwa das Bundesverfassungsgericht in die Nähe des Nationalsozialismus rückten.[19] Mit der Art der Kritik am Urteil wurde ein erster Schritt zur Delegitimierung des Bundesverfassungsgerichts getan und eine dem Fundamentalismus vergleichbare Legitimationsgrundlage für eine heilsgeschichtliche Dramatisierung von Politik geschaffen. Gerade dies bedeutet freilich eine radikale Unterminierung »abendländischer Werte«, indem hier der Rechtsstaat und die Gewaltenteilung in Frage gestellt werden.

Ob die beiden hier kurz skizzierten Potentiale einer fundamentalistischen Milieu- und Ideologiebildung tatsächlich zur Entstehung religiös-fundamentalistischer Bewegungen in Europa führen, hängt ebenso von strukturellen Faktoren ab wie von politischen Handlungsstrategien. Politisch ist es denkbar, daß demokratische Parteien versuchen, die genannten Probleme zu versachlichen und akzeptable Konfliktlösungen zu finden. Aber es ist leider genauso denkbar, daß sie zwecks Wählermobilisierung Ressentiments anheizen, weil sich damit gerade ein paar Prozentpunkte im Wahlkampf gewinnen lassen. Strukturell gesehen, könnten sich auch um diesen Themenkomplex anstelle religiös-fundamentalistischer säkular-rechtsradikale Protestbewegungen herausbilden, oder aber es könnte zur Aufsplitterung der potentiellen Trägerschaft in kleine Gruppierungen kommen, die teils religiös-fundamentalistisch, teils rechtsradikal agieren.

Da die Genese fundamentalistischer Bewegungen stark von der Verfaßtheit religiöser Vereinigungen sowie ihrer Einbettung in politische Strukturen abhängt, spricht viel dafür, daß in Ländern mit bürokratisch organisierten und staatlich privilegierten Kirchen eine fundamentalistische Entwicklung weniger wahrscheinlich ist als in Staaten, in denen eher charismatisch organisierte religiöse Gemeinschaften dominieren, die völlig unabhängig vom Staat sind. Denn eine heilsgeschichtliche Dramatisierung widerspricht letztlich dem bürokratischen Organisationsprinzip. Sofern man also in überwiegend lutherischen oder katholischen Ländern religiös-fundamentalistischen Bewegungen überhaupt eine Chance zusprechen will, so wären diese in der Regel und auf Dauer nicht im Zentrum der großen Kirchen zu erwarten, sondern eher als eine von Laien dominierte Bewegung an deren Rändern oder ganz außerhalb von ihnen.[20] Wenn aus dieser Sicht Europa nur teilweise für religiös-fundamentalistische Bewegungen anfällig erscheint, so bedeutet dies lediglich, daß statt dessen eher säkulare Bewegungen mit nationalistischen, rassistischen oder ethnisch-kulturellen Heilslehren eine Chance haben. Nach unseren bisherigen Erfahrungen mit solchen Bewegungen im 20. Jahrhundert ist das nicht gerade ein Trost.

Robert Spaemann
Sollten universalistische Religionen auf Mission verzichten?

Um es gleich zu sagen: Universalistische Religionen sind ihrem Wesen nach missionarisch, solange sie lebendig sind. Das ist meine erste These. Nur tote Ideen existieren nebeneinander in der Form der friedlichen Koexistenz. Allerdings – und das ist meine zweite These –, nur wo Menschen, die ihre Religion ernsthaft praktizieren, miteinander friedlich koexistieren, kann es zu einer fruchtbaren Auseinandersetzung zwischen religiösen Überzeugungen kommen. Im folgenden werde ich beide Thesen kurz begründen.

1. Theoretischer, praktischer, religiöser Universalismus

Universalismus kann theoretischer oder praktischer Natur sein – oder beides zugleich: *Theoretisch*-universalistisch sind Überzeugungen, welche für bestimmte Urteile über die Wirklichkeit Allgemeingültigkeit, d. h. Wahrheit beanspruchen. In diesem Sinne universalistisch ist die Naturwissenschaft. *Praktisch*-universalistische Überzeugungen beziehen sich auf die Lebenspraxis. Von einer bestimmten Lebensweise oder doch gewissen Elementen dieser Lebensweise wird angenommen, sie sei für alle Menschen geboten oder für alle Menschen wohltätig und heilsam. Theoretischer und praktischer Universalismus müssen nicht miteinander verbunden sein. Der Wissenschaftler muß nicht der Überzeugung sein, es sei für jeden Menschen oder für die Menschheit nützlich zu wissen, was die Wissenschaft weiß, Jean-Jacques Rousseau z. B. meinte, es sei sogar schädlich. Beispiel für praktischen Universalismus ist der Kampf für die Menschenrechte. Nicht jeder, der für die Menschenrechte kämpft, glaubt, diese Idee sei irgendwie theoretisch, also z. B. aus einer Einsicht in so etwas wie das Wesen des Menschen begründbar. Als Beispiel für eine Verbindung von theoretischem und praktischem Universalismus nenne ich die moderne Medizin. Sie beansprucht, naturwissenschaftlich fundiertes Wissen über etwas zu besitzen, das für jedermann wünschenswert ist, nämlich über die Bedingungen der Erhaltung oder Wiederherstellung der Gesundheit. Die hier entwickelten Standards beanspruchen öffentliche Geltung und werden auch staatlichen Zwangsmaßnahmen zugrunde gelegt.

Religiöser Universalismus ist in der Regel zugleich theoretisch und praktisch. Anhänger universalistischer Religionen halten erstens bestimmte Annahmen über die Wirklichkeit für wahr, Annahmen über die Welt im ganzen und über das Woher und Wohin des Menschen. Sie glauben zweitens in der Regel, daß aus dieser Wahrheit etwas folgt für die Lebenspraxis dessen, der diese Überzeugung teilt, und sie glauben drittens, daß es für jeden Menschen gut wäre, diese Einsicht zu haben und entsprechend zu leben. Nicht-universalistische Religionen dagegen haben es mit partikularen überweltlichen Mächten zu tun, die wiederum ebenso partikularen, nicht beliebig erweiterungsfähigen Menschengemeinschaften zugeordnet sind. Manchmal kennen solche Religionen auch eine universale Gottheit. Aber sie beanspruchen nicht, einen Zugang zu dieser Gottheit zu besitzen, der sozusagen als Königsweg allen Menschen zu empfehlen wäre.

Eine eigentümliche Sonderstellung nimmt in diesem Zusammenhang das Judentum ein. Jüdische Religion ist Unterwerfung unter den einen und einzigen Gott des Universums. Aber sie ist zugleich der Glaube, daß dieser Gott mit einem bestimmten Volk einen speziellen Bund geschlossen und ihm seine Gebote geoffenbart hat. »So hat er nicht allen Völkern getan und seine Urteile ihnen nicht geoffenbart«, heißt es im 147. Psalm. Allerdings steht diese Erwählung nun ihrerseits wieder in einer universalistischen Perspektive. »In deinem Samen werden alle Völker der Erde gesegnet werden«, sagt Gott zu Abraham (*Gen* 12.3). Das erwählte Volk versteht sich als Träger einer universalen Botschaft und erwartet ein messianisches Zeitalter, in dem alle Völker den Gott Abrahams, Isaaks und Jakobs anerkennen werden. Der religiös-ethnische Partikularismus steht, so könnte man sagen, im Dienst eines eschatologischen Universalismus.

Die Christen haben diese Sicht zwar immer geteilt, aber sie glauben, daß das messianische Zeitalter bereits angebrochen ist, und daß, wie es in der Osternacht heißt, in der Taufe »alle Menschen zur Kindschaft Abrahams und zur Würde Israels gelangen« und deshalb der Unterschied zwischen Juden und Heiden bedeutungslos geworden ist. Die Kirche ist Kirche aus Juden und Heiden. Nun steht das Judentum theoretisch auch jedem Menschen offen; und in der hellenistischen Antike spielte das jüdische Proselytentum sogar eine große Rolle. Erst das Christentum bereitete der jüdischen Mission weitgehend ein Ende. Es war in seinem Kern missionarisch. Indem es dazu einlud, Erbe des Abrahambundes zu werden ohne Beschneidung und ohne Übernahme des mosaischen Gesetzes, machte es dem Judentum aus dessen Sicht sozusagen »Schleuderkonkurrenz«. Gegenüber dem Anspruch, das universale Reich des Messias sei bereits angebrochen, blieb dem Judentum, das seine Kriterien für ein solches Reich nicht erfüllt sah, nur der Rückzug auf seine Partikularität. Der immanente jüdische Messianismus blieb allerdings virulent im Rahmen des modernen Emanzipations- und Säkularisierungsprozesses. Hier spielte das aufgeklärte Judentum eine überdurchschnittliche Rolle.

279

Nicht das religiöse, sondern das areligiöse Judentum blieb universalistisch und missionarisch.

Universalismus ist wesentlich missionarisch, auch der religiöse Universalismus. Dieser ist zugleich theoretisch und praktisch: Die geglaubte Wahrheit über die Welt impliziert einen Heilsweg für alle Menschen und einen Anspruch Gottes an alle Menschen. Das gilt auch für synkretistische Religionen und für Religionen ohne eigentliche Dogmatik. Auch Synkretismus und Dogmenfreiheit kann man ja als etwas ansehen, das für alle heilsam wäre und deshalb propagiert werden sollte. Der Antidogmatismus ist mindestens ebenso missionarisch wie der Dogmatismus. Man begegnet heute in der Regel mehr Menschen, die einen von der Unsinnigkeit von Dogmen überzeugen wollen, als solchen, die deren Wahrheit predigen.

Der antidogmatische Relativismus läßt sich sogar als die letzte Form des europäischen Universalismus ansehen; und dieser Universalismus ist keineswegs besonders tolerant. Ihm gelten nämlich alle bestimmten Überzeugungen, die jemand nicht zur Disposition eines endlosen Diskurses stellt, als gefährlich, und er hat dafür die inflationär gewordene Vokabel »Fundamentalismus« bereit. Das Wort »Fundamentalismus« erfüllt heute ungefähr die Funktion des Wortes »Fanatismus« im 18. Jahrhundert. Die Totschlagvokabel »Fanatiker« diente damals dazu, Hunderttausende von Menschen moralisch zu vernichten, ehe die Guillotine sie dann auch physisch »entsorgte«.

2. *Wider »liberale« Illiberalität und Territorialisierung der Wahrheit*

Heute kann man beobachten, wie sich in Europa im Namen eines liberalen Universalismus ein illiberales Klima ausbreitet.

Liberalität ist eine hohe Tugend von Menschen im Umgang mit Menschen. Aber was sollen eigentlich »liberale Ideen« sein? »Wenn ich von liberalen Ideen höre«, schreibt Goethe, »so verwundere ich mich immer, wie die Menschen sich mit leeren Wortschällen hinhalten. Eine Idee darf nicht liberal sein. Kräftig sei sie, tüchtig, in sich selbst abgeschlossen, damit sie den göttlichen Auftrag, produktiv zu sein, erfülle.«

Symptomatisch für die Illiberalität im Namen liberaler Ideen ist die neuere diskriminierende Verwendung des Begriffs »Sekte«. Staatliche Institutionen, die doch zu weltanschaulicher Neutralität und zur Gleichbehandlung der Bürger verpflichtet sind, interessieren sich für diesen Begriff in zunehmendem Maße. Zweifellos gibt es kriminelle Vereinigungen, die Menschen und vor allem Jugendliche in unwürdige Abhängigkeiten bringen. Sie fallen unter das Strafgesetzbuch oder sollten darunter fallen. Aber wenn heute in offiziellen Richtlinien unbedingte Wahrheitsüberzeugungen und missionarischer Eifer als Kriterium für gemeingefährliches fundamentalistisches Sektierertum genannt werden, dann ist das ein Alarmsignal. In dem Maße, wie der Papst wegen seines Festhaltens an der katholischen Lehre unter Beschuß gerät, wird schließlich auch die Kirche, die er repräsentiert, trotz ihrer Größe, zur fundamentalistischen Sekte gestempelt. Es soll nur noch liberale Ideen und nur noch Mission für solche Ideen geben dürfen.

Das ist die Dialektik des Liberalismus, wenn er sich aus einer Tugend in eine Ideologie verwandelt. Ideen sind ihrer Natur nach intolerant, auch sogenannte liberale Ideen. Eine Idee, die einen Wahrheitsanspruch erhebt, führt immer die binäre Unterscheidung zwischen wahr und falsch ein. Menschen dagegen können und sollen im Umgang mit Menschen, die andere – ihrer Meinung nach falsche – Ideen haben, tolerant sein. Denn nur so können sich Ideen entsprechend der ihnen eigenen geistigen Kraft mit anderen Ideen messen.

Es ist zwar nicht ausgemacht, daß dabei die Wahrheit siegt. Aber im anderen Fall ist es ausgemacht, daß sie nicht siegt. Gewalt ist kein wahrheitsfunktionales Argument, sondern sie erstickt wahrheitsfunktionale Argumente. Und sie erstickt auch die Bereitschaft und die Fähigkeit, sich neuen Institutionen zu öffnen, um sie unter Umständen mit der bisherigen eigenen und schöpferischen Weise zu verschmelzen.

Darum aber muß es ja bei jeder religiösen Mission gehen. Zwar beanspruchte Christus und mit ihm die Apostel, etwas zu lehren, das die Hörer von sich aus nicht schon wissen konnten. Das heißt, sie beanspruchten Autorität. Aber die Autorität des Lehrers einer Offenbarung würde nicht einleuchten, wenn nicht irgend etwas im Hörer schon da wäre, das den Lehrer anerkennt. »Wer aus der Wahrheit ist, hört auf meine Stimme«, sagt Christus im Johannesevangelium (*Joh* 18.37).

Nach christlicher Lehre ist der Glaube an Jesus als den Christus eine Gnade. Das heißt, er kann nicht durch Argumente erzwungen werden, so wenig wie der Unglaube. Er hat seine eigene Plausibilitätsstruktur, die es dem, der an ihr partizipiert, leichtmacht, Dinge zu glauben, von denen ein anderer sich wundert, daß ein moderner, naturwissenschaftlich gebildeter Mensch so etwas glauben kann. Wer den Glauben für eine Gnade hält, der kann nicht glauben, daß er selbst Menschen zu Christen machen kann. Sogar Jesus sagte: »Niemand kommt zu mir, den der Vater nicht zieht.« (*Joh* 6.44) Mission ist dann nichts anderes als der Versuch, Menschen mit der Botschaft des Evangeliums so bekannt zu machen, daß sie herausgefordert sind, mit Bezug auf den darin enthaltenen Anspruch eine Entscheidung zu treffen.

Der Anspruch wird heute präsentiert in konfessionell verschiedenen und miteinander konkurrierenden Formen. Solange Christentum in konfessionell verschiedenen kirchlichen Gemeinschaften existiert, kann das gar nicht anders sein,

denn zum Christentum gehört konkrete kirchliche Gemeinschaft. Man mag diese Konkurrenzsituation beklagen. Aber
sie hat auch ihre guten Seiten. Konkurrenz belebt das Geschäft. Im übrigen können auch die christlichen Konfessionen im Verhältnis zueinander nicht auf jedes missionarische
Element verzichten, solange ihre Differenzen nicht auf purem
Traditionalismus beruhen, sondern etwas mit Wahrheitsüberzeugungen zu tun haben. Die Ablehnung von Konversionen wäre gleichbedeutend mit dem Eingeständnis, daß man
in Wirklichkeit nicht glaubt, was man glaubt.

Der Kampf der Ideen gehört zu jeder freien Gesellschaft.
Nicht Mission ist dem bürgerlichen Frieden abträglich, sondern die Unterdrückung von Mission. Das gilt auch für Formen der Mission, die den meisten von uns als wenig sinnvoll
erscheinen. Noch kein Zeuge Jehovas, der von Tür zu Tür
geht, hat die Rechtsordnung gestört. Zerstört haben sie die
Nationalsozialisten, die die Zeugen Jehovas in Konzentra-
tionslager sperrten.

Mit der Wahrheitsorientierung universalistischer Religionen
ist es im übrigen unvereinbar, wenn ihre Vertreter die Welt in
territoriale Einflußzonen einteilen, deren Respektierung sie
von anderen verlangen. Partikulare Religionen, die heimische
Götter verehren, können versuchen, Kulte fremder Götter
fernzuhalten. Universalistische Religionen geben den eigenen
Wahrheitsanspruch auf, wenn sie seine exklusive Geltung auf
kontingente Macht- und Mehrheitsverhältnisse gründen. Gewiß, wo es sich um religiös homogene Territorien handelt, da
ist es das Recht der großen Mehrheit, ihre gemeinschaftlichen
religiös-kulturellen Lebensäußerungen zu privilegieren, also
z. B. in christlichen Ländern den Sonntag, in islamischen den
Freitag und in Israel den Sabbat. Eine kleine religiöse Minderheit in solchen Ländern kann nicht verlangen, das Gesicht
dieser Region etwa durch demonstrative Bauten verändern

zu dürfen. Christliche Kirchen in islamischen Ländern und Moscheen in christlichen sollten unscheinbar sein. In Rom muß man nicht einen Muezzin rufen und in Mekka nicht eine Kirchenglocke läuten hören. Es muß genug sein, wenn die jeweiligen Christen oder Moslems in diesen Ländern an würdigen Orten ihren Gottesdienst feiern dürfen, und wenn es niemandem verwehrt ist, sich der jeweils anderen Religionsgemeinschaft anzuschließen. (Und es ist offenkundig, daß islamische Länder hier noch eine gewaltige Bringschuld haben!).

Freilich gibt es auch Beispiele eines traditionellen Nebeneinander von Kirche und Moschee auf der Basis der Gleichberechtigung zweier religiöser Kulturen, z. B. im Libanon. In solchen seit langem institutionalisierten Symbiosen verschiedener universalistischer Religionen oder Konfessionen sind Konversionen selten, und eine auf solche Konversionen gerichtete Missionstätigkeit existiert kaum. Man kennt einander seit Jahrhunderten, man glaubt zu wissen, was der andere glaubt, und respektiert es. Religionszugehörigkeit ist hier wie überall in der Welt weitgehend eine Sache des Stadtteils, in dem man geboren ist. Was in solchen Regionen den Frieden gefährdet, ist in der Regel nicht der Versuch, »Proselyten zu machen«, wie der pejorative Ausdruck lautet, sondern die institutionelle Unterdrückung oder systematische Benachteiligung einer religiös-kulturellen Minderheit durch Anwendung eines demokratischen Mehrheitsprinzips, das seine Legitimierungsfunktion doch nur in relativ homogenen Gesellschaften spielen kann. Als Beispiel nenne ich nur Nordirland. Friede und Freiheit im Libanon standen und fielen mit seinem Proporzsystem. Als die Christen sich mit dem Mut der Verzweiflung dagegen wehrten, auf den Status einer geduldeten, unterprivilegierten Minderheit herabgedrückt zu werden, haben die europäischen Christen ihren Glaubensbrüdern dort nicht einmal moralischen, geschweige denn materiellen Beistand geleistet.

Gegenseitiges Missionieren, gegenseitiges Proselytenmachen ist, wie gesagt, zwischen universalistischen Hochreligionen ebensowenig ein Grund zur Beunruhigung wie zwischen den christlichen Konfessionen. Brisant ist eher die Konkurrenz bei der Missionierung Ungläubiger oder Angehöriger von Naturreligionen. Hier gibt es das Denken in der Kategorie geschlossener Jagdreviere. In Afrika führt dieses Denken zu blutigen Konsequenzen. Aber zu Spannungen führt es auch in Osteuropa. Daß Atheisten katholische Christen werden, erscheint manchen Orthodoxen ein größeres Ärgernis, als wenn sie Atheisten geblieben wären. Wenn heute von der Neuevangelisierung Europas die Rede ist – das heißt also von Neumissionierung –, so wird sie wohl, wenn überhaupt, im Wettbewerb der Kirchen stattfinden. Animositäten kann dieser Wettbewerb dann wecken, wenn sich eine regionale Form einer universalistischen Religion mit dem »Einbruch« einer anderen Form, eines anderen Ritus z. B., konfrontiert sieht, der eine politische Notlage ausnutzt – oder auch ökonomische Ressourcen oder zivilisatorische Überlegenheiten ins Spiel bringt.

Daß heute Mission mehr als in früheren Epochen die Form des Dialogs annehmen muß, gilt überall dort, wo der religiösen Differenz nicht ein kulturelles und intellektuelles Gefälle entspricht. Das Wort »Dialog« kann allerdings leicht zu Mißverständnissen führen, so als handle es sich um einen wissenschaftlichen Dialog mit der Bereitschaft jedes Teilnehmers zu einem prinzipiell offenen Ausgang. Ein Christ tritt aber nicht in den Dialog mit einem Moslem ein mit der Bereitschaft, sich vielleicht davon überzeugen zu lassen, daß Jesus doch nicht der Sohn Gottes sei und daß die Evangelien doch Fälschungen seien, wie der Koran lehrt. Und er tritt in das Gespräch mit dem Buddhisten nicht ein mit der Bereitschaft, sich davon überzeugen zu lassen, daß das Absolute vielleicht doch nicht mit »Du« angeredet werden sollte. Dennoch ist der Dialog

nicht ein bloß fiktives Unternehmen oder eine rein foren-
sische Veranstaltung, in der man Punkte sammeln möchte.
Wenn jemand die Überzeugung hat, in Christus sei der göttliche Logos, also die ganze Wahrheit erschienen, dann
schließt das die Bereitschaft ein, alles, was an positiven, echten
Intuitionen in anderen Religionen lebendig ist, prinzipiell als
etwas zu betrachten, das in die eigene Überzeugung integrier-
bar ist und zu deren Vertiefung beitragen kann.

Wenn auf allen Seiten eine solche Bereitschaft da ist, dann
gibt es fortschreitende gegenseitige Bereicherung der Religionen, ohne daß ein Christ die positive Überzeugung preisgeben
müßte, die letzte Integrationsform der Wahrheit sei persona-
ler Natur, und in Christus sei bereits das Ganze aller möglichen Einsicht über Gott antizipiert. Und solange er dies
glaubt, wird er wünschen, der Dialogpartner möchte dies
auch erkennen, was auch immer er von diesem Partner im
übrigen lernen mag. Das heißt, das Christentum wird, wie
jede universalistische Religion, missionarisch bleiben oder
sich selbst aufgeben.

3. Evangelium des Lebens und Zivilisation des Todes

Ich möchte aber zum Schluß doch ein Konfliktfeld nennen,
das nicht durch irgendwelche Konkordienformeln pazifiziert
werden kann, sondern deutlich macht, daß das Element des
Kampfes aus dem menschlichen Leben nicht eliminiert werden kann, solange dieses Leben menschenwürdig bleiben soll.
Es geht dabei nicht um den innersten Kern der Religion, um
die Glaubenswahrheiten im engeren Sinn. Es geht vielmehr
um das *bonum commune* und seine kontroversen Interpretationen. Gläubige haben bestimmte sittliche Überzeugungen,
die sie für allgemein verbindlich halten. Insbesondere Katholiken sind der Überzeugung, daß diese Verbindlichkeit unab-

hängig von bestimmten Glaubensüberzeugungen prinzipiell jedermann einsichtig und daher auch für jedermann zumutbar ist – zum Beispiel die Überzeugung, daß jeder Mensch als Person zu respektieren ist und vom Augenblick der Zeugung bis zu seinem physischen Tod Anspruch auf Rechtsschutz hat. Diese Überzeugung kann er zwar niemandem aufnötigen. Wohl aber wird er versuchen, jenen Respekt, der seiner Überzeugung nach jedem Menschen zusteht, zu erzwingen, und zwar auch bei denen, die diese Überzeugung nicht teilen. Wer der gegenteiligen Überzeugung ist, wird sich dadurch unter Umständen vergewaltigt fühlen. Aber soll etwa jeder Mensch seinem Mörder überlassen werden, sofern nur der Mörder sein Opfer nicht für einen Menschen hält? Religiöse Überzeugungen können in solchen Kontexten das politische Konfliktpotential verstärken.

Die Katholische Kirche ruft heute zum Widerstand auf gegen das, was Papst Johannes Paul II. als »Zivilisation des Todes« bezeichnet und was sich ebenso in den planmäßigen Menschenausrottungen unseres Jahrhunderts manifestiert wie in der Tendenz zur Freigabe von Abtreibung und Euthanasie. Sie ist bereit, sich in diesem Widerstand mit anderen religiösen und nichtreligiösen Gemeinschaften zu verbünden – z. B. mit dem Islam –, wie sie das erfolgreich getan hat auf der Kairoer Weltbevölkerungskonferenz. Auf der Gegenseite finden wir ein Bündnis zwischen westlichem liberalem, emanzipatorischem, konsumorientierten Individualismus und totalitären Sozialingenieuren chinesischer Spielart, die beide ihre Vorstellung von gutem Leben bedroht sehen. In Kämpfen dieser Art gibt es keine Versöhnung in der Mitte, sondern allenfalls taktische Kompromisse. Christen werden sich dabei unwillkürlich des Wortes Jesu erinnern: »Ich bin nicht gekommen, den Frieden zu bringen, sondern das Schwert« (*Matth* 10.34).

Oder denken wir an ein Beispiel aus der Individualmoral.

Wer der Überzeugung ist, Promiskuität sei nicht die eigentlich humane Form der Verwirklichung menschlicher Sexualität, der wird zwar keinen erwachsenen Menschen daran hindern wollen, nach seinem Gusto zu leben und diese Lebensweise zu praktizieren. Aber er wird sich der öffentlichen Propagierung dieser Lebensform – vor allem in Erziehung und Unterricht – widersetzen. Hier stehen ebenfalls zwei Konzeptionen des Gemeinwohls gegeneinander; und es kann passieren, daß einem Christen dabei wiederum ein Wort Jesu einfällt: nämlich, daß es für den, der den »Kleinen Ärgernis gibt«, besser wäre, wenn ihm »ein Mühlstein um den Hals gehängt und er in der Tiefe des Meeres versenkt würde« (*Matth* 18.6), wenngleich damit den Christen nicht empfohlen wird, dem Übeltäter diese Wohltat zu erweisen. Aber das Neue Testament ist nun einmal nicht so ›soft‹ wie die moderne Kanzelberedsamkeit; und auch zu einer für zarte Gemüter gereinigten Ausgabe haben sich die Kirchenleitungen bis heute noch nicht entschließen können. Gerade wo es nicht um die Religion selbst geht, können religiöse Überzeugungen wie nichtreligiöse zur Quelle fundamentaler politischer Konflikte werden, also z. B. eines Kulturkampfes, zu dem es unter Umständen keine Alternative gibt.

Denn wie würde die Alternative aussehen? Sie bestünde in einer nur noch hypothetischen Gesellschaft, in welcher alle Inhalte beseitigt wären, für die es sich zu leben, und das heißt notfalls auch, zu sterben lohnt. Schließlich ist diese Möglichkeit seit den Anfängen des Christentums, seit den jahrhundertelangen Hinrichtungen der Märtyrer, immer präsent geblieben. Für Hypothesen aber stirbt man nicht.

Die Alternative wäre die Friedhofsruhe einer Diktatur, die keinen Widerstand aus Überzeugung mehr zu fürchten hätte. Und nur Überzeugungstäter leisten, wenn es ernst wird, Widerstand. Die Alternative wäre der banale Nihilismus, der die Menschen zu gefügigen Ratten macht, die sich mit Hilfe des

Lustprinzips in jede Richtung manipulieren lassen und deren höchste spirituelle Leistung die Ironie ist. Freie Menschen bestehen auch auf der Freiheit des anderen. Sie tun dies aus einer Überzeugung unbedingter, d. h. religiöser Art. Solche Überzeugungen sind ihrer Natur nach missionarisch.

Niklas Luhmann
Religion als Kultur

1. Säkularisierung: Sonderfall oder Mißverständnis?

Wenn man nach Besonderheiten fragt, die die europäische Religionsentwicklung auszeichnen, wird man wahrscheinlich die Antwort erhalten, in Europa finde sich die Religion der gesellschaftlichen Säkularisierung ausgesetzt. Wenn man weltweite Religionsentwicklungen mitbedenkt, könnte es sich in der Tat um einen Sonderfall handeln, der sich in anderen Erdteilen nicht hat durchsetzen können und auch durch ständig neu entstehende Kulte und durch in Hochreligionen sich einnistende Fundamentalismen als Zukunftsprognose widerlegt ist. Nicht einmal Soziologen glauben heute so recht an »Säkularisation«.

Allerdings wäre zunächst einmal zu klären, wie dieser Begriff zu verstehen ist. Prognosen des 19. Jahrhunderts unter Titeln wie »Ende der Religion« oder »Ende der Kunst« hatten offenbar nur gemeint, daß Religion (oder im anderen Falle: Kunst) nicht länger als gesamtgesellschaftliche Instanz der Sinngebung fungiere; oder anders gesagt: daß das Schema der Religion, sei es der Gottesbegriff, sei es die Differenz von Transzendenz und Immanenz, nicht mehr alle gesellschaftlichen Kommunikationen metacodiere. Aber selbst wenn das zutrifft (und wir wollen es nicht bestreiten), läuft es nicht einfach auf einen »Sinnverlust« hinaus. Vielmehr wird man anders bilanzieren müssen. Nach wie vor nimmt die Religion Universalität ihrer Weltbeschreibung in Anspruch, aber dies auf der Basis eines spezifischen Funktionssystems. In der Sprache der *pattern variables* (Parsons) finden wir also eine auch für andere Funktionssysteme (zum Beispiel Politik, für Wirtschaft, für Recht, für Kunst) typische Kombination von Universalität und Spezifität, die in den logisch-ontologischen Strukturen der alten Welt schwer unterzubringen ist und deshalb kritisch mißverstanden und als Säkularisation beschrieben wird. Wenn man dies zum »Ende von...« (was immer) aufsummiert, ist das selbst nur eine säkularisierte Version der eschatologischen Endzeiterwartung, und es kann dann beruhigen, daß das Ende schon eingetreten ist – und wir es überlebt haben. Nach wie vor gilt jedenfalls, daß die Funktion der Religion mit jeder nur möglichen Intensität und Bedeutungsschwere erfüllt wird – aber eben nicht überall, sondern durch ein spezifisch dafür ausdifferenziertes Funktionssystem. Steigerung und Reduktion bedingen einander wechselseitig, halten sich die Waage, lassen sich aber nicht verrechnen zu Nettogewinn oder Nettoverlust.

Man kann diese Reduktion der Religion auf spezifische, dann aber universale Bemühungen historisch sehr weit zurückverfolgen. Nie waren alle gesellschaftlichen Kommunikationen »heilig« oder sonstwie religiös infiziert. Immer wird es zumindest ausdifferenzierte Situationen für spezifisch religiöse Praktiken gegeben haben und in den Hochkulturen dann auch spezifische Rollen und deren nur situationsweise beteiligte Klienten, ferner spezifisch religiöse (orale oder schriftliche) Texttraditionen und, darauf aufbauend, anstaltliche Pflege des Kultes und des oft »geheimen«, also Absonderung voraussetzenden religiösen Wissens. Religiöse Gesamtdeutungen setzten immer schon soziale Differenzierungen voraus. Sie hätten nicht als Nebenprodukt anders orientierter Kommunikationen entstehen können. Der Übergang zur modernen Gesellschaft zeichnet sich eher dadurch aus, daß auch andere Funktionssysteme den Weg funktiona-

ler Differenzierung beschreiten, so daß schließlich die Gesellschaft selbst als ein primär nach Funktionen differenziertes
System beschrieben werden mußte – mit Konsequenzen dann
auch für die Religion.[1]

Erst auf dieser Ebene und erst in der zweiten Hälfte des
18. Jahrhunderts zeichnen sich die semantischen Konsequenzen dieser Entwicklung ab. Die Frage, die uns im Folgenden
beschäftigen wird, lautet daher: wie werden die Konsequenzen dieser Entwicklung registriert, und die Hypothese ist, daß
erst diese Frage dazu führt, in der Religionsentwicklung etwas spezifisch Europäisches zu finden – eine Besonderheit,
die nicht nur auf der Ebene der ja sehr viel älteren religiösen
Dogmatiken zu suchen ist.

2. Zur Genesis der »Kultur« aus dem Vergleich

Zu den spektakulären Veränderungen, die man in der zweiten
Hälfte des 18. Jahrhunderts findet und, soweit man sieht, nur
in Europa findet, gehört die Subsumtion von Religion, und
jetzt im Plural: Religionen, unter einen allgemeineren Begriff
der Kultur. Für den Begriff der Kultur, der damit ins Spiel
kommt, gibt es in der alteuropäischen Semantik keinen direkten Vorläufer, obwohl es das Wort seit langem gab. Aber
cultura war immer Pflege von etwas gewesen (zum Beispiel
agricultura), hatte also keinen eigenen Platz in den kosmolo-
gischen Weltbeschreibungen, und es verstand sich damit von
selbst, daß die Kosmologien in Begriffe gefaßt waren, die auf
letztlich religiösen Fundamenten ruhten.

Im 18. Jahrhundert beginnt, wohl nicht ohne Zusammenhang mit der Theodizee-Diskussion, die Suche nach Alternativen für eine religiöse Weltbegründung. Zunächst setzt man
auf Moral und stellt entsprechend moralische Ansprüche an
die Religion. Im Laufe des Jahrhunderts wird auch dies zwei-

felhaft. Nicht daß man den Sinn von Religion oder von Moral als solchen bezweifelt hätte. Aber die Frage läßt sich nicht länger abweisen, wie man mit denen umgeht, die anders denken und nicht stillhalten, sondern an Kommunikation teilnehmen. Die Behauptung letzter, nicht weiter begründungsbedürftiger Kriterien führt jetzt allzu offensichtlich, und zunächst vor allem in der Lehre vom Schönen und vom (guten) Geschmack, zu dem Problem sozialer Diskriminierung der Abweichenden.

Die Religion der Tradition hatte an einer Weltbeschreibung, an einer Kosmologie mitgewirkt – und zugleich von ihr profitiert. Im 18. Jahrhundert löst sich diese Einheit, von der man ausgegangen war, auf. Alte Annahmen einer Harmonie der Natur oder der Schöpfung, einer *perfectio in varietate,* einer *concordia discors,* einer *analogia entis* werden fraglich und müssen, wenn überhaupt, gegen absehbaren Zweifel behauptet werden. Die vorauszusetzende Welt wird komplexer und widerspruchsvoller beschrieben. Das zwingt alle Beschreibungen dazu, die Differenz von Selbstreferenz und Fremdreferenz, von performativen und konstativen Komponenten der eigenen Kommunikation in eigene Regie zu nehmen.[2] Damit setzt jede Beschreibung sich der Beobachtung und Beschreibung aus, und zwar speziell unter dem Gesichtspunkt, wie sie *sich selbst unterscheidet.* Die englische Assoziationspsychologie hatte dies gesehen – und akzeptiert. Die Transzendentalphilosophie hatte ihren Weltbegriff dem angepaßt, aber trotzdem versucht, wenigstens die nach innen verlegten Syntheseleistungen auf allgemein gültige Gesichtspunkte zurückzuführen und die Einheit unter der Bezeichnung Subjekt zu retten. Daß dies mißlungen war, wurde spätestens mit der Re-anthropologisierung des Subjekts als menschliches Individuum deutlich. Und dann blieb als Medium der Wiederherstellung von Einheit nichts anderes als – Kultur.

Eine brauchbare Antwort auf viele der damit aufgeworfenen Fragen wird in der Tat mit dem neu formierten Begriff der Kultur gegeben. In der älteren, auf römischen Sprachgebrauch zurückgehenden Literatur erforderte der Begriff der *cultura*, wie gesagt, ein Genitiv-Attribut (als Pflege von...). Im 17. Jahrhundert findet sich bereits die davon abgelöste Verwendung als selbständiger Begriff[3], aber zunächst noch als Auszeichnungsbegriff, ähnlich wie das *ornato* der älteren Rhetorik. Dies ändert sich in der zweiten Hälfte des 18. Jahrhunderts. Man diskriminiert nicht, man vergleicht. Wie die Französische Revolution allen vor Augen führt, geht die Intoleranz von der Religion auf die Politik über.[4] Sie wird sich dort alsbald als Differenz von Parteistandpunkten, von »Ideologien« formieren, deren Mehrzahl dann wieder als Merkmal einer historischen, in der Gegenwart situierten Kultur begriffen werden kann.

Gerade weil die Kultur jetzt zur Leitwährung für intellektuellen Austausch geworden ist, fehlt jedoch, und zwar bis heute, ein deutlicher Begriff. Unterhalb aller Begriffsbestimmungsversuche ist aber deutlich erkennbar, daß der Begriff der Kultur als Dachbegriff für vergleichende Analysen fungiert. Der Vergleich selbst übernimmt die Funktion der Orientierung. Er expandiert in zwei Richtungen: regional und historisch. Die Welt ist jetzt rundum sichtbar und zugänglich, die Geschichte erstreckt sich weit über den biblisch gesetzten Rahmen hinaus. Das Interesse an Vergleichen findet keine externen Schranken mehr, es saugt sich in alle Grenzen des bisher Sinnvollen hinein. Gerade das Esoterische und Seltsame wird dadurch »interessant« (ein Neologismus des 18. Jahrhunderts), daß man es noch vergleichen kann. Der Vergleich zieht seine Überzeugungskraft nicht mehr aus dem Wesen der Dinge oder aus ihren naturgegebenen Arten und Gattungen, sondern ganz im Gegenteil daraus, daß er sich am Verschiedenen bewährt. Gerade die Einsicht in die Verschiedenheit der Sachverhalte läßt das auffallen, was dann trotzdem vergleichbar ist. Das trotzdem gleiche wird dadurch mit Bedeutung aufgeladen und beweist so eine Art Ordnung, die nicht mehr auf ihrem Ursprung, nicht mehr auf dem Wesen der Dinge und auch nicht mehr auf der Semantik von Verbot und Übertretung beruht. Der Vergleich kann sich dann nur noch selbst begrenzen. Er benötigt einen Vergleichsgesichtspunkt, der *ad hoc,* aber nicht prinzipiell und nicht ontologisch, regelt, was sinnvollerweise verglichen werden kann und was nicht. Der Vergleich selbst bestimmt Inklusion und Exklusion. Kosmologische oder anthropologische Ausstattungsmängel müssen nicht mehr Gott zugeschoben, sie müssen »kompensiert« werden – durch Arbeit, durch Technik, durch Kultur.[5] Unter dem Gesichtspunkt der »Reduktion von Komplexität« kann schließlich alles verglichen werden. Aber da das unergiebig wird, regelt der Vergleich auch noch sein eigenes Unterlassen, die *Spezifikations*erfordernisse seiner eigenen *Universalität.*

Wenn man auf diese Weise *funktional* argumentiert und Einsicht auf *Überraschung,* auf *unerwartete Ähnlichkeit* stützt, kann man dem Argument nicht mehr zugleich den Status einer religiösen Offenbarung oder einer Symbolisierung des Hintersinns der Dinge geben. Statt dessen kann man jetzt auch nach der »Funktion der Religion« fragen[6] und entdeckt im gleichen Zuge all die Probleme, die Soziologen später unter dem Titel »Wissenssoziologie« diskutieren werden. Vor allem: wie steht die funktionale Analyse zu den direkt sachbezogenen Wahrheitsansprüchen des dem Vergleich ausgelieferten Wissens. Es geht nicht mehr um die seit alters wohl bekannten rationalen Begründungsmängel des »Glaubens«, nicht mehr um das Angewiesensein auf institutionelle (kirchliche) Hilfe oder auf Gnade. Es geht um ein Problem anderer Qualität – um Selektion und Entscheidung mit Bezug auf ein kulturelles Überangebot an Möglichkeiten.

Und die Hauptsorge der Theologen ist jetzt weniger die *visio Dei,* sondern das vergleichsweise bessere Angebot einer (ihrer) monotheistischen Religion in dieser (historisch gegenwärtigen) Welt.

Inzwischen haben wir uns so sehr an »Kultur« gewöhnt, daß wir gar nicht mehr fragen, um was es sich eigentlich handelt. Man meint offenbar etwas, was es in der Welt auch noch gibt – etwa ein Subsystem des allgemeinen Handlungssystems nach Talcott Parsons und den Seinen. Und wenn man die Frage stellt, was denn die andere Seite des Begriffs sei, das durch ihn Ausgeschlossene, wird man die Antwort erhalten: Natur. Damit wird das historische Problem der Erfindung von »Kultur« gegen Ende des 18. Jahrhunderts jedoch verharmlost. Man folgt unreflektiert der damals ausgegebenen Losung: daß es Kultur immer schon gegeben habe und daß menschliche Gesellschaft ohne Kultur nicht möglich sei. Aber: hätten die an Gott Glaubenden an Gott geglaubt, wenn sie gewußt hätten, daß es um Kultur geht? Und daß etwas fehlen würde und kompensiert werden müßte, wenn sie es nicht täten? Daß der Begriff undefiniert gebraucht wird oder kontrovers definiert wird, kann dann wiederum der Kultur, eben der modernen oder postmodernen Kultur zugerechnet werden. So eben ist es und dahin bringt man es, wenn man im Sinne der Schillerschen Begriffe Kultur nicht mehr »naiv«, sondern »sentimentalisch« praktiziert.

Genau dieser Wiedereintritt der Kultur in sich selber führt dazu, daß die als Kultur ausgezeichneten Operationen nicht in der Lage sind, zu bestimmen, um was es sich handelt. Ein System, das ein solches *re-entry* vollzieht, wird für sich selbst intransparent (weil paradox, weil hyperkomplex) und muß sich eben deshalb an die Zeitdimension halten, also vor allem ein »memory function« mitführen und die Zukunft dem Oszillieren zwischen sich selbst und dem anderen freigeben. Der Effekt ist nicht nur mathematisch rekonstruierbar[7], er ist auch sehr konkret historisch beobachtbar – am Ende des 18. Jahrhunderts. Aufrichtigkeit und Unaufrichtigkeit der Kommunikation werden, zunächst in der Kommunikation selbst, aber infolge davon dann auch in der Introspektion, ununterscheidbar.[8] Man thematisiert Sprache – zugleich mit Inkommunikabilitäten;[9] Ideen – zugleich mit ihrer Unerreichbarkeit; Formen – zugleich mit der Notwendigkeit ihrer ironischen Behandlung; Geschichte – zugleich mit ihrem Ende; Geltendes – zugleich mit der Notwendigkeit von Ergänzungen, von Supplementen. Einzelbereiche beginnen, im Rahmen eigener Unterscheidungen zu oszillieren – die Politik zwischen progressiven oder konservativen Ideologien; die Kunst zwischen schön/erhaben, klassisch/romantisch, apollinisch/dionysisch usw.; die Religion zwischen Veräußerlichung und Verinnerlichung (Wir haben nur die Schrift, und eben das beweist, daß es darauf nicht ankommt). Oder sie stabilisieren sich bistabil – etwa Naturwissenschaften/Geisteswissenschaften (wobei das Oszillieren dann offenbar den Sozialwissenschaften zufällt). Aber der Rückgriff auf »Kultur« gibt keine Handhabe mehr für ein Zurruhekommen in einem Abschlußgedanken, der das transzendieren könnte, was als Kultur ausgewiesen werden kann.

Gewissermaßen als Kompensation für diese innere, diese selbstreferentielle Unbestimmbarkeit des Dachbegriffs der Kultur greift man auf externe Referenzen zurück. Das, was als Kultur ausgewiesen und in kommunikativen Prozessen behandelt wird, bedeutet immer noch etwas anderes als das, was es zu sein scheint. Es entsteht eine kulturelle Symptomatologie.[10] Es entsteht eine kulturelle Diagnostik, die sich um Durchblick bemüht. In dieser Perspektive erscheint Kultur wie eine lackierte Oberfläche, die verdeckt, um was es »eigentlich« geht. Das kann auf relativistische oder historistische Analysen abgeleitet werden, aber auch einem Motivverdacht Raum geben, der latente Strukturen, verdeckte Interessen, unkommunizierbare Wünsche und Bedürfnisse vermutet. Der Grund aller kommunikativ verwendbaren Kultur liegt dann in durch die Kommunikation selbst diktierten Beschränkungen, die aber selbst Gegenstand von Analyse und Therapie werden können. Als Kultur benötigt Religion demnach ein nichtreligiöses Fundament und setzt sich damit dem Risiko aus, entlarvt zu werden. Die erste Stufe des Kulturvergleichs wird auf einer Metaebene nochmals überboten. Nicht zufällig kritisieren die großen Artisten des Motivverdachts – Marx, Nietzsche, Freud – immer auch die Religion als ein Ablenkungsmanöver, das nur dazu dient, eine unehrlich konstruierte viktorianische, wilhelminische Wirklichkeit zu erhalten.

3. Beobachtung im Kontext – Beobachtung als Kontext

Diese Schwierigkeiten mit der sich selbst fundierenden, sich selbst konsumierenden Kultur reichen viel tiefer als das, was als »Säkularisierung« behandelt wird, und sie erklären zugleich, daß man auf der Ebene der Selbstbeschreibung der modernen Gesellschaft auf »Säkularisierung« ausweicht. Denn man könnte ja wohl nicht gut sagen, daß die moderne Gesellschaft sich durch die Erfindung von Kultur auszeichnet. Das liefe, genau unter den Bedingungen der Moderne, die den Kulturbegriff universalisiert, auf einen jener berühmtberüchtigten »performativen Selbstwidersprüche« hinaus. Man würde das Gesagte »dekonstruieren« dadurch, daß man es sagt. Dem Gott der monotheistischen Religionen wären solche performativen Selbstwidersprüche nicht verübelt worden. Im Gegenteil: seine Liebe war eben daran zu erkennen, daß er auf die begrenzten Verständnisfähigkeiten der Menschen Rücksicht nimmt und sie nicht mit seinen selbstgemachten Paradoxien verwirrt. Eben deshalb mochte er die

Welt paradoxiefrei, logisch sauber, ontologisch einteilbar geschaffen haben, um sich selbst zeigen zu können. Eben deshalb waren alle Dinge so geschaffen worden, daß sie den Menschen an ihren Ursprung in Gottes Schöpfung erinnern sollten. Wenn aber auch dies ein Text, auch dies Kultur sein soll, wer nimmt dann die laufende Konstruktion/Dekonstruktion alles Aussagbaren auf sich? Oder wird diese Frage sinnlos, weil Konstruktion Dekonstruktion ist und umgekehrt?

Wenn man einmal so weit gegangen ist, zeigen sich die Möglichkeiten, einen Begriff der Kultur zu formulieren, der selbst die Funktion der Entfaltung des eigenen Paradoxes übernimmt. Man kann Kultur beschreiben als eine Verdoppelung aller Artefakte (Texte im weitesten Sinne eingeschlossen),[11] und als verdoppelte sind sie dieselben und andere. So sind Töpfe zunächst einmal Töpfe mit ihrer spezifischen Zweckdienlichkeit; dann aber auch Dokumente einer bestimmten Kultur und Anhaltspunkte für einen Kulturvergleich. Und so auch Texte mit ihrem kommunikativen oder mnemotechnischen Gebrauchssinn auf der einen Seite und ihrem Vergleichssinn als Zeugnis einer bestimmten Kultur auf der anderen. Und wenn dies für (orale oder schriftliche, ornamentale, rituelle, kultische oder alltagsfähige) Texte gilt, dann gilt es auch für Religionen. Das Duplikat ist dasselbe und nicht dasselbe. Es oszilliert zwischen seinem einen und seinem anderen. Aber: *was* genau oszilliert? Die Natur der Kultur?

Einiges läßt sich weiter verdeutlichen, wenn wir die Genese der Kultur aus dem Vergleich in Betracht ziehen. Man sieht dann besser, nicht nur *daß*, sondern auch *wie* die Kultur ihre eigene Paradoxie »aufgibt«.

Vergleiche setzen einen Vergleichsgesichtspunkt voraus, den die Gesellschaft selbst bestimmen und in ihre Kultur aufnehmen muß. Der Vergleichsgesichtspunkt wird jedoch nicht mitverglichen; oder wenn, dann erfordert der Vergleich von Vergleichsgesichtspunkten einen weiteren Vergleichsgesichtspunkt. Der Vergleichsgesichtspunkt – das ist die Markierung der Position des eingeschlossenen ausgeschlossenen Dritten (im Sinne von Michel Serres). Der Vergleichsgesichtspunkt – das ist der Beobachter.

Zur Zeit der Einführung der Kultur in die Geschichte, also am Ende des 18. Jahrhunderts, war diese Position noch relativ leicht zu bestimmen. Es war für historische Vergleiche die moderne Zeit, es war für regionale Vergleiche Europa und für innereuropäische Vergleiche dann die Nation, in der der Beobachter sich selbst niedergelassen hatte. Jedenfalls war es nicht mehr Gott, der Beobachter aller Beobachter. Es war also kein Vergleich von außen, sondern ein Vergleich von innen. Wollte man den neuen modern-europäischen Beobachter in einer gottanalogen Position sehen (also mit Garantie für die Richtigkeit seiner Beobachtungen), konnte man ihn das transzendentale »Subjekt« nennen oder, dies überbietend, »Geist«. Damit war die Unterscheidung von »Vernunft« verbunden. Vernunft ist jedoch nichts anderes als ein Ausdruck für die unschuldige Ahnungslosigkeit in bezug auf Widersprüche zwischen Zwecken und Mitteln. Auf diese Weise ließ sich, für eine gewisse Zeit jedenfalls, die zeitliche und regionale Lokalisierung universalisieren und, als Geltungsbedingung, vergessen.[12] Aber diese Auswege sind heute in mehrfacher Hinsicht unbrauchbar geworden; vor allem: (1) durch Konstitution einer Weltgesellschaft mit verschiebbaren Differenzen von Zentrum und Peripherie; (2) durch Verlust des geschichtlichen Fortschrittsvertrauens mit quasi gesetzmäßigen Rationalitätsgewinnen; und (3) gegen Ende des 20. Jahrhunderts mit der Überbietung des Transzendentalismus durch den empirischen Konstruktivismus der »cognitive sciences«, als da sind: Biologie, Neurophysiologie, Kybernetik, Linguistik.

Damit ist am Ende unseres Jahrhunderts eine Kultur entstanden, die mit verschiedenen, stark überlappenden Formeln beschrieben wird, wobei die unterschiedliche Herkunft der Formeln verhindert, daß die Konvergenz sichtbar wird.[13] Dazu zählen Diskussionen über die sogenannte »Postmoderne«, über die Freigabe der Formenwahl unter Verzicht auf eine kontrollierende Instanz (Vernunft) oder ein letztgültiges Prinzip.[14] Dazu zählt der »Radikale Konstruktivismus« auf der Basis operativ geschlossener Systeme, die allein Kognition produzieren können. Dazu zählen neue Formen der Anti-Metaphysik im Stile von Nietzsche, Heidegger und Derrida, in vielen Hinsichten eine »Verschiebung« von sachbezogenen Aussagen in die Zeit. Dazu zählt die Bekämpfung klassischer Paradoxien durch Rekursivität in Mathematik und Kybernetik, besser bekannt als Kybernetik zweiter Ordnung oder als Beobachtung zweiter Ordnung. Dazu zählt die Faszination der Semiotik durch referenzlosen Zeichengebrauch. Dazu zählt die Analyse einer nur noch polykontexturalen, jeweils schemarelativen (unterscheidungsrelativen) Beobachtungsweise. Dazu zählt die Analyse »hyperkomplexer« Systeme, die eine unausgeglichene Mehrheit von Beschreibungen ihrer eigenen Komplexität produzieren. Dazu zählt ein aufkommendes Interesse an »Gleichzeitigkeit« als einer Bedingung, die kausale Kontrolle, ja selbst die zeitbrauchende Operation des Beobachtens des Gleichzeitigen ausschließt. Und anderes mehr.

Mit all dem ist man weit jenseits der alten Befürchtungen, »Relativismus«, »Historismus«, »Dezisionismus« und ähnliche Einschüchterungsvokabeln könnten auf Beliebigkeit oder, im Handeln, auf Willkür hinauslaufen. Wenn es in all den genannten Ansätzen, die selber eine »polykontexturale« Gesamtheit bilden, etwas Gemeinsames gibt, so ist es die Einsicht, daß es Willkür gar nicht geben kann. Die Befürchtung ist dann nur noch: es könnten die anderen sein. Die anderen Religionen?

4. Ausdifferenzierung der Reflexionskultur

Begreift man Kultur als Rahmenformel für Vergleiche und als Ausgangspunkt für eine neuartige Suche nach Erklärungen, die durch die Unterstellung latenter Motive, Interessen, Strukturen, Funktionen konstruiert werden, sieht man sogleich, wie stark Religion betroffen ist, wenn sie als Kultur verstanden wird. Der Vergleich setzt einen nicht mitverglichenen, einen unsichtbaren Beobachter voraus. *Aber dieser Beobachter ist nicht Gott.* Die Verlagerung der eigentlichen Antriebe ins Unbewußte oder in nicht thematisierbare Hintergründe der Kommunikation setzt die Latenz dieser Wirkmächte voraus. *Aber diese Latenz ist nicht mehr der verborgene Gott.* Eher handelt es sich um »moderne Metaphysik«[15], nämlich den Versuch, das Zugängliche durch das Unzugängliche zu erklären, ohne dafür eine der Religionen in Anspruch zu nehmen. Sowohl das vergleichende Erkennen als auch die verborgene Unfreiheit des freien Willens werden ohne Rückgriff auf eine religiöse Glaubenswelt konstruiert. Vielmehr wird umgekehrt die Religion, wenn sie als Kultur begriffen wird, diesen Erklärungen untergeordnet; sie wird miterklärt wie alles andere und bestätigt damit den Rahmen, in dem verdeutlicht wird, was der Fall ist. Wenn der alte Gott *ratio* und *voluntas* in Höchstform gewesen war (in einer Form, die man gedanklich nicht überbieten konnte), so gibt es für beide Momente, für Erkennen und für Handlungsbestimmung, nun *einen anderen Grund,* der im Verhältnis zur Religion der verborgenen Wirkmächte analog gebaut ist und mit seinen eigenen Mystifikationen zur Erklärung der Gesellschaft und ihrer Welt ausreicht.

Wenn man dies akzeptiert als heute übliche Form des *Um*gehens mit Religion und des Um*gehens* von Religion, bleibt doch die Frage: Wie wirkt sich diese gesellschaftliche Eingliederung von Religion als Kultur auf die Religion selbst aus?

Wenn die Gesellschaft Religion als Kultur behandelt, muß dies nicht unbedingt heißen, daß die Religion selbst sich als ein Phänomen der Kultur, als Kulturverein mit besonderen Zielen auffaßt.[16] Man knan sogar so weit gehen, den Titel »Religion« selbst abzulegen, wenn es gesellschaftlich üblich geworden ist, Religionen als Bestandteile der Kultur darzustellen. Man mag dann immer noch darauf insistieren, den rechten Glauben zu haben, ihn aber für die authentische Offenbarung und damit für unvergleichbar zu halten.

Aber das ist dann unvermeidlich ein Standpunkt, der in der gegebenen Gesellschaft nicht der einzig mögliche ist und daher auch nicht unreflektiert vertreten werden kann. Von diesem Standpunkt aus rechnet der Beobachter, sich selbst ausnehmend, mit einer Pluralität von Religionen und dazu noch mit religionsbedürftigen, etwa wissenschaftlichen Weltbeschreibungen. Er hält sich für unvergleichbar, wohl wissend, daß es anderen keine Schwierigkeiten bereiten dürfte, ihn in gekonnte Vergleiche einzubeziehen – etwa im Hinblick auf einen besonderen dogmatischen Stil der Selbstunifizierung oder im Hinblick auf kirchenpolitische Konsequenzen oder im Hinblick auf seine Attraktivität für ein bestimmtes Publikum.

Ist diese Ordnung einmal durchgesetzt, dann mag eine religiöse Formation die Sorge um *die* Funktion *der* Religion oder die Frage ihrer gesellschaftlichen Notwendigkeit oder Ersetzbarkeit anderen Diskursen überlassen, etwa den »Religionswissenschaftlern« oder den Soziologen. Dem Paradox der ungläubigen (»wertneutralen«) Kommunikation über Fragen des Glaubens wird dann auf der Ebene der Diskurse durch Differenzierung abgeholfen. Das schließt »zivilisierte« Formen der Interaktion nicht aus, wenn Regeln der wechselseitigen Schonung, der Vermeidung von Provokationen und der Vermeidung der Formulierung von Konsenserwartungen beachtet werden. Schon im 17. Jahrhundert hatte man in

diesem Sinne von »civilité chrétienne« gesprochen, die ihre
Anhänger dazu verpflichtet, kontroverse religiöse Überzeugungen für sich zu behalten.[17] Es kann, wenn es gelingt, zu
wechselseitigen Irritationen kommen, die dann jede Seite auf
ihre Weise in Informationen umarbeiten kann.[18] Kurz: es gibt
auch dafür eine Kultur.

Auf diese Weise wird auch das Problem von Identität und
Differenz gelöst – oder jedenfalls in akzeptable Kommunikation überführt. Die Kommunikation ist eben deshalb akzep-
tabel, weil man nicht schon durch die Teilnahme diskreditiert
ist und weil auf jede Mitteilung mit »Ja« oder mit »Nein«
reagiert werden kann. Was immer gesagt wird, wird unter
Ablehnungsvorbehalt gesagt. Die Ja/Nein-Bifurkation wird
durch die Kommunikation selbst laufend erneuert.[19] Voraussetzung ist nur, daß verstanden wird, um was es geht und um
was es dem anderen geht. Vorausgesetzt ist, mit anderen
Worten, eine Selbstreflexion der Kommunikation *als Kommunikation*. Vorausgesetzt ist, daß auch Bindungswirkungen
der Kommunikation in der Kommunikation selbst zur Disposition stehen. Vorausgesetzt ist damit auch eine hinreichende
Unaufrichtigkeit der Kommunikation.[20] Was so für »weltliche« Kommunikation *über* Religion entwickelt worden ist,
kann dann auch in die (allerdings seltenen und eher auf
praktische Probleme bezogenen) Gespräche *zwischen* den
Religionen übernommen werden.[21]

Eine solche Reflexionskultur hat freilich bestimmte sozial-
strukturelle Voraussetzungen, und das bringt uns zurück zum
Thema der funktionalen Gesellschaftsdifferenzierung. Sie
setzt nämlich voraus, daß die Kommunikation von religiösen
Bindungen und über religiöse Bindungen keine weitreichen-
den Auswirkungen hat auf andere soziale Beziehungen. Sie
darf keine politischen Konsequenzen haben (es sei denn im
Sinne einer politischen Quotenregulierung für die Besetzung
von Posten, für die man dann Flagge zeigen muß). Sie darf

nicht, weil das weitere Konsequenzen hätte, zu stark mit ökonomischen Schichtungsdifferenzen korrelieren; und auch nicht zu stark mit Bildungsdifferenzen, etwa mit Universitätsdiplomen. Es ist schon bedenklich, wenn von Intellektuellen erwartet wird, daß sie sich als »libertins« oder als »religiös unmusikalisch« (Max Weber) aufführen und damit ein Intelligenzdefizit der Frommen anzeigen. Es darf nicht zu religiösen Boykotts in der Wirtschaft kommen und nicht zu Heiratsschranken zwischen Religionen. Man muß, allenfalls unter Beachtung religiöser Speisetabus, gemeinsam essen, dasselbe Eisenbahnabteil benutzen, kurz durchgehend so miteinander umgehen können, als ob Religion, und selbst religiöse Indifferenz, die Privatangelegenheit des einzelnen sei. Und im Flugzeug ist sowieso kein Platz für Gebetsteppiche.[22]

5. »Fundamentalismus« als Indiz von Aufrichtigkeit

Wenn man die komplexen und evolutionär hochunwahrscheinlichen Voraussetzungen solch einer reflektierenden Kommunikationskultur bedenkt, versteht man zugleich das Entstehen neuartiger, forciert religiöser, »fundamentalistischer« Tendenzen. Sie wurzeln im selben Boden, entwickeln sich in derselben Gesellschaft unter denselben Bedingungen. Wenn die Kultur verlangt, mit Brüdern im Unglauben zu leben, wächst auch die Versuchung, Brüder im Glauben zu finden.

Wir erinnern: Vergleiche forcieren die Gleichheit des Verschiedenen und die Verschiedenheit des Gleichen und generieren damit, als Medium der dafür in Betracht gezogenen Formen, Kultur. Kultur bietet damit immer auch die Möglichkeit, sich aus der Position des Verschiedenseins gegen das Gleichsein zu wehren. Gerade wenn Vergleichbarkeit in Aussicht gestellt ist, mag es attraktiv werden, sich mit dem Anderssein zu identifizieren. Zahllose Oberflächendifferenzierungen im Produktstyling oder in den akademischen »Schulen« könnten auf diese Weise erklärt werden; und natürlich auch die Verschiedenheit der Programme politischer Parteien bei Gleichheit ihrer durchweg guten Werte. In der Ausdifferenzierung selbst und in der fehlenden oder stark reduzierten Rücksicht auf eigene andere Rollen liegt ein Grund für die Betonung der Besonderheit des Unterschiedes. Gerade weil es nur um Fußball geht, kann man sich, ohne an andere Interessen zu denken, mit dem eigenen Club grölend und pfeifend (in jedem Falle: unartikuliert) identifizieren. Aber in allen genannten Fällen: auf Kosten von Kultur.[23]

Im Bereich der Religion kommt hinzu, daß persönliche Identifikation mit der »eigenen« Religion erwartet wird. Das führt zur Betonung des Andersseins der eigenen Religion; denn wie anders könnte man begründen, daß es gerade diese ist, zu der man sich bekennt? Daß die Religionszugehörigkeit sich in der modernen Welt nicht von selbst versteht und nicht aus anderen Rollen folgt, muß wie ein Verstärkereffekt wirken. Es gibt dafür keine anderen Gründe als die des besonderen Angebots, das man akzeptiert. Während »Enthusiasmus« und »Fanatismus« im 17./18. Jahrhundert religiös negativ besetzt waren, weil damit die dogmatisch unkontrollierte Privatinspiration bezeichnet wurde[24], ist im Zeitalter der Kultur und der unaufrichtigen Kommunikation gerade dies eine Möglichkeit, Aufrichtigkeit zum Ausdruck zu bringen; allerdings als Wahl einer dafür geeigneten Form der Kommunikation, also ohne aufrichtig *sein* und vor allem: ohne aufrichtig *bleiben* zu müssen, wenn man weitermacht. Um so mehr braucht man dann, allein schon aus kommunikationspraktischen Gründen, den Unterschied, das Anderssein der anderen, um den eigenen Motiven aufhelfen und sie darstellen zu können.

Der heutige Fundamentalismus mag zwar in seiner Semantik durch (wie immer selektive) Rückgriffe auf Traditionen gekennzeichnet sein, aber nicht in seinen intellektuellen Ursprüngen, nicht in der Rekrutierung seiner Anhänger und vor allem nicht in der Markierung dessen, wovon er sich unterscheiden will. Man darf sich also durch die Rhetorik nicht täuschen lassen. Er rekrutiert sein Führungspersonal nicht aus Schichten, die sich durch ihre Herkunft definieren – weder im Protestantismus, noch im Katholizismus, noch im Islam –, sondern aus Intellektuellen, die in der modernen Welt einen Standort suchen. Und erst recht ist das, wogegen er sich wendet, um sich zu unterscheiden, eng mit der modernen Gesellschaft verbunden. Es geht also gar nicht um Kontinuität einer Tradition, sondern um Benutzung von Tradition als Kultur.

Und dazu fehlt es in der heutigen Gesellschaft nicht an Gelegenheiten. Eine breite Welle von Erneuerungsbewegungen innerhalb von etablierten Religionen richtet sich gegen die Folgen von Verstädterung, Konsumorientierung, sexueller Freizügigkeit, Verrohung der Sitten und ähnliche Begleiterscheinungen der Moderne. Andere Angriffsziele bieten die Kirchen selbst mit ihrer Tendenz, die Einheit des Glaubens durch organisiertes Entscheiden sicherzustellen und ihre Anhänger wie Mitglieder zu behandeln, die eingetreten sind und dann auch parieren müssen. In anderen Fällen, vor allem in Lateinamerika, muß die Kirche selbst sich abgrenzen gegen neu entstehende Kulte, denen eine namensgleiche Göttin »Maria« genügt, um sich für katholisch zu halten, auch wenn sie im übrigen nicht einmal schwarze und weiße Magie unterscheiden können. Die Esoterik-Wellen Europas leben davon, daß sie, gleichsam *in partes infidelium* operierend, sich deshalb für etwas Besonderes halten können.

Eine solche Ummünzung von Distanz in (darstellbare) Motivation hat es freilich immer schon gegeben. Die großen religiösen Neuerungsbewegungen des Buddhismus, des prophetischen Judentums, des Christentums und des Islam sind kaum anders zu erklären. Aber ihnen hatte eine – wie wir es sehen können: – Kultur geholfen, die zwischen »abweichend« und »neu« und zwischen Verwunderung und Bewunderung nicht deutlich unterscheiden konnte und die Entscheidung dann gleichsam dem Prozeß überließ – oder dem »Charisma« oder dem »Geist«.[25] Dies scheint sich, zuerst in der europäischen Neuzeit, geändert zu haben.[26] Jedenfalls bildet »Kultur« jetzt ein Medium, dessen Einheit darauf beruht, daß es im Arbeitsgang des Vergleichens Gleichheit und Verschiedenheit in derselben Operation reproduziert. Das ermöglicht es, ganz davon abzusehen, ob etwas gleich oder verschieden *ist*. Es verhindert auch jeden Wertvorrang des Gleichen gegenüber dem Verschiedenen oder umgekehrt. Jede gegenteilige Behauptung dekonstruiert sich schon dadurch, daß sie aufgestellt wird – etwa wenn jemand die Gleichheit der Menschen behauptet, um etwas gegen die Ungleichheit zu unternehmen.[27]

6. *Pluralismus von Sinnroutinen*

Nach der Erfindung von Kultur und als eines der wichtigsten Momente dieser Neuerung hat sich auch die Funktion von Wissen in der Gesellschaft geändert. Normalerweise trägt man dem dadurch Rechnung, daß auf der Ebene der Beobachtung zweiter Ordnung eine subjektive (transzendentaltheoretische) oder eine intersubjektive (soziologische) Hintergrundtheorie eingeführt wird, die in den modernen »konstruktivistischen« Kognitionstheorien ihrerseits systemtheoretisch überboten werden. Das Resultat ist ein kognitiver Pluralismus der »Diskurse«.

Um Religion in der modernen Gesellschaft zu begreifen, müssen wir diese erkenntnistheoretische Sicht um einen Gedankengang bereichern. Was immer man von der Deckung kognitiver Annahmen und Routinen durch die Welt (und hier: durch systemexterne oder systeminterne Gegebenheiten) halten mag: eine ihrer wesentlichen Funktionen ist die Erzeugung des Spielraums für Entscheidungsfreiheiten. Dieses Argument richtet sich gegen die altliberale naturrechtliche Theorie, Freiheit sei eine angeborene Fähigkeit oder sogar ein angeborenes Recht der menschlichen Individuen, sie sei die Essenz ihrer Subjektivität.[28] Freiheit kann nicht in einer leeren Welt konstituiert werden. Nur wenn man eine Situation versteht (wie immer richtig oder falsch, wenn man es unter methodischen Gesichtspunkten prüft), kann man Möglichkeiten sehen, in ihr zu handeln. Nur wenn man annimmt, daß es Hexen gibt, hat man die Freiheit, sich Verfahren zu überlegen, die sich dazu eignen, Personen als Hexen zu überführen, und zugleich das Risiko von Fehlurteilen gering halten. Nur wenn man annimmt, daß Magier über ungewöhnliche kausale Potenzen verfügen, hat man die Freiheit, sich an sie zu wenden oder dies zu unterlassen. Nur wenn man glaubt, daß eine gute Ausbildung die Chancen auf dem Arbeitsmarkt verbessert, hat es Sinn, sich darum zu bemühen. Alle Kognition mag, zumindest in dieser freiheitsgenerierenden Hinsicht, Selbsttäuschung sein; aber gerade wenn dies so ist, kommt es nur darauf an, mit welchen kognitiven Routinen man welche Freiheiten generiert.

Akzeptiert man diese Überlegung, und sie ist natürlich ein Fall von »Autologie«, ein Fall von Anwendung der Erkenntnis auf sich selbst, dann erhellt das die Strategie religiöser Fundamentalismen. Ihre kognitiven Routinen, ihre erklärenden Geschichten, ihre Kausalattributionen mögen einen abstrusen Eindruck machen – aber warum nicht, wenn es darum geht, Freiheit in der Verhaltenswahl anzubieten? Man kann etwas tun, was man anderenfalls nicht tun könnte, wenn man von einem bevorstehenden Weltuntergang ausgeht. Wer sich auf einen Teppich setzt, um zu fliegen, wird zwar die Erfahrung machen, daß er nicht vom Fleck kommt; aber er kann dies immer noch damit erklären, daß ihn seine Zauberkräfte verlassen haben. Auch kognitive Routinen entwickeln sich nicht beliebig. Auch sie unterliegen evolutionären Tests. Nicht *anything goes*. Aber der Test mag auch im Bereich der Freiheiten liegen, die man ihnen verdankt, und durch eingebaute Erklärungen für Mißerfolge unterstützt werden.

Für die Entwicklung solcher Routinen braucht man keine Kultur. »Aberglaube« genügt. Man kann, ja man muß Beobachter erster Ordnung bleiben. Aber offenbar sind die damit verbundenen Interessen so stark, daß sie auch eine Kultur aushalten, die im Modus der Beobachtung zweiter Ordnung operiert. Die Erfahrung unterschiedlicher Kognitionen ist so verbreitet, daß sie nicht mehr abschreckend wirkt und nicht mehr, wie in den Dörfern der alten Welt, den einzelnen isoliert und Kommunikation hemmt. Das Sich-Unterscheiden wird leicht gemacht. Und andererseits nimmt das Interesse zu, eine Nische zu finden und einen Verhaltensspielraum zu gewinnen, der anderen nicht zugänglich ist.

7. Identität als Abweichung

Das Verständnis von Religion als Kultur mag für das Selbstverständnis der einzelnen Religionen problematisch sein, es kommt aber den Bedingungen entgegen, unter denen Individuen ihre Leben in der modernen Gesellschaft zu führen haben und sich für Religion und dann auch für eine bestimmte Religion entscheiden müssen. Das erfordert eine Art von Identifikation, die ihre Bindungswirkung gerade daraus zieht, daß sie nicht selbstverständlich ist.

In der alten Welt, in der Welt der tribalen oder der stratifizierten Gesellschaften, brauchten Individuen nicht mit Situationen zu rechnen, in denen sie zu erklären hatten, wer sie sind. Für den Adeligen genügte die Nennung des Namens. Andere waren an dem Ort, in dem sie lebten, bekannt. Die Individualität war durch Herkunft, Familie oder raumgebundene Lebensführung ausreichend konkretisiert. Eine ergänzende Spezifikation konnte der Moral überlassen bleiben, und es ging dann nur darum, wie gut oder wie schlecht man die Erwartungen erfüllt hatte, die nach allgemeinen religiösen Kriterien und ergänzend nach Maßgabe der sozialen Position an das Individuum gerichtet waren – von wem auch immer! Diese Situation hat sich im Übergang zur modernen Gesellschaft dramatisch geändert. Jeder muß heute mit Situationen rechnen, in denen er erklären muß, wer er ist, und in denen die einfachen Signale nicht mehr genügen. Für den einzelnen heißt dies, daß seine soziale Existenz nicht mehr objektiv gegeben ist, sondern dargestellt und ausgehandelt werden muß. Er kann daher auch nicht *wissen*, wer er ist; er muß versuchen, eine Projektion seiner selbst sozial bestätigen zu lassen. Spätestens seit dem 19. Jahrhundert folgt dem die Literatur mit der Unterscheidung von körperlich-psychischer und sozialer Identität.[29] Im Anschluß daran spricht man von »Selbstverwirklichung« – so als ob man als gezeugtes geborenes Geschöpf noch gar nicht »wirklich« wäre, sondern ein Mehr an Wirklichkeit erst noch beansprucht und erarbeitet werden muß.

Diesen sozial strukturell bedingten Individualisierungsschwierigkeiten kommt eine breite Ausfächerung von Möglichkeiten der Selbst-Bestimmung entgegen. Man kann sich einer Karriere widmen oder sich einer sozialen Bewertung anschließen. Man kann sich, unter dem Vorbehalt, die Themen zu wechseln, auf »Kritik« und »Protest« festlegen. Auch die alte Thematik des »Don Juan« gehört in diesen Zusammenhang und wechselt deshalb ihren literarischen Kontext von Komödie (auf Kosten der Frauen) zu Tragödie (auf Kosten des Mannes). Und schließlich die Religion. Es dürfte für diese Funktion der Sinnfindung und Selbstverwirklichung wichtig sein, daß eine breite Palette von Möglichkeiten im Angebot ist. Man ist bei der Entscheidung für einen bestimmten religiösen Glauben als Entscheider sichtbar: als jemand, der seine Identität gesucht und gefunden hat. Und es macht dabei nichts aus, daß diese Entscheidung, etwa für Spiritismus oder für Anthroposophie, anderen unverständlich ist und belächelt wird; denn als Individuum ist man sowieso nicht so wie andere.[30] Die Stärke der Motive mag sich gerade an ihrer Ungewöhnlichkeit, am Abweichen zeigen, vorausgesetzt, daß man Gleichgesinnte findet, die bestätigen, daß es sinnvoll ist.

Die Gleichheit der kulturellen Ausprägungen von Religionen bietet dafür einen gesellschaftlich legitimierten Rahmen. Wenn von der Religion aus gesehen die Gesellschaft als säkularisiert beschrieben wird, so von der Gesellschaft aus gesehen die Religion als Kultur. Und beide Beschreibungen ergänzen einander wie zwei Seiten einer Medaille. Sie stimmen nicht überein, aber sie reagieren auf die funktionale Differenzierung der modernen Gesellschaft und auf die dadurch ausgelöste Neusituierung von Individualität, nämlich darauf, daß Individualität nur noch durch Selbstbeobachtung und Selbstbeschreibung soziale Resonanz finden kann.

8. Religion statt Kultur?

Wenn es in der am Ende dieses Jahrhunderts sichtbar gewordenen Weltgesellschaft Anzeichen dafür gibt, daß die von Europa ausgehenden Transformationen auch den Bereich der Religion erfassen, dann sind dies weder Anzeichen für ein bevorstehendes »Ende der Religion«, noch Anzeichen für

Säkularisierung im Sinne eines Bedeutungsverlustes der Religion, ja nicht einmal Anzeichen für ihr Unsichtbarwerden.[31] Aber es könnte sein, daß die europäische Erfindung von Kultur einen Unterschied macht – einen Unterschied, der es ermöglicht, in der Gesellschaft *über* Religion zu kommunizieren, und es trotzdem nicht ausschließt, *als* Religion zu kommunizieren. Über Religion – dabei wird beobachtet, wie Religionen die Welt beobachten. Als Religion – dabei wird die Welt selbst beobachtet. Eine Beobachtung von Beobachtern, eine Beobachtung zweiter Ordnung, kann es nur geben, wenn es eine Beobachtung erster Ordnung gibt. Das Umgekehrte gilt nicht. Das, wie ich meine neue, Problem liegt dann darin, wie man im Modus der Beobachtung erster Ordnung weiterhin beobachten, also in seiner naiven, »lebensweltlichen«, objektbezogenen Einstellung verbleiben kann, aber weiß, daß man beim Beobachten beobachtet wird. Und dies nicht nur von Gegnern oder Kritikern, die ihren eigenen Interessen frönen, sondern in einer Einstellung, die nur vergleicht und als Kultur etabliert ist.

Eine der Möglichkeiten könnte dann sein, die Selbstbeobachtung in den Modus der Beobachtung zweiter Ordnung zu überführen, also etwa theoriebewußt theologisch zu argumentieren. Eine Tendenz dieser Art hatte vor nicht allzu langer Zeit von Theologen gefordert, sich selbst erkenntnistheoretischen Kontrollen zu unterwerfen. Eine andere, scheinbar konträre, aber in der Tat funktional äquivalente Möglichkeit könnte in der Fundamentalisierung des eigenen Glaubens liegen. Auch damit präpariert man sich selbst fürs Beobachtetwerden, dies aber so, daß mitverdeutlicht wird, daß man sich dadurch nicht wird beeindrucken lassen. Die wie immer brüchige Sicherheit des eigenen Glaubens wird als nichtanpassungsbereit kommuniziert. Und das Besondere wird genau deshalb scharf akzentuiert, weil man weiß oder doch antizipieren kann, daß es in vergleichender Perspektive

gar nichts Besonderes ist, sondern eben zum Beispiel ein
»Fundamentalismus« wie alle anderen auch.

Dies alles wäre kein ernstliches Problem, wenn man sicher
sein könnte, daß Religion in der modernen Gesellschaft nur
als Religion in Betracht kommt, so wie Fußball nur als Fußball. Das ist jedoch durch die funktionale Systemdifferenzie-
rung der modernen Gesellschaft nicht schon eo ipso garantiert. Diese hat als Struktur keine eigene Kraft, wenn sie nicht
auf der Ebene der Operationen, also durch Kommunikation,
autopoietisch reproduziert wird. Und man kann schon sehen,
daß dies nicht ohne weiteres geschieht. Verzichte, Opfer,
Selbstexklusion sind Kommunikationsformen mit starkem
Ausdruckwert; und sie bieten sich an, gerade wenn man *trotz
allem* sich zu einer Religion bekennt. Man kann hier an
Traditionen anknüpfen.

Aber auch umgekehrt stehen für Personengruppen, die
unter der Bedingung weitgehender Marginalisierung oder
E*xklusion* leben (in marxistischer Sprache: den Ausgebeute-
ten, Entrechteten, Unterdrückten) immer noch religiöse Formen zur Verfügung, für die sie keine Ausweise und keine
Identität, keine Rechte und kein Geld, keine Familie und kein
geprüftes Wissen brauchen, um teilnehmen zu können, sondern nur ihre Körper. In Bereichen der Kommunikation,
welche durch die Funktionssysteme nicht mehr erfaßt, ja
durch sie ausgeschlossen werden, kann man einen Wild-
wuchs, eine Spontangenese religiöser Formen beobachten,
die von der Freiheit Gebrauch macht, die in der Ausschließung liegt. Und selbst der Ausschluß aus den kirchlich oder
doch dogmatisch und rituell organisierten Hochreligionen
mag hier als eine der Bedingungen für Religionsentwicklung
gelten: als Bedingung des Wiedergewinns kultureller Naivi-
tät, als Bedingung für Religion ohne Kultur.

ANHANG

Anmerkungen

Mit Ausnahme der entsprechend gekennzeichneten [»A. d. H.«] stammen alle Anmerkungen von den Autoren der jeweiligen Beiträge.

Otto Kallscheuer
**Zusammenstoß der Zivilisationen
oder Polytheismus der Werte?**

1 »Schulfrei für Jesus«, wie sich die liberale Wochenzeitung *DIE ZEIT* (Nr. 20/1996) ausdrückte: Sabine Rückert / Wolfgang Gehrmann, Dossier zum »LER«-Konflikt.
2 Vgl. Claus Leggewie, *Multikulti*, Berlin 1990, Kap. IV., S. 74–87; zuletzt Gilles Kepel, *Allah im Westen*, München – Zürich 1996, S. 265–273 sowie S. 318–327. Zur Krise des französischen Modells der »Laicité« siehe jetzt die Beiträge im Themenheft von *Pouvoirs*, No. 75 (1995).
3 Auch die allermeisten Fundamentalismus-Studien – mit Ausnahme von Martin Riesebrodts *Fundamentalismus als patriarchalische Protestbewegung* (1990; vgl. auch seinen Beitrag in diesem Band) – leiden an solcher »Weitsichtigkeit«: sie vermuten die Gefahren religiösen Integrismus vorrangig in der Ferne und Fremde. Dies gilt im geringeren Maße für die mehrbändige Publikation der Ergebnisse des Fundamentalismus-Projekts der *American Academy of Arts and Sciences* (1991 ff.): Martin E. Marty / R. Scott Appleby (Hg.), Bd. 1, *Fundamentalisms Observed*; Bd. 2, *Fundamentalisms and Society*; Bd. 3, *Fundamentalisms and the State* (Siehe auch die Kurzfassung der Hg.: Martin E. Marty / R. Scott Appleby, *Herausforderung Fundamentalismus*, Frankfurt / M. – New York 1996). Mark Juergensmeyer, *The New Cold War. Religious Nationalism Confronts the Secular State*, Berkeley, ca. 1993, widmet immerhin ein Kapitel den ex-kommunistischen Ländern (Ch. 5: *Formerly Marxist States*, S. 110–150).
4 Fünfzig Jahre nach dem Ende des Weltkriegs haben serbische Bomben die Erinnerungsstätten des Konzentrationslagers Jasenovac zerstört, in dem unter der mit Nazi-Deutschland verbündeten Ustascha-Diktatur 80 000 Menschen umkamen (darunter 16 000 Juden – die übrigen waren Serben, kroatische Kommunisten, Sinti und Roma). Der kroatische Präsident Tudjman will nunmehr, wie ihn der dissidente Intellektuelle Slavko

Goldstein in einem Offenen Brief anklagt, diesen Ort des Gedenkens »entweihen«, indem er ihn zu einem Monument der Versöhnung von Opfern und Tätern macht. Heute wollen offenbar sowohl Serben als auch Kroaten diese Ende der 60er Jahre von der kommunistischen Regierung erbaute Gedenkstätte vergessen (Slavenka Drakulic, »Il lager dei morti senza pace«, in: *La Stampa*, 30. 4. 1996). Zur Pflicht des Gedenkens und den Ambivalenzen einer sakralisierten Erinnerung – mit Gefahren, die keineswegs bloß totalitäre Regime oder ethnokratische Führerstaaten betreffen – vgl. Tzvetan Todorov, *Les abus de la memoire*, Paris 1995 (und die dadurch ausgelöste Debatte).

5 Dan Diner, *Der Krieg der Erinnerungen und die Ordnung der Welt*, Berlin 1991.

6 So etwa, als das katholisch-integristische Bündnis »Levante« unter Teilnahme der (damaligen) Präsidentin der italienischen Abgeordnetenkammer, Irene Pivetti, aus Protest gegen die Eröffnung der ersten Moschee in der Heiligen Stadt Rom eine »Sühnemesse« ob dieses Sieges der Heiden feierte ...

7 Die Formel ist natürlich älter: als juristische Kurzformel für die Kombination von *jus reformandi* der Reichsstände und *jus emigrandi* der Untertanen wurde sie 1576 vom Greifswalder Juristen Joachim Stephani geprägt; der Sache nach geht sie auf den Augsburger Religionsfrieden von 1555 zurück, dessen Regelungen mit dem Westfälischen Frieden auch auf die Calvinisten / Reformierten als (neben Lutheranern / Anhängern der Confessio Augustana und Katholiken) dritte Konfession ausgeweitet wurden. Als Überblick (auch über die Literatur) siehe Harm Klueting, *Das Konfessionelle Zeitalter 1525–1648*, Stuttgart 1989 (hier Kap. 5 und 14). Auf die wichtigen neueren Studien zum Konfessionalismus von Wolfgang Reinhardt und Heinz Schilling sei hier nur generell hingewiesen.

8 Vgl. Arnold Toynbee, »Anarchy by Treaty, 1948–1967«, Einleitung zu *Major Peace Treaties of Modern History*, New York 1967 [S. XIII–XXIX]; siehe auch einige der im Sammelband *Europäische Geschichte* (Frankfurt/M. – Leipzig 1993) von Horst Günther versammelten Texte, v. a. eine kurze Notiz von Leibniz »Jetzige Bilance von Europa« [1669, S. 31 f.] und Leopold von Rankes Aufsatz »Die großen Mächte« [1833, S. 492 ff.].

9 Zitate aus diesem Novalis-Fragment [abgedruckt etwa in *Europäische Geschichte*, wie Anm. 8] habe ich hier nicht eigens ausgewiesen. Vgl. jetzt die kontrastierenden Interpretationen in: *Neue Rundschau* 107/9 (1996) Heft 3, das diesem Text gewidmet ist.

10 Friedrich Schleiermacher, *Über die Religion. Reden an die Gebildeten unter ihren Verächtern* (1799), Stuttgart 1969, S. 141.

11 Die Schlüsseltexte dafür sind Jonathan Edwards' *Treatise Concerning Religious Affections* (1746) und – in neuerer Zeit – William James' Gifford-Lectures *The Varieties of Religious Experience* (1902). Edwards, vielleicht der erste amerikanische Philosoph von Rang, war als Theologe und Prediger zugleich Protagonist des ersten *Great Awakening* in den neuenglischen Kolonien; James, der vielleicht bedeutendste amerikanische Philosoph dieses Jahrhunderts, der sich dem religiösen Enthusiasmus als Psychologe nähert, stammt aus presbyterianischem Elternhaus. Im fünften Kapitel von *Gottes Wort und Volkes Stimme* (Frankfurt/ M. 1994) habe ich den historisch-politischen Kontext der US-amerikanischen »Religion der Erfahrung« knapp skizziert.

12 Daraus erklären sich nicht zuletzt auch die unterschiedlichen ›Logiken‹ des Nationalismus in Südosteuropa. Siehe dazu: Fröschl / Mesner / Ra'anan (Hg.), *Staat und Nation in multi-ethnischen Gesellschaften*, Wien 1991; Ernest Gellner, *Nationalismus und Moderne*, Berlin 1991.

13 Um die Terminologie aus Carl Schmitts schöner welthistorischer Parabel zu verwenden: *Land und Meer* (1942), Köln-Lövenich 1981. Zum Zusammenhang von territorialer Staatsraison und Moderne siehe auch Stephen Toulmin, *Kosmopolis*, Frankfurt/M. 1991, passim.

14 Es sei gerade die föderale Verfassung des deutschen Reiches, seine multilaterale Vertragsstruktur und seine strukturell nichtangriffsfähige dezentrale Kleinstaaterei, die dieses (kon-)föderale Recht zum *Jus Publicum Europaeum* machten. Jean-Jacques Rousseau hielt freilich den Föderationsplan des Abbé de Saint-Pierre – die Idee einer »République européenne« als Herzstück seines Projekts des Immerwährenden Friedens – für »trop bon pour être adopté« [*The Political Writings of Jean-Jacques Rousseau*, hg. von C. E. Vaughan, Cambridge, UK 1915, Vol. I., S. 372, 388 und 396]. Er revolutionierte daher später die Hobbes'sche Theorie der Souveränität, indem er die absolute Gewalt des Souveräns zum nationalen Gemeinwillen machte und auf einen republikanischen Gesellschaftsvertrag gründete.

15 Zum Thema der Föderalismusmodelle und Unionsstrukturen in der europäischen Neuzeit siehe zuletzt die instruktiven Analysen im von Thomas Fröschl herausgegebenen 21. Bd. (1994) der *Wiener Beiträge zur Geschichte der Neuzeit*.

16 Den Konfessionalismus als Voraussetzung der Staatsraison der europäischen Moderne betont mit Recht auch Hagen Schulze, *Staat und Nation in der europäischen Geschichte*, München 1994 (v. a. Kap. 2 und 3).

17 Francis Fukuyama, »The End of History«, in: *The National Interest*, Summer 1989; ders., *Das Ende der Geschichte*, München 1992; dazu Perry Anderson, *Zum Ende der Geschichte*, Berlin 1993 (der insbesondere auf die Vorläufer und Fixsterne Fukuyamas, Hegel und Kojève,

eingeht); Samuel P. Huntington, »The Clash of Civilizations?«, in: *Foreign Affairs*, Vol. 72, No. 3 (Summer 1993); vgl. auch die Debatte in den folgenden Heften derselben Zeitschrift sowie demnächst Huntingtons neues Buch *Kampf der Kulturen*, München 1996.

18 Arnold Toynbee, *The World and the West*. The Reith Lectures, Oxford 1953; Edward W. Said, *Orientalism* (1978).

19 In der Kritik an Huntington wurden zumeist Oswald Spengler und Arnold Toynbee genannt. Doch Huntingtons aus der Angst vor einer inneren Zersetzung der politisch-kulturellen Voraussetzungen der amerikanischen Demokratie geborene kritische Einstellung zum ›Multikulturalismus‹ in der US-amerikanischen Kultur- und Innenpolitik – eine Angst, die Huntington ebenso mit (linken) ›*liberals*‹ vom Schlage eines Arthur Schlesinger wie mit (Wert-)Konservativen à la George F. Kennan teilt – macht aus ihm jedenfalls noch keinen Anhänger von *Der Untergang des Abendlandes*; und anders als der britisch-imperiale Byzantinist Toynbee scheint der US-Amerikaner Huntington an der tatsächlichen Geschichte der Konfrontation zwischen *The World and the West* kaum interessiert.

20 A. Kojève, »L'empire latin. Esquisse d'une doctrine de la politique française (27. Août 1945)«, erstveröffentlicht in: *La règle du jeu*, 1re Année. Mai 1990, No. 1, S. 84–123. [Alle nicht weiter ausgewiesenen Anführungen in diesem Abschnitt beziehen sich auf diesen Text.] Noch im selben Jahr trat Kojève in den französischen Staatsdienst ein: Er arbeitete seitdem unter Robert Marjolin in der auswärtigen Abteilung des französischen Finanzministeriums. Marjolin war in den dreißiger Jahren einer der Teilnehmer an Kojèves legendärem Hegel-Seminar gewesen und wurde später einer der Initiatoren des Europäischen Gemeinsamen Marktes. Zur nicht nur geographisch beschränkten Optik Kojèves weist D.-A. Grisoni in seiner Vorbemerkung zu diesem Text auf den auch moralisch erschreckenden Umstand hin, daß Kojève weder die nur wenige Wochen alte Explosion der beiden Atombomben von Hiroshima und Nagasaki (6. und 9. August 1945) noch die Entdeckung der deutschen Vernichtungslager durch die Siegermächte überhaupt erwähnt. Zum Folgenden – zu Kojèves Text und Kontext – siehe außerdem Dominique Auffret, *Alexandre Kojève. La philosophie, l'État, la fin de l'Histoire*, Paris 1990, S. 282–289; P. Anderson, *op.cit.*, Kap. III.

21 Kojève, »L'empire latin« (wie Anm. 20), S. 93. Die These, daß die Alternative zum nationalsozialistischen Europa sich nicht mehr auf die national-staatliche Staatsraison stützen könne (und dürfe), gehörte auch zu den Leitideen des nichtkommunistischen Widerstandes gegen die NS-Diktatur bzw. -Besatzung, v. a. bei Intellektuellen liberal-sozialistischer oder katholischer Inspiration. Freilich dachten diese nicht an eine ›impe-

riale‹, sondern an eine ›föderale‹ Zukunft des Abendlandes. In Deutschland sei an Intellektuelle wie Walter Dirks und Eugen Kogon erinnert [etwa Dirks, *Gesammelte Schriften*, Bd. 4 (Zürich 1987), S. 60 ff.; der gesamte 2. Bd. von Kogons *Gesammelten Schriften* (Weinheim 1995) enthält dessen »Europäischen Visionen«]; in Italien an Altiero Spinelli [siehe das »Manifest von Ventotene« (1941) von Altiero Spinelli, Ernesto Rossi und Eugenio Colorni sowie die jetzt in A. Spinelli, *La rivoluzione federalista* (Bologna 1996) versammelten Artikel aus den Jahren 1944–1947]; für Frankreich siehe die [im Bd. VII (1987) seiner *Œuvres Complètes* versammelten] politischen Schriften Jacques Maritains aus der Weltkriegszeit [zuletzt seine unveröffentlichte Skizze *L'Europe et l'idée fédérale* (1941), Paris 1993]. Vgl. auch Hannah Arendts Artikel »Approaches to the German Problem«, in: *Partisan Review*, Winter 1945 [dt. in dies., *Zur Zeit*, Berlin 1986].

22 Alexandre Kojève, *Hegel*, Frankfurt/M. 1975.

23 Diese These – offenkundig am nordeuropäischen Modell der anglikanischen Kirche bzw. der protestantischen Monarchien gewonnen – ist ein deutliches Indiz für den europäischen Provinzialismus der Kojèveschen Geschichtsphilosophie. (Die Wirklichkeit der protestantischen Freiheit in den USA schließt bekanntlich jede »established religion« aus.) Derselbe alteuropäische Blick des russischen Hegelianers zeigt sich auch in der Personifikation der Gestalten des imperial gewordenen Weltgeistes: in seinem Text erscheinen Hitler – der als »jakobinischer« Nationalist vergeblich die Nachfolge von Robespierre und Napoleon anzutreten versuchte – sowie Churchill und Stalin als Verkörperungen ihrer russisch-orthodoxen bzw. angelsächsischen Reiche und de Gaulle als lateinische Hoffnung – kein einziger US-amerikanischer Politiker wird auch nur erwähnt. »Zivilisatorisch« bilden die USA für Kojève einen Annex des britischen Commonwealth.

24 Interview mit S. Huntington, in: *die tageszeitung*, 18. 5. 1994. Zur Beschreibung solcher »Zivilisationsgrenzen« siehe jetzt auch Robert Kaplan, *Reisen an die Grenzen der Menschheit. Wie die Zukunft aussehen wird*, München 1996 (v. a. Kap. 16 und 17). Zur ambivalenten Rolle des Religiösen in Huntingtons »Zivilisationsparadigma« vgl. die anregende Kritik von James Kurth, »The Real Clash«, in: *The National Interest*, Fall 1994, S. 3–15.

25 Siehe Bernard Lewis, *Die politische Sprache des Islam*, Berlin 1991, S. 71–75 [bzw. die Lit.-Hinweise auf S. 210 f., Anm. 27]. Eine interessante Konfrontation des ›millet‹-Wesens mit den austromarxistischen Ideen zur Lösung der Nationalitätenkonflikte der K.-u.-k.-Monarchie versucht Uri Ra'anan, »Nation und Staat«, in: Fröschl u. a., *Staat und Nation in multi-ethnischen Gesellschaften* (wie Anm. 12), S. 39 f., 52 ff.

26 In: *Foreign Affairs*, Summer 1993 (hier: S. 39)

27 Nenad Stefanov / Michael Werz (Hg.), *Bosnien und Europa. Die Ethni-
    sierung der Gesellschaft*, Frankfurt/M. 1994. Zum historischen Kontext
    vgl. Noel Malcolm, *Geschichte Bosniens*, Frankfurt/M. 1996.

28 Alex de Waals, »The genocidal state«, in: *Times Literary Supplement*,
    July 1, 1994, S. 3 (Zitat aus einem Artikel von David Turton).

29 Huntington, in: *Foreign Affairs* (Summer 1993), S. 27 f. Auch Francis
    Fukuyama betont in seinem jüngsten Buch *Trust. The Social Virtues and
    the Creation of Prosperity* (New York 1995) die Rolle kultureller Tradi-
    tionen und moralischer Routinen für ein gedeihliches liberalkapitalisti-
    sches Wachstum und kommt dabei, was die Zukunft des liberalen
    Systems anlangt, zu deutlich skeptischeren Prognosen als 1989.

30 Im Hintergrund der Huntington-Debatte steht natürlich der Streit zwi-
    schen außenpolitischen Realisten und liberalen Internationalisten in der
    US-Außenpolitik, auf den hier jedoch nicht eingegangen werden kann.

31 Bronislaw Geremek, »Identité de l'Europe Centrale: Illusion et réalités«,
    Referat beim Castelgandolfo-Gespräch *Identity in Change*, 11.–13.
    August 1994 [Siehe auch meinen Bericht über diese Konferenz in: *DIE
    ZEIT*, Nr. 36/1994, S. 54].

32 Siehe Toynbee, *The World and the West* (wie Anm. 18) Kapitel VI.; Rémi
    Brague, *Europa. Eine exzentrische Identität*, Frankfurt/M. – New York
    1993, Kap. II und V; Kallscheuer, *Gottes Wort und Volkes Stimme* (wie
    Anm. 11), Kap. VI (dort auch weitere Lit.-Hinweise).

33 Siehe dazu meine De-/Rekonstruktion »›And Who is My Neighbor?‹
    Moral Sentiments, Proximity, Humanity«, in: *Social Research*, Vol. 62,
    No. 1 (Spring 1995), S. 99–128.

34 Ich beziehe mich im folgenden implizit u. a. auf Charles Taylor, *Quellen
    des Selbst*, Frankfurt/M. 1994 (v. a. Kap. 2: »Das Selbst im moralischen
    Raum«). Siehe auch Taylors Beitrag in diesem Band. Zu den verwandten
    religionssoziologischen Begriffen und Hypothesen: Peter L. Berger, *Der
    Zwang zur Häresie*, Freiburg/Br. 1992; Thomas Luckmann, *Die unsicht-
    bare Religion*, Frankfurt/M. 1991; P. Berger / Th. Luckmann, *Moderni-
    tät, Pluralismus und Sinnkrise*, Gütersloh 1995; Pierre Bourdieu, *Rede
    und Antwort*, Frankfurt/M. 1992 (S. 224–237); ders., *Raisons pratiques*,
    Paris 1994 (Kap. 6). – Für weitere Literaturhinweise siehe Abschnitt 11,
    »Säkularisierung, Religion und Moderne«, im Anhang dieses Buches.

35 Natürlich gibt es auch Gegenbeispiele, wie etwa die italienische Bewe-
    gung ›Comunione e Liberazione‹. Siehe dazu meine Fallstudie »Katholi-
    scher Integralismus als postmoderne Bewegung«, in: J. Bergmann,
    A. Hahn u. Th. Luckmann (Hg.), »Religion und Kultur«, Opladen 1993
    [= Sonderheft Nr. 33 der *Kölner Zeitschrift für Soziologie und Sozial-
    psychologie*], S. 150–168.

36 Siehe José Casanova, »Public and Private Religions«, in: *Social Research*, Vol. 59, No. 1 (Spring 1992), S. 17 ff., und seinen Beitrag in diesem Band; für eine intelligente liberalismuskritische Haltung in dieser Frage siehe Clarke E. Cochran, *Religion in Public and Private Life*, New York–London 1990.

37 Ronald Dworkin, *Die Grenzen des Lebens. Abtreibung, Euthanasie und persönliche Freiheit*, Reinbek b. Hamburg 1994.

38 Natürlich war dies häufig – soziologisch – auch schon in den Sechzigern nicht mehr wirklich angemessen, aber die politologischen (etwa: wahlanalytischen) Korrelationen funktionierten noch länger. Für einen brillanten Überblick über die seither erfolgten Entwicklungen siehe z. B. Karl Gabriel, *Christentum zwischen Tradition und Postmoderne*, Freiburg i. Br.–Basel–Wien 1992. Zum Vergleich siehe Franco Garelli, *Forza della religione e debolezza della fede*, Bologna 1996; sowie allgemein die im Anhang unter 9, »Status quo und aktuelle Tendenzen . . .«, angegebene Literatur.

39 Dieses Buch stellt *keine* empirische religionssoziologische Bestandsaufnahme vor. Für die neuere Literatur sei aber auf die thematisch geordneten Hinweise im Anhang verwiesen.

40 Zum Bild von Identitäts-Verhandlungen vgl. das fünfte Kapitel: »Das geteilte Selbst« in: Michael Walzer, *Lokale Kritik – globale Standards*, Hamburg 1996, S. 111–135.

41 Diese – wenn man will: sozialwissenschaftliche – Lehre aus der Hermeneutik kann man heute insbesondere beim politischen Theoretiker Michael Walzer und dem Sozialphilosophen Charles Taylor studieren.

42 Für eine moralphilosophische Erörterung z. B. der Identitätsprobleme ›liberaler Moslems‹ siehe Akeel Bilgrami, »What is a Muslim? Fundamental Committment and Cultural Identity«, in: *Critical Inquiry* (1992), Vol. 18, No. 4 (Summer 1992).

Rémi Brague
Orient und Okzident

1 Der vorliegende Artikel knüpft an zahlreiche in meinem Buch *Europe – la voie romaine* (Paris, 2. Aufl. 1993) entwickelte Ideen an [dt. Übersetzung: *Europa. Eine exzentrische Idee*, übers. v. G. Ghirardelli, Frankfurt/ M.–New York 1993].

2 Siehe G. W. Bowersock, *Hellenism in Late Antiquity*, T.-S.-Jerome-Lectures, Ann Arbor, Michigan 1990, Kap. VI.

3 Siehe dazu die Ausführungen im folgenden Abschnitt.

4 Viele interessante Ideen und Hinweise hierzu fand ich in: O. Kallscheuer,

»Cuius regio – eius religio? Kleine politisch-theologische Geographie Europas«, in: ders., *Gottes Wort und Volkes Stimme*, Frankfurt/M. 1994, S. 19–34.

5 Aristoteles, *Politik*, VII, 1327 b, 20–33, bes. 24 ff. [»Die Völkerschaften nämlich, die in den kalten Gegenden Europas wohnen, sind zwar voll Mut, aber weniger mit Denkvermögen und Kunstfertigkeit begabt. Daher behaupten sie zwar leichter ihre Freiheit, aber sind zur Bildung staatlicher Gemeinwesen untüchtig und die Herrschaft über Nachbarvölker zu gewinnen unvermögend. Die Völker Asiens dagegen sind mit Denkvermögen und Kunstfertigkeit begabt, aber ohne Mut. Daher leben sie in Unterwürfigkeit und Sklaverei. Das Geschlecht der Griechen endlich, wie es örtlich die Mitte zwischen beiden einnimmt, vereinigt auch die Vorzüge beider, denn es ist voll Mut und zugleich mit Denkvermögen begabt.« Übers. Franz Susemihl]

6 Siehe B. Laourdas, »Michel Apostolis, ›Rede über Griechenland und Europa‹« [auf griechisch], in: *Epeteris Etaireias Byzantinôn Spoudôn*, 19 (1949), S. 235–244.

7 Siehe dazu die anregende Synthese des ungarischen Historikers Jenö Szücs, *Die drei historischen Regionen Europas*, Frankfurt/M. 1990.

8 Darauf hat mich freundlicherweise Prof. Yves Hamant (Universität Paris X - Nanterre) hingewiesen.

9 Unlängst nahm ich an einem Kongreß zum Thema »Europa« teil – und man kam natürlich auf die Grenzen Europas zu sprechen. Einer der Teilnehmer (dessen edle Gesinnung und Toleranz ich nicht in Zweifel zu ziehen wage) schlug vor: »Wir können bis Wladiwostok gehen«. Worauf ich ihm mit *pokerface* antwortete: »Ein interessanter Vorschlag. Möchten Sie zu Pferd oder mit dem Panzer dorthin?« Ich wollte mit dieser ironischen Bemerkung darauf hinweisen, daß geographischer Imperialismus auch eine mildere Variante von handfesteren Ambitionen darstellen und militärischen oder ökonomischen Machtansprüchen den Weg bereiten kann. Jedenfalls schließt die Verwendung der 1. Person pluralis unbewußt den einzig legitimen Adressaten dieser Frage aus – die Völker Mitteleuropas selbst.

10 Novalis, »Die Christenheit oder Europa« (1799) [u. a. in: Paul Michael Lützeler (Hg.), *Hoffnung Europa. Deutsche Essays von Novalis bis Enzensberger*, Frankfurt/M. 1991, S. 27–45].

11 Vergil, *Äneis*, VI, 847–850 [Übers. Johann Heinrich Voß].

12 Siehe Peter Sloterdijk, *Falls Europa erwacht*, Frankfurt/M. 1994, S. 34 f.

13 Vgl. z. B. Martin Luther, *An den christlichen Adel deutscher Nation*, § 26: Zusatz der 2. Aufl. 1520 [s. die Ausgabe in Reclams Universal-Bibliothek, Nr. 1578, Stuttgart 1962, S. 98–103].

14 Alain de Libera, *La philosophie médiévale*, Paris 1993, S. 309; S. 262.

15 Der Ausdruck »Integrismus« ist eine Fehlbezeichnung – um so mehr,
   wenn er einen angeblich im heutigen Christentum, Judentum und Islam
   gemeinsamen Trend zum Ausdruck bringen soll. Denn worauf die sogenannten »integristischen« Gruppen im Rahmen ihrer jeweiligen Religionen jeweils abzielen, sind völlig verschiedene Dinge. Im Christentum
   versteht man darunter das Bestreben, politische Macht im Namen Gottes
   auszuüben.
16 Siehe dazu meinen Artikel »Thomas d'Aquin et la ›loi divine‹. Notes sur
   Summa contra gentiles, III, 113–129«, in: *Le trimestre psychanalytique*
   1/1995, S. 81–95.
17 Siehe meinen Beitrag »The Impotence of the Word: The God Who has
   Said it All«, in: *Diogenes*, 43/2, No. 170, S. 43–67. [Eine dt. Übers. wird
   im *ERANOS-Jahrbuch*, Neue Folge, No. 4: »Die Macht der Worte«
   (München 1996) erscheinen.]

Bernard Lewis
Die islamische Sicht auf Europa und die muslimische Erfahrung mit Europa

1 Ibn Khurradadheh, *Kitab al-masalik wa'l-mamalik*, hg. von M. J.
   de Goeje, Leiden 1889, S. 155.
2 *Silihdar tarihi*, Istanbul 1928, 2:80.
3 Zit. nach Ahmet Refik, *Ahmet Refik hayati secme siir ve yazilari*, hg. von
   R. E. Kocu, Istanbul 1938, S. 101.
4 *Das Asafname des Lufti Pascha*, hg. und übers. von R. Tschudi, Berlin
   1910, S. 34.
5 Rifa'a Rafi' Al-Tahtawi, *Taklis al-Ibriz fi talkhis Baris*, hg. von Mah-
   di'Allam, Ahmad Badawi und Anwar Luqa, Kairo 1958, S. 69. [Vgl. die
   dt. Übers. von K. Stowasser, *Ein Muslim entdeckt Europa*, München
   1988.]
6 Siehe dazu die ausführliche Darstellung in Bernard Lewis, *Die Welt der
   Ungläubigen. Wie der Islam Europa entdeckte*, Frankfurt/M. – Berlin
   1987.
7 Abu Shama, *Al Rawdatayn fi akhbar al dawlatayn,* hg. von M. Hilmi,
   M. Ahmad und M. Mustafa Ziyada, Kairo 1962, Bd. I/ii, S. 621 ff.

Dan Diner
Zweierlei Osten

1 Heinz Gollwitzer, »Zur Wortgeschichte und Sinnbedeutung von ›Europa‹«, in: *Saeculum*, Bd. 2 (1951), S. 161–172; zur geistesgeschichtlichen Bestimmung siehe Rémi Brague, *Europa. Eine exzentrische Identität*, Frankfurt/M. – New York 1993, vornehmlich zur römischen Traditionslinie, S. 122 ff.

2 Heinrich Schaeder, *Moskau, das dritte Rom. Studien zur Geschichte der politischen Theorien in der slawischen Welt*, Hamburg 1957.

3 Edgar Hösch, »Byzanz und Byzanzidee in der russischen Geschichte«, in: *Saeculum*, Bd. 20 (1969), S. 6–17; Mark Batunsky, »Muscovy and Islam: Irreconcilable Strategy, Pragmatic Tactics«, in: *Saeculum*, Bd. 39 (1988), S. 63–81.

4 Siehe dazu Arnold J. Toynbee, *The Western Question*, London 1922.

5 Nikolai J. Danilewski, *Rußland und Europa. Eine Untersuchung über die kulturellen und politischen Beziehungen der slawischen und germanisch-romanischen Welt*, Stuttgart – Berlin 1929, S. 117.

6 Hugh McKinnon Wood, »The Treaty of Paris ad Turkey's Status in International Law«, in: *American Journal of International Law*, Vol. 37 (1943), S. 262 ff.

7 J. Hornung, »Civilisés et Barbares«, in: *Revue de Droit International et de Législation Comparée* (RDI), Vol. 17 (1885), S. 447 ff.; Vol. 18 (1886), S. 188 ff.

8 Bernard Lewis, *Islam and the West*, Oxford 1993, S. 33.

9 Heinz Gollwitzer, *Europabild und Europagedanke. Beiträge zur deutschen Geistesgeschichte des 18. und 19. Jahrhunderts*, München 1964, S. 318.

10 Ebd., S. 146.

11 Ebd., S. 287; ders., »Deutsche Palästinafahrten des 19. Jahrhunderts als Glaubens- und Bildungserlebnis«, in: Festschrift für W. Götz, Marburg 1948, S. 286 ff.

12 Wörtlich heißt es bei Leopold von Ranke (»Serbien und die Türkei im 19. Jahrhundert«), der das Osmanische Reich vom christlichen Westen übermannt sieht: »So verstehen wir darunter nicht ausschließlich die Religion; auch mit den Worten Kultur und Zivilisation würde man es nur unvollkommen bezeichnen. Es ist der Genius des Okzidents. Es ist der Geist, der die Völker zu geordneten Armeen umschafft, der die Straßen zieht, die Kanäle gräbt, alle Meere mit Flotten bedeckt und in sein Eigentum verwandelt, die entfernten Kontinente mit Kolonien erfüllt, der die Tiefen der Natur mit exakter Forschung ergründet und alle Gebiete des Wissens eingenommen hat und sie mit immer frischer Arbeit

erneuert, ohne darum die ewige Wahrheit aus den Augen zu verlieren, der unter den Menschen trotz der Mannigfaltigkeit ihrer Leidenschaften Ordnung und Gesetz handhabt. In ungeheurem Fortschritt sehen wir diesen Geist begriffen.« Dazu aktuell: Wolfgang Reinhard, »Die lateinische Variante von Religion und ihre Bedeutung für die politische Kultur Europas. Ein Versuch in historischer Anthropologie«, in: *Saeculum*, Bd. 43 (1992), S. 231–255.

13 Bernard Lewis, *The Muslim Discovery of Europe*, London 1982, S. 297 [dt.: *Die Welt der Ungläubigen. Wie der Islam Europa entdeckte*, Frankfurt/M.–Berlin 1987, S. 286].

14 Ders., *Islam and the West* (wie Anm. 8), S. 35.

15 Ders., *Die Welt der Ungläubigen* (wie Anm. 13), S. 155.

16 Ebd., S. 226; S. 285 f.

17 Ders., *Islam and the West* (wie Anm. 8), S. 35.

18 Vgl. die dt. Ausgabe (übers. von K. Stowasser) von Rifa'a Rafi' Al-Tahtawis Bericht über Paris: *Ein Muslim entdeckt Europa*, München 1988.

19 Für die Entwicklung im ersten Drittel des 19. Jahrhunderts siehe John Nicolopoulos, »From Agatangelos to the Megale Idea: Russia and the Emergence of Modern Greek Nationalism«, in: *Balkan Studies*, Jg. 1985, S. 41–56.

20 Siehe zum Folgenden Edgar Hösch, »Das sogenannte ›griechische Projekt‹ Katharinas II. – Ideologie und Wirklichkeit der russischen Orientpolitik in der zweiten Hälfte des 18. Jahrhunderts«, in: *Jahrbücher für Geschichte Osteuropas*, N. F., Bd. 12 (1964), S. 168–206.

21 Hösch, »Das sogenannte ›griechische Projekt‹ Katharinas…« (wie Anm. 20), S. 185.

22 Zit. nach Geoffrey Barraclough, »Europa, Amerika und Rußland in Vorstellung und Denken des 19. Jahrhunderts«, in: *Historische Zeitschrift*, 203 (1955), S. 280–315.

23 Manfred Hellmann, »Die Friedensschlüsse von Nystadt und Teschen als Etappen des Vordringens Rußlands nach Europa«, in: *Historisches Jahrbuch* 97/98 (1978), S. 270–288.

24 Danilewskij, *Rußland und Europa* (wie Anm. 5), S. 215.

25 J. Juretschke (Hg.), *Obras completas de Don Juan Donoso Cortés*, Bd. II, Madrid 1956, S. 310 f.

26 Jakob Philipp Fallmerayer, *Schriften und Tagebücher*, München 1913, S. 317 [hier zit. nach: Gollwitzer, *Europabild* (wie Anm. 9), S. 278].

27 Ekkehard Klug, »Das ›asiatische‹ Rußland. Über die Entstehung eines europäischen Vorurteils«, in: *Historische Zeitschrift* 245 (1987), S. 265–289, verweist eindringlich auf den »polnischen Hintergrund« der Ausgrenzung Rußlands aus Europa.

28 Marc Szeftel, »The Historical Limits of the Question of Russia and the West«, in: *Slavic Review*, 23 (1964), S. 20–27.

29 Zu den (vor der Unterscheidung zwischen Westlern und Slawophilen liegenden) Ideen der Dekabristen siehe Hans Lemberg, *Die nationale Gedankenwelt der Dekabristen*, Graz–Köln 1963.

30 N. V. Riasanowsky, *Russia and the West in the Teaching of the Slavophiles* (Cambridge, Mass. 1952); D. Tschizewskij / D. Groh (Hg.), *Europa und Rußland. Texte zum Problem des westeuropäischen und russischen Selbstverständnisses*, Darmstadt 1959.

Zu Michael Walzer (Religion und Politik in der jüdischen Tradition) und Trutz Rendtorff (Kirche und Staat – die gespaltene europäische Christenheit) siehe unten die Literaturangaben der Autoren in den Abschnitten 5 (a) und 10 (a) der ausgewählten Literaturhinweise im Anhang.

David Martin
Europa und Amerika

Alle Anmerkungen stammen vom Herausgeber: Für Leser, denen die Termini der religionssoziologischen und -politischen Debatte nicht geläufig sind, deren sich David Martin als einer der international führenden Religionssoziologen bedient, habe ich mir erlaubt, einige Ausdrücke zu erläutern und auf die entsprechende Literatur hinzuweisen. Vgl. auch die Abschnitte 10 und 11 der Literaturhinweise im Anhang. (O. K.)

1 Im Englischen: *establishment*. Der erste Zusatzartikel zur Verfassung der Vereinigten Staaten verbietet die staatliche Stützung einer Religion (*Anti-Establishment-Clause*: »Congress shall make no law respecting an Establishment of religion...«) und gebietet die Gewährleistung freier Religionsausübung (*Free-Exercise-Clause*: »... or prohibiting the free exercise thereof«).

2 Im Englischen: *American exceptionalism*. Siehe dazu jetzt den Ausblick und Rückblick von Seymour Martin Lipset, der in den sechziger Jahren diesen Ausdruck prägte: S. M. Lipset, *American Exceptionalism. The Persistence of an American Ideology*, New York–London 1995.

3 Im Englischen: *radical policies*, hier und im folgenden bezogen auf den anti-katholischen »Radikalismus« der lateinischen Länder. In Frankreich hat der Ausdruck Radikalismus einen bürgerlich-antiklerikalen Hintergrund (genannt nach dem *Parti radical* der Zwischenkriegszeit), und auch in Italien war die liberale und republikanische Tradition stets antiklerikal gesinnt, eine Tradition, an die in den siebziger und achtziger

Jahren eine »Medien- und Bewegungspartei«, der *Partito radicale* Marco Panellas, anknüpfen sollte.

4 Siehe dazu und zum folgenden ausführlich die Analysen in David Martin, *A General Theory of Secularization*, Oxford 1978.

5 Die »Große Erweckung«, die 1734/35 vom Theologen und Prediger Jonathan Edwards in Massachusetts eingeleitete Welle von Erweckungs- und Bekehrungsbewegungen, breitete sich bald, Konfessionen und Gemeinden übergreifend, in den neuenglischen und mittleren Kolonien aus und trug entscheidend zur Entstehung einer erfahrungszentrierten amerikanischen »Religion des Herzens« (Edwards) bei.

6 Die in Europa von Papisten wie von Reformierten blutig verfolgten »Unitarier« (auch »Anti-Trinitarier«, weil sie die Dreifaltigkeitslehre ablehnten) können als theologische Liberale angesehen werden, die sich um eine stark humanistisch ausgerichtete Religion in Übereinstimmung mit Vernunft und Erfahrung bemühten. Als solche waren sie in den nordamerikanischen Kolonien und späteren Vereinigten Staaten sowohl für die Aufklärung (Thomas Jefferson) als auch später für den demokratisch-romantischen »Transzendentalismus« (Ralph Waldo Emerson) bedeutsam.

7 Gemeint ist natürlich der Bund der Stämme Israels zum freien Volke Gottes am Berge Sinai. Vgl. Michael Walzer, *Exodus und Revolution*, Berlin 1988; Robert N. Bellah, *The Broken Covenant. American Civil Religion in the Time of Trial*, New York 1975.

8 Im engl. Text: *nativists*. Gemeint sind die radikal protestantisch geprägten einwanderungsfeindlichen (d. h.: anti-papistischen und häufig auch anti-semitischen) Strömungen, die sich gegen »neue« (irische, italienische, ostjüdische) Einwanderer wandten und seit ca. 150 Jahren zum kulturellen Milieu des rechten Populismus in den USA gehören.

9 Siehe Robert N. Bellah, »Civil Religion in America«, in: *Daedalus*, Vol. 96 (1967), No. 1, S. 1–21, und die dadurch ausgelöste Diskussion. Vgl. ders. *The Broken Covenant* (wie Anm. 7).

10 Im engl. Text: *sacred canopy*. Anspielung auf den englischen Titel [*The Sacred Canopy. Elements of a Sociological Theory of Religion*, Garden City, N. Y. 1967] von Peter L. Bergers Buch *Zur Dialektik von Religion und Gesellschaft*, Frankfurt/M. 1973.

11 Im engl. Text: *establishment* (siehe Anm. 1).

12 Vgl. dazu jetzt auch David Martin, *Tongues of Fire. The Explosion of Protestantism in Latin America*, Oxford 1990, hier v. a. Kap. 2 (»The Methodist Model«).

13 Siehe Anm. 3.

14 David Martin hat diese lateinamerikanische Entwicklung in seinem vieldiskutierten Buch *Tongues of Fire* (a.a.O.) untersucht.

José Casanova
Chancen und Gefahren öffentlicher Religion

1 Dieser Aufsatz fußt auf der umfassenderen und systematischeren Analyse, die ich in meinem Buch *Public Religions in the Modern World* (Chicago 1994) entwickelt habe.

2 Den vollständigsten Überblick über die verschiedenen Säkularisierungsmodelle in Europa bietet David Martin, *A General Theory of Secularization*, Oxford 1978.

3 Karl Marx, *Zur Judenfrage* [MEW, Bd. 1, Berlin 1981, S. 352].

4 Alexis de Tocqueville, *Über die Demokratie in Amerika*, München 1976, S. 338.

5 Max Weber, der als erster die später von Ernst Troeltsch weiterentwikkelte Typologie von Kirche und Sekte entwarf, betont ausdrücklich, daß eine »voll, d. h. zu universalistischen Heilsansprüchen entwickelte Heilsanstalt (›Kirche‹) [...] je nachdem, wie ihr Typus ist, desto weniger ›Gewissensfreiheit‹ konzedieren« kann: Somit sei »die ›Trennung von Staat und Kirche‹ eine Formel, die nur bei einem faktischen *Verzicht* entweder des Staates oder der Kirche [...] möglich ist«. Max Weber, *Wirtschaft und Gesellschaft. Grundriß der verstehenden Soziologie*, Tübingen 1980, S. 724.

6 Vgl. Thomas J. Curry, *The First Freedoms*, New York 1986; William Lee Miller, *The First Liberty. Religion and the American Republic*, New York 1985.

7 Vgl. Jean-Jacques Rousseaus Erörterung der »bürgerlichen Religion« in seinem *Gesellschaftsvertrag*, Stuttgart 1975, S. 145–158; sowie Robert N. Bellah, »Civil Religion in America«, in: *Daedalus*, Bd. 96 (1967); ders., *The Broken Covenant. Civil Religion in the Time of Trial*, New York 1975; sowie Robert N. Bellah und Phillip Hammond, *Varieties of Civil Religion*, New York 1980.

8 Alfred Stepan, *Rethinking Military Politics*, Princeton 1988, S. 3–12.

9 Vgl. Seyla Benhabib, »Models of Public Space. Hannah Arendt, the Liberal Tradition and Jürgen Habermas«, in: Craig Calhoun (Hg.), *Habermas and the Public Sphere*, Cambridge, Mass. 1991; sowie Andrew Arato / Jean Cohen, *Civil Society and Political Theory*, Cambridge, Mass. 1992.

10 Siehe D. Martin, *A General Theory of Secularization*, a.a.O., Kap. VI.

11 Siehe Thomas Luckmann, *Die unsichtbare Religion*, Frankfurt/M. 1991.

12 Diesbezügliche empirische Untersuchungsergebnisse und eine ausführliche Erörterung finden sich in meinem Artikel »Spain – From State Church to Disestablishment«, in meinem Buch *Public Religion in the Modern World*, a.a.O., S. 75–91; sowie bei Victor Pérez-Diaz, »The

Church and Religion in Contemporary Spain«, in: *The Return of Civil Society*, Cambridge, Mass. 1993.

13 Zit. nach *El País*, Edición Internacional, 30. September 1991, S. 16 f.

14 Im Original: *main line protestant denominations*. Im US-amerikanischen Sprachgebrauch werden unter den protestantischen Kirchen der »Hauptlinie« die gemäßigteren, liberaleren Religionsgemeinschaften des Protestantismus verstanden – im Gegensatz zu den radikaleren, fundamentalistischen und evangelikalen Strömungen und Gruppen. Letztere haben allerdings in den letzten Jahrzehnten weitaus stärkere Wachstumsraten in den USA und in der Mission aufzuweisen als die »main-line«-Protestanten. [A. d. H.]

15 Vgl. Samuel Huntington, »The Clash of Civilizations?«, in: *Foreign Affairs*, Vol. 72, No. 3 (Summer 1993).

16 Gemeint ist natürlich das Zweite Vatikanische Konzil. [A. d. H.]

17 Nach der »ersten« großen Erweckungsbewegung (1735) in den neuenglischen Provinzen fand das »zweite« *Great Awakening* gegen Ende des 18. Jahrhunderts statt, zog sich dann aber bis zu den adventistischen Erwartungen der Wiederkunft Christi i. J. 1835 hin. Höhepunkt des *Second Great Awakening* war wohl das Camp Meeting in Cane Ridge, Kentucky, i. J. 1801; aber seine Auswirkungen für die Entwicklung einer evangelisch/evangelikalen Spiritualität der christlichen Wiedergeburt des einzelnen sind bis heute, etwa in den Predigten Billy Grahams, zu spüren. [A. d. H.]

Charles Taylor
Drei Formen des Säkularismus

1 Dies scheint mir auch die Grundlage des urspünglichen Verständnisses der Trennung von Kirche und Staat in den Vereinigten Staaten zu sein. In der Tat lautet der Text des ersten Zusatzartikels zur Verfassung der USA: »*Congress* shall make no law ...« [das auf ›establishment‹ einer Kirche: staatliche Anerkennung oder Förderung, bzw. Behinderung oder Verbot der ›freien Ausübung‹ einer Religion hinausläuft]. Das ursprüngliche Ziel scheint nur gewesen zu sein, die Ebene des *Bundes*staates gegenüber allen Konfessionen neutral zu halten, aber in einer Föderation, in der viele Einzelstaaten durchaus noch etablierte Kirchen hatten; wohingegen heute die Interpretation der Trennung *alle* staatlichen Ebenen einschließt. Aber auch mit dieser Ausweitung kann die Trennung von Kirche und Staat durchaus auf der Grundlage der Logik des gemeinsamen Fundaments einer »nation under God« begriffen werden. In der weiteren Geschichte des Verhältnisses von Kirchen und Staat in den USA haben

beide Modelle eine Rolle gespielt: In den Anfangsjahren stand die Recht-
fertigung ihrer Trennung durch die ›Argumentation vom gemeinsamen
Fundament‹ im Vordergrund, während der ›Ansatz der unabhängigen
Ethik‹ v. a. in den letzten Jahrzehnten wichtiger wurde.

2 Im Original deutsch. [A. d. H.]

3 John Rawls, »The Idea of an Overlapping Consensus«, in: *Oxford
Journal of Legal Studies*, Bd. 7 (1987); jetzt in: J. Rawls, *Political Liberalism*, New York 1993, Lecture IV, S. 133–172. [dt. in: ders. *Die Idee
des politischen Liberalismus*, hg. von W. Hinsch, Frankfurt/M. 1992,
S. 293–332.]

4 Oder in Rawls' Ausdrucksweise: ihre »umfassenden Theorien des Guten«.

5 Siehe Benedict Anderson, *Imagined Communities. Reflections on the
Origins and Spread of Nationalism*, London 1983 [dt.: *Die Erfindung
der Nation*, Frankfurt/M.–New York 1988].

6 Ob diese Uniformität auch der *einzige* Weg zur Gleichheit ist, das ist die
Frage, um die es heute bei den folgenreichen Auseinandersetzungen um
die multikulturelle Gesellschaft geht. [Siehe dazu die Beiträge in Ch. Taylor u. a., *Multikulturalismus und die Politik der Anerkennung*, Frankfurt/
M. 1993.]

7 Das wäre vielmehr der Individualismus als Anomie, als Verfallsform.

8 Der *Novus Ordo saeclorum* der amerikanischen Revolution beruht,
ähnlich wie auch die »neue Zeit« des französischen Revolutionskalen-
ders, stark auf Traditionen der jüdisch-christlichen Apokalyptik.

9 Anderson, *Die Erfindung der Nation* (wie Anm. 5).

10 Siehe Martin Heidegger, »Die Zeit des Weltbildes«, in: ders., *Holzwege*,
Frankfurt/M. 1950, S. 69–104.

11 Craig Calhoun, »Nationalism and Ethnicity«, in: *American Review of
Sociology*, No. 19 (1993), S. 234 f. Meine Darstellung der modernen
Gesellschaften als Gesellschaften direkten Zugangs bzw. unabhängiger
Zugehörigkeit verdankt viel den Arbeiten Calhouns.

12 Siehe dazu Ch. Taylor, »Wieviel Gemeinschaft braucht die Demokratie?«, in: *Transit*, Nr. 5 (Winter 1992/93). [A. d. H.]

13 Nicht behandelt habe ich hier den Fall auf den Volkswillen gestützter
*un*demokratischer Regime: Diese drängen offenkundig in dieselbe Richtung; und sie tun dies sogar noch schneller und radikaler. Eben weil es für
ihre Legitimation entscheidend ist, Ausdruck des Volkswillens zu sein,
können sie die Bürger nicht im Zustande bloß passiver Gefolgschaft
lassen (womit sich die älteren Formen despotischer Regierungen begnüg-
ten); sie müssen sie vielmehr zu beständig wiederholten Ausdrucksfor-
men eines ehernen und einmütigen Volkswillens – wie Scheinwahlen,
Massenkundgebungen, Maiparaden usw. – mobilisieren. Darin liegt das

Wesen des modernen »Totalitarismus« im Unterschied zu älteren Formen des Despotismus. Calhoun (»Nationalism and Ethnicity«, wie Anm. 11) betont jedoch, wie leicht auch in demokratischen Staaten die Suche nach der nationalen Identität dazu führen kann, die übrigen (Geschlechts-, religiösen, kulturellen) Identitäten zu unterdrücken. Der moderne Patriotismus birgt also viele Gefahren.

14 *BJP*: Die »hindu-fundamentalistische« Indische Volks-Partei (die als mit den fanatischen halbmilitärischen RSS-Freiwilligenkorps verbunden gilt) gewann bei den Kongreßwahlen vom Mai 1996 über 180 von 545 Sitzen im indischen Parlament und ist somit die stärkste politische Kraft Indiens. [A. d. H.]

15 Im Original deutsch. [A. d. H.]

16 Siehe Vitit Mutabhorn und Charles Taylor, *Report on Human Rights and Democratic Development in Thailand* (1994), Montréal Centre for Human Rights and Democratic Development.

17 Siehe Anm. 3.

Martin Riesebrodt
Zur Politisierung von Religion

1 Diesen Ansatz veranschaulicht am besten die durch Robert Bellah initiierte Debatte um »Civil Religion«. Siehe Robert N. Bellah, »Civil Religion in America«, in: *Daedalus*, Bd. 96 (1967), Heft 1, S. 1–21.

2 In diesem Punkt gehe ich über Max Weber hinaus, der in seinen Analysen wohl eher von einer durchgängigen Prägung von Zivilisationen durch ursprünglich institutionalisierte Haltungen zur »Welt« auszugehen scheint.

3 Vgl. den Beitrag von José Casanova in diesem Band (s. o. S. 181 ff.).

4 In der Literatur finden wir häufig eine Betonung der irrationalen Dimensionen solcher Bewegungen und Erklärungen, welche die religiösen Wertorientierungen lediglich als Effekt ökonomischer Instabilität herunterspielen. Selbst wenn dies so wäre, müßte man allerdings angesichts der Permanenz instabiler Verhältnisse die Möglichkeit heilsgeschichtlicher Dramatisierung von Politik dauerhaft in Rechnung stellen.

5 Mit der Betonung der heilsgeschichtlichen Dramatisierung von Politik möchte ich den Vorschlag verbinden, in der Verwendung des Charisma-Begriffs nicht nur immer wieder primär die Person zu betonen, sondern auch, wie bei Weber zumindest angedeutet, das Charisma der Botschaft selbst zu berücksichtigen. Freilich gilt nach wie vor, daß nicht jede beliebige Person zum Träger charismatischer Botschaften taugt.

6 Zu meiner Begriffsverwendung und Typologie des Fundamentalismus

vgl. ausführlich mein Buch *Fundamentalismus als patriarchalische Protestbewegung. Amerikanische Protestanten (1910–28) und iranische Schiiten (1961–79)*, Tübingen 1990.

7 Hierhin gehören alle Bewegungen, die als millenaristisch bzw. chiliastisch, prophetisch oder messianisch bezeichnet werden und in der Literatur theoretisch wie empirisch ausführlich behandelt worden sind.

8 Damit will ich selbstverständlich nicht die Möglichkeit in Abrede stellen, in einer solchen Untersuchung dann auch unbewußte Dimensionen des Handelns in kontrollierter Form einzubeziehen.

9 Siehe dazu meinen Aufsatz: »Fundamentalism and the Political Mobilization of Women«, in: Said Arjomand (Hg.), *The Political Dimensions of Religion*, Albany, N.Y. 1993.

10 Dies ist eine klare Parallele zu den Strukturproblemen des Sozialismus nach der Russischen Revolution, wie sie exemplarisch zwischen Lenin und Trotzki diskutiert wurden.

11 Im Falle des protestantischen wie des schiitischen Fundamentalismus findet sich der gleiche eigentümliche Übergang vom Quietismus zum Aktivismus, der innerhalb des religiös-millenarischen Lagers keineswegs unumstritten ist.

12 Zur Veranschaulichung solcher Prozesse möchte ich auf Hans Kippenbergs glänzende Analyse der Straßenkämpfe während der Iranischen Revolution hinweisen, in der er die vom Märtyrertod Imam Husseins bei Kerbala abgeleitete Relevanz als heilsgeschichtliche Dramaturgie aufgezeigt hat. Siehe H. Kippenberg, »Jeder Tag ›Ashura‹, jedes Grab Kerbala. Zur Ritualisierung der Straßenkämpfe im Iran«, in: Berliner Institut für vergleichende Sozialforschung (Hg.), *Religion und Politik im Iran*, Frankfurt/M. 1981, S. 217–256.

13 Ich verweise statt dessen auch auf meine Analysen der Zusammensetzung des protestantischen Fundamentalismus in den USA sowie des schiitischen Fundamentalismus im Iran in *Fundamentalismus als patriarchalische Protestbewegung*, a.a.O., S. 88–106; 180–200; 224–231. Weitere Beispiele, die die klassenheterogene Zusammensetzung fundamentalistischer Bewegungen belegen, liefern die Muslimische Bruderschaft der 30er bis 50er Jahre in Ägypten sowie der Jama'ti Islami in Pakistan. Darüber hinaus ist es ein bemerkenswertes Indiz für die relative Autonomie kultureller Deutungsmuster von sozioökonomischen Determinanten, daß sich die Ideologie fundamentalistischer Bewegungen über längere Zeiträume hinweg kaum geändert hat, obgleich innerhalb ihrer Anhängerschaft größere soziale Umschichtungsprozesse stattgefunden haben. Siehe dazu auch meinen Aufsatz »Islamischer Fundamentalismus aus soziologischer Sicht«, in: *Aus Politik und Zeitgeschichte*, B 33/93, S. 11–16.

14 Damit soll freilich nicht behauptet werden, es gebe zwischen diesen verschiedenen Formen keine fließenden Übergänge: Natürlich können fundamentalistische Strömungen in politische Systeme integriert oder von politischen wie religiösen Führern instrumentalisiert werden.

15 Ich will die partielle Berechtigung dieser Sicht hier nicht weiter diskutieren, kann aber nur vor der Gefahr warnen, den Islam insgesamt mit dem islamischen Fundamentalismus zu identifizieren, oder etwa jede Türkin mit Kopftuch diesem zuzurechnen.

16 Dennoch ist es sicherlich nicht uninteressant, daß in protestantisch-fundamentalistischen Kreisen der Vereinigten Staaten (etwa von Pat Robertson) die EG gerne als der »Antichrist« der Apokalypse gedeutet wird, der vor der Wiederkehr Christi die Weltdiktatur errichtet. Sollte ein solches Deutungsmuster von fundamentalistischen Kreisen in Europa übernommen werden, dann könnte auch der Protest gegen den EU-Zentralismus eine zumindest partiell religiöse Gestalt annehmen.

17 Das trifft bezüglich der Uniformen, Orden und Parteiabzeichen durchaus im wörtlichen Sinne zu.

18 Die implizite Gefahr dieser Argumentationsstrategie für die Kirchen besteht darin, daß damit auch ihr Anspruch auf privilegierte Verwaltung allgemeiner Kultursymbole (und Rituale) zum Thema werden kann.

19 In einer Fernsehdebatte hat der frühere Bayerische Kultusminister, Prof. Dr. Hans Maier, behauptet, eine solche Parallele müsse sich der Bevölkerung Bayerns aufdrängen. Jedoch wird durch solche rhetorischen Tricks überhaupt erst ein Zusammenhang zwischen dem Kruzifix-Urteil und dem Nationalsozialismus hergestellt. Von einem demokratischen Politiker hätte man eigentlich erwarten können, daß er solch eine Sichtweise nicht verständnisvoll referiert, sondern ihr aus rechtsstaatlichen Erwägungen entschieden entgegentritt.

20 Dies schließt eine temporäre »Fundamentalisierung« von Kirchen nicht aus, solange es diesen kontrollierbar und zweckdienlich erscheint, um durch Druck auf den Staat Privilegien zu verteidigen.

Niklas Luhmann
Religion als Kultur

1 Hierzu siehe ausführlicher Niklas Luhmann, »Die Ausdifferenzierung der Religion«, in: ders., *Gesellschaftsstruktur und Semantik*, Bd. 3, Frankfurt/M. 1989, S. 259–357.

2 Für Parallelentwicklungen in der Dichtung von Dryden über Sterne bis Shelley siehe Earl R. Wassermann, *The Subtler Language. Critical Readings of Neoclassics and Romantic Poems*, Baltimore 1959.

3 Das *Historische Wörterbuch der Philosophie* [Bd. 4, s. v. »Kultur, Kulturphilosophie«] nennt Samuel Pufendorf. Ein anderes Beispiel wäre Baltasar Gracián, *El discreto*, im Kapitel XVIII: »De la cultura y aliño« (zit. nach der Ausgabe Buenos Aires 1960, S. 156 ff.).

4 So z. B. Ludwig Tieck, *Peter Leberecht*, zit. nach: ders., *Frühe Romane und Erzählungen*, München o. J., S. 77 f.

5 Speziell hierzu siehe Odo Marquard, »Kompensation. Überlegungen zu einer Verlaufsfigur historischer Prozesse«, zit. nach dem Wiederabdruck in: ders., *Aesthetica und Anaesthetica. Philosophische Überlegungen*, Paderborn 1989, S. 64–81.

6 Vgl. Jacques Necker, *De l'importance des opinions religieuses* (1788), zit. nach: ders., *Œuvres complètes*, Bd. 12, Paris 1821 [Nachdruck: Aalen 1971].

7 Siehe George Spencer Brown, *Laws of Form*, Neudruck New York 1979, insbes. S. 56 ff.

8 Auch hierzu siehe Ludwig Tieck, *William Lovell*, in: ders., *Frühe Romane und Erzählungen* (wie Anm. 4), S. 550.

9 Hierzu siehe Peter Fuchs, *Moderne Kommunikation. Zur Theorie des operativen Displacements*, Frankfurt/M. 1993.

10 Eine gelungene Formulierung von Matei Calinescu, »From the One to the Many. Pluralism in Today's Thought«, in: Ingeborg Hoesterey (Hg.), *Zeitgeist in Babel. The Postmodernist Controversy*, Bloomington 1991, S. 156–174 (hier: S. 156).

11 Die Faszination der Romantik mit Verdoppelungen, Spiegelungen, Zwillingen, Namenstausch, Doppelgängern etc. ist, von hier aus gesehen, kein Zufall.

12 Siehe als klassisches Beispiel Edmund Husserl, *Die Krisis des europäischen Menschentums und die Philosophie* (Wiener Vorträge 1935), zit. nach dem Abdruck in: *Husserliana*, Bd. IV, Den Haag 1954, S. 314–348. Zusätzlich ist hieran bemerkenswert, daß sogar die Philosophie hier als Kulturgestalt behandelt wird – allerdings ohne daß dies einen Zweifel an ihrer transzendentaltheoretischen Fundierung aufkommen ließe.

13 Siehe für einen Sonderfall Niklas Luhmann, »Deconstruction as Second Order Observing«, in: *New Literary History*, Vol. 24 (1993), S. 763–782.

14 Statt dessen: das wiederaufgewärmte »Sublime« als Form des Dirigierens der Aufmerksamkeit auf genau dieses Problem.

15 Diese Formulierung bei Raymond Williams, *The Sociology of Culture*, New York 1982, S. 173.

16 Der deutschen Ministerialbürokratie ist allein schon durch die Namengebung einer Behörde, nämlich »Kultusministerium«, nahegelegt, »Kul-

tus« mit »Kultur« zu verwechseln. Das wird aber dadurch vermieden, daß man auf der Ebene der Abteilungsdifferenzierung für Ordnung sorgt, weil es schließlich darum geht, eine unterschiedliche Klientel zu versorgen und unterschiedlichen Interessengruppen Einfluß auf Politik einzuräumen.

17 So Pierre de Nicole, *Essais de Morale*, Bd. 1, 6. Aufl., Paris 1682, S. 287 ff., mit der Begründung, die nur so mögliche Erhaltung der Gesellschaft entspreche dem Willen Gottes.

18 So hatte bereits die protestantische Reformation *beide* Seiten veranlaßt, Fragen der (nun konfessionellen) Systematik und Fragen der häuslichen und schulischen Erziehung mehr Aufmerksamkeit zu schenken als zuvor.

19 Siehe hierzu Niklas Luhmann, *Soziale Systeme. Grundriß einer allgemeinen Theorie*, Frankfurt/M. 1984, insbes. S. 203 ff. und 497 ff.

20 Für all das sind im übrigen in den Theorien des 17./18. Jahrhunderts über gesellige Konversation Regeln und mehr noch: soziale Verständnisbereitschaften ausgearbeitet worden – aber damals unter der entscheidenden Voraussetzung, *daß nicht über Religion gesprochen wird*. Am Ende dieser Zeit und am Beginn unserer Zeit kommen dann beide Themen, gesellige Konversation und Religion als Kultur zusammen: bei Schleiermacher.

21 Daß »Gespräche« geführt werden, zu »Gesprächen« eingeladen wird, ist übrigens selbst ein guter semantischer Indikator für die schon in die Kommunikation und in die Kommunikation über Kommunikation eingebaute Erwartung der Unverbindlichkeit.

22 Immerhin findet man im Flughafengebäude von Bangkok einen separierten Bereich, der für das obligatorische Gebet der Mohammedaner reserviert ist. Und anderswo findet man, als Konzession der Welt an die Religionen, Kapellen.

23 Diese Analyse würde es im übrigen verbieten, von »corporate culture« zu sprechen, wie es in Managementkreisen, bei Unternehmensberatern und sogar in der Organisationssoziologie inzwischen üblich geworden ist. Zur Karriere dieser Terminologie, die ohne Klärung des Begriffs der Kultur auszukommen meint (man begnügt sich mit Begriffen wie »symbol«, »basic assumptions«, »shared understandings«), vgl. neben vielen anderen Mats Alvesson / Per Olof Berg, *Corporate Culture and Organizational Symbolism*, Berlin 1992. Was sichtbar wird, ist auch hier das Insistieren auf Differenz und die Paradoxie, daß dies dann auch noch »Institution« genannt wird. Die Erklärung dieser Mode hat denn auch mit ihrer theoretischen Leistung wenig zu tun (vgl. Alvesson / Berg, S. 21 ff.).

24 Aus demselben Grunde war im übrigen, was Dichter angeht, das Wort ›Enthusiasmus‹ positiv konnotiert – ein weiterer Beleg für funktionale

Differenzierung. Siehe dazu Susie Tucker, *Enthusiasm. A Study in Semantic Change*, Cambridge, UK 1972.

25 Hierzu Michael Welker, *Gottes Geist. Theologie des Heiligen Geistes*, Neukirchen-Vluyn 1992.

26 Siehe noch Descartes' Ausführungen über »admiration« als selbst gegenstandsloser Ausgangspunkt für die Entwicklung von einander entgegengesetzten Passionen im Art. 53 des *Traité des passions de l'âme.*

27 Eine totalitäre Logik dieses Typs, die die Unterscheidung, auf der sie beruht, durch Auslöschen der anderen Seite als Unterscheidung aufzuheben sich bemüht, ist ebenfalls eine spezifisch moderne Form. Siehe dazu Philip G. Herbst, *Alternatives to Hierarchies*, Leiden 1976, S. 75 ff. Vgl. auch Niklas Luhmann, »Jenseits von Barbarei«, in: ders., *Gesellschaftsstruktur und Semantik. Studien zur Wissenssoziologie der modernen Gesellschaft*, Bd. 4, Frankfurt/M. 1995, S. 138–150.

28 Siehe dazu (mit dem begrenzten Ziel einer Reformulierung liberaler Politikideen) Larry Preston, *Freedom and the Organizational Republic*, Berlin 1992.

29 Siehe hierzu Jan Hedrick van den Berg, *Divided Existence and Complex Society*, Pittsburgh 1974.

30 Zur Vorstellung der Zielsetzung seiner *Confessions* betont bereits Rousseau diesen Standpunkt: »Moi seuil. Je sens mon cœur et je connois les hommes. Je ne suis fait comme aucun de ceux que j'ais vus; j'ose croire n'être comme aucun de ceux que existent. Si je ne veux pas mieux, au moins je suis autre.« [Zit. nach Jean-Jacques Rousseau, *Œuvres complètes* (ed. de la Pléiade), Bd. 1, Paris 1959, S. 5.]

31 Im Sinne von Thomas Luckmann, *Die unsichtbare Religion*, Frankfurt/M. 1991.

Ausgewählte Literatur

Zusammengestellt von Otto Kallscheuer

1. Die Christenheit oder Europa?

Das romantische ›Fragment‹ des Friedrich von Hardenberg, als Reaktion auf den Umbruch des alten Kontinents durch den Geist der Revolution in Frankreich und den Vormarsch der Revolutionsarmeen in Europa verfaßt, ist historisch bedeutsam für die deutsche Romantik, aber natürlich nicht historisch exakt für das lateinisch zivilisierte Europa des Westens. Die beste historische Einführung in die Vorgeschichte des sog. ›Mittelalters‹ ist Peter Browns prächtig erzählte Geschichte der Fragmentierung der christlichen Ökumene in zahlreiche Mikrochristenheiten, die dann erst durch das Reformpapsttum Gregors VII. und Urbans II. zur westlichen Christenheit ideologisch und organisatorisch vereint werden sollten; Alois Dempfs dominikanische Rekonstruktion der Geistesgeschichte des katholischen Abendlandes ist immer noch ein Klassiker – der heute freilich durch multikulturellere Darstellungen wie die Alain de Liberas ergänzt werden kann. Eine parteiliche, aber brauchbare Kurzeinführung liefert Rémi Bragues vieldiskutiertes Bändchen.

Gianni BAGET BOZZO, *Dio e l'occidente*, Milano 1995.

Franz BORKENAU, »Luther: Ost oder West« (1947), in: *Sinn und Form*, Jg. 45 (1993), H. 1.

Rémi BRAGUE, *Europa. Eine exzentrische Idee*, Frankfurt/M.–New York 1993.

Peter BROWN, »Aspects of the Christianization of the Roman World«, in: *The Tanner Lectures On Human Values*, Vol. 16 (1995).

Peter BROWN, *Die Entstehung des christlichen Europa*, München 1996.

Alain DE LIBERA, *La philosophie médiévale*, Paris 1993.

Alois DEMPF, *Sacrum Imperium*, München 1929.

John McMANNERS (Hg.), *Geschichte des Christentums*, Frankfurt/M.–New York 1993.

Arnaldo MOMIGLIANO (Hg.), *Il conflitto tra paganesimo e cristianesimo nel secolo IV*, Torino 1975.

Neue Rundschau, 107. Jg. 1996, Heft 3 (Themenschwerpunkt: Novalis, »Die Christenheit oder Europa«).

NOVALIS (Friedrich von Hardenberg), *Fragmente und Studien. Die Christenheit oder Europa*, Stuttgart 1984.

Josef PIEPER, *Über den Begriff der Tradition*, Köln–Opladen 1958 [Neuausg.: *Überlieferung. Begriff und Anspruch*, München 1970].

2. Kirche(n) und internationale Politik

Daß die Kirche ein internationaler politischer Akteur – ja, die älteste Internationale – ist, wird gerne vergessen. Eine parteiliche Kritik am päpstlichen Europaprojekt findet sich im von Luneau herausgegebenen Sammelband (der heute freilich etwas veraltet ist). Die Bücher von Hunter und Martin informieren über die internationale Dimension der protestantischen ›Sekten‹, wie der Vatikan, aber auch russisch-orthodoxe Patriarchen die zumeist US-amerikanisch finanzierten oder inspirierten baptistischen und evangelikalen Freikirchen zu nennen pflegen. Statt weiterer Detailnoten sei hier auf die Zeitschrift des Keston-Instituts *Religion, State and Society* hingewiesen, die regelmäßig und thematisch ausgewählt über Aktivitäten und Probleme der Kirchen in Mittel- und Osteuropa zuverlässig (und ohne konfessionelle Vor-Urteile) informiert.

Gene BURNS, *The Frontiers of Catholicism. The Politics of Ideology in a Liberal World*, Berkeley, Cal. 1992.

Philippe CHENEAUX, *Une Europe vaticane? Entre le Plan Marshall et les Traités de Rome*, Brüssel 1990.

Eric O. HANSON, *The Catholic Church in World Politics*, Princeton, N. J. 1987.

Hérodote. revue de géographie et de géopolitique, No. 56/1990 (Themenheft: »Églises et géopolitique«).

James Davidson HUNTER, *Evangelicalism. The Coming Generation*, Chicago 1987.

Peter HÜNERMANN (Hg.), *Das Neue Europa: Herausforderungen für Kirche und Theologie*, Freiburg/Br.–Basel–Wien 1993.

Douglas JOHNSON / Cynthia SAMPSON (Hg.), *Religion, The Missing Dimension of Statecraft*, New York–Oxford 1994.

L'Autre Europe, No. 21–22/1989 (Sonderheft: »Religion et politique«).

LiMes. rivista italiana di geopolitica, n. 3/93 (giugno-agosto 1993): Themenausgabe »Le Città di Dio – il mondo secondo il Vaticano«.

René LUNEAU [unter Mithilfe von Paul LADRIÈRE] (Hg.), *Le rêve de Compostelle. Vers la restauration d'une Europe chrétienne?*, Paris 1989.

David MARTIN, *Tongues of Fire. The Explosion of Protestantism in Latin America*, Oxford 1990.

Joseph Kardinal RATZINGER, *Wendezeit für Europa?*, Freiburg i. Br. 1991.

Hansjakob STEHLE, *Geheimdiplomatie im Vatikan. Die Päpste und die Kommunisten*, Zürich 1993.

George WEIGEL, *The Final Revolution. The Resistance Church and the Collapse of Communism*, New York–Oxford 1992.

Friedrich Kardinal WETTER (Hg.), *Kirche in Europa* [Schriften der Katholischen Akademie Bayerns], Düsseldorf 1989.

3. Zur historischen Semantik Europas

Hier habe ich einige Arbeiten sowohl zur konfessionellen und staatlichen Architektur der europäischen Neuzeit als auch zur Europaidee und europäischen Ideologie zusammengestellt. Jede Auswahl ist Willkür. Ich empfehle als Einführung das Buch von Herfried Münkler – zur historischen Vertiefung den deutschen Klassiker Herder – sowie die nützlichen Sammelbände Horst Günthers (europäisches Gleichgewicht) und Paul Michael Lützelers (Europa-Ideen der Dichter und Denker).

Karl Otmar VON ARETIN, *Das Reich. Friedensordnung und europäisches Gleichgewicht. 1648–1806*, Stuttgart 1986.

Robert BARTLETT, *Die Geburt Europas aus dem Geist der Gewalt* (i. O. 1993), München 1996.

Julien BENDA, *Discours à la nation européenne* (1933), Paris 1979.

Thomas A. BRADY, Heiko A. OBERMAN und James D. TRACY (Hg.), *Handbook of European History, 1400–1600. Late Middle Ages, Renaissance and Reformation*, 2 Bde., Leiden–New York–Köln 1994/95.

Jacques DERRIDA, *Das andere Kap. Die vertagte Demokratie. Zwei Essays zu Europa*, Frankfurt/M. 1992.

Dan DINER, *Weltordnungen*, Frankfurt/M. 1993.

Josep FONTANA, *Europa im Spiegel. Eine kritische Revision der europäischen Geschichte*, München 1995.

Heinz Georg GADAMER, *Das Erbe Europas*, Frankfurt/M. 1989.

Heinz GOLLWITZER, *Europabild und Europagedanke. Beiträge zur deutschen Geistesgeschichte des 18. und 19. Jahrhunderts*, München 1964.

Horst GÜNTHER (Hg.), *Europäische Geschichte*, Frankfurt/M.–Leipzig 1993.

Johann Gottfried HERDER, *Ideen zur Philosophie der Geschichte der Menschheit* (1784–1791), in: *Werke*, Bd. 6 (hg. von Martin Bollacher), Frankfurt/M. 1989 [hier v. a. die Bücher 17 bis 20].

Rainer HUDEMANN / Hartmund KAELBLE, Klaus SCHWABE (Hg.), *Europa im Blick der Historiker* [= Beiheft 21 der *Historischen Zeitschrift*], München 1995.

Harm KLUETING, *Das Konfessionelle Zeitalter 1525–1648*, Stuttgart 1989.

Eugen KOGON, *Europäische Visionen* [= Bd. 2 der Gesammelten Schriften], Weinheim 1995.

Paul Michael LÜTZELER (Hg.), *Hoffnung Europa. Deutsche Essays von Novalis bis Enzensberger*, Frankfurt/M. 1991.

Jacques MARITAIN, *Europe et l'idée féderale*, Paris 1993.

Krzysztof MICHALSKI (Hg.), *Europa und die Civil Society*, Castelgandolfo-Gespräche 1989, Stuttgart 1991.

Herfried MÜNKLER, *Reich, Nation, Europa. Modelle politischer Ordnung*, Weinheim 1996.

Michel PERRIN (Hg.), *L'idée de l'Europe au fil de deux millénaires* [publ. du Centre d'historie des idées de l'Université de Picardie Jules Verne], Paris 1994.

Krzysztof POMIAN, *Europa und seine Nationen*, Berlin 1990.

Wolfgang REINHARDT, »Reformation, Counter-Reformation and the Early Modern State«, in: *The Catholic History Review*, Vol. LXXV (1989), No. 3.

Heinz SCHILLING, »Nationale Identität und Konfession in der europäischen Neuzeit«, in: B. Giesen (Hg.), *Nationale und kulturelle Identität*, Frankfurt/M. 1991.

Joscha SCHMIERER, *Mein Name sei Europa. Einigung ohne Mythos und Utopie*, Frankfurt/M. 1996.

Hagen SCHULZE, *Staat und Nation in der europäischen Geschichte*, München 1994.

Jenö SZÜKS, *Die drei historischen Regionen Europas*: Frankfurt/M. 1990.

Arnold J. TOYNBEE, *The Western Question*, London 1922.

4. Byzanz – Orthodoxie – Drittes Rom

Die beste verfügbare Einführung bleibt Alain Ducelliers (u. a.) Monumental-werk; als klassische russische Klage über das Elend der byzantinischen Tradition siehe die Übersetzung von Tschaadajews Briefen oder aber die Gesamtdarstellung Thomas Masaryks; die beste neue Darstellung der Debatte um die russische Identität im 19. und 20. Jahrhundert schrieb A. Walicki. Eine polemische aktuelle Skizze der geistlichen Wirrnisse des heutigen Rußland haben Thomas Ross und Adolf Hampel verfaßt.

Hans Georg BECK, *Das byzantinische Jahrtausend*, München 1978, 2. Aufl. 1994.

Peter BROWN, *Macht und Rhetorik in der Spätantike. Der Weg zu einem »christlichen Imperium«*, München 1995.

Michail J. DANILEWSKIJ, *Rußland und Europa. Eine Untersuchung über die kulturellen und politischen Beziehungen der slawischen und germanisch-romanischen Welt*, Stuttgart–Berlin 1929.

Gilbert DRAGON, *Empereur et prêtre. Étude sur le »césaropapisme« byzantin*, Paris 1996.

Alain DUCELLIER (u. a.), *Byzanz. Das Reich und die Stadt*, Frankfurt/M.–New York 1990.

Marie-Theres FÖGEN, *Die Enteignung der Wahrsager. Studien zum kaiserlichen Wissensmonopol in der Spätantike*, Frankfurt/M. 1993.

Dieter GROH, *Rußland im Blick Europas. 300 Jahre historische Perspektiven* (1961), Neuauflage: Frankfurt/M. 1988.

Edgar HÖSCH, *Geschichte der Balkanländer*, München 1993.

Thomas G. MASARYK, *Russische Geistes- und Religionsgeschichte*, 2 Bde. Reprint: Frankfurt/M. 1992.

Georg OSTROGORSKY, *Byzantinische Geschichte. 324–1453*, München 1965 (Neudruck: 1996).

N. V. RIASANOWSKY, *Russia and the West in the Teaching of the Slavophiles*, Cambridge, Mass. 1952.

Thomas ROSS / Adolf HAMPEL, *Gott in Rußland*, München 1992.

Heinrich SCHAEDER, *Moskau, das dritte Rom. Studien zur Geschichte der politischen Theorien in der slawischen Welt*, Hamburg 1957.

Peter TSCHAADAJEW, *Apologie eines Wahnsinnigen*, Leipzig 1992.

D. TSCHIZEWSKIJ / D. GROH (Hg.), *Europa und Rußland. Texte zum Problem des westeuropäischen und russischen Selbstverständnisses*, Darmstadt 1959.

»Vecchi«. Wegzeichen. Zur Krise der russischen Intelligenz (1909), hg. von Karl SCHLÖGEL, Frankfurt/M. 1991.

Richard WAGNER, *Sonderweg Rumänien. Bericht aus einem Entwicklungsland*, Berlin 1990.

Andrzej WALICKI, *The Slavophile Controversy*, Oxford 1975 (Neuaufl.: Notre Dame, Ind.)

5. Judentum

a) Politik und Religion in der jüdischen Tradition
   Literaturhinweise von Michael Walzer

Anmerkung: Es ist nur fair, darauf hinzuweisen, daß es zur Frage einer jüdischen Tradition im politischen Denken keinen akademischen Konsensus gibt. Der Versuch, eine spezifische »Tradition« zu (re-)konstruieren, ist neueren Datums, und bisher hat noch keine der vorgelegten Konstruktionen weite Anerkennung gefunden. Die im folgenden aufgelisteten Bücher vermitteln eine nützliche Einleitung zu diesen Kontroversen. Einige, wie die Arbeiten von Buber und Scholem, sind älteren Datums und – freilich in innovativer Weise – ganz spezifischen, konventionellen Themen aus der jüdischen Tradition gewidmet; die übrigen Titel sind ziemlich neu und zumeist umfassender angelegt. *(Michael Walzer)*

David BIALE, *Power and Powerlessness in Jewish History*, New York: Schocken Books, 1986.

Martin BUBER, *Kingship of God*, 1967, reprinted Atlantic Highlands, New Jersey: Humanities Press, 1990.

Daniel J. ELAZAR, editor, *Kinship and Consent: The Jewish Political Tradition and its Contemporary Uses*, Ramat Gan, Israel: Turtledove Publishing, 1981.

Daniel J. ELAZAR, *Covenant and Polity in Biblical Israel*, New Brunswick, New Jersey: Transaction Publishers, 1995.

Yeshayahu LEIBOWITZ, *Judaism, Human Values, and the Jewish State*, edited by Eliezer Goldman, Cambridge, Mass.: Harvard University Press, 1992.

Jacob NEUSNER, *Rabbinic Political Theory: Religion and Politics in the Mishnah*, Chicago: University of Chicago Press, 1991.

David NOVAK, Jewish Social Ethics, New York: Oxford University Press, 1992.

Gershom SCHOLEM, *The Messianic Idea in Judaism,* New York: Schocken Books, 1971.

Martin SICKER, *The Judaic State: A Study in Rabbinic Political Theory*, New York: Praeger, 1988.

Gershom WEILER, *Jewish Theocracy*, Leiden: E. J. Brill, 1988.

(b) Jüdische Identität und europäische Diaspora

Armand ABÉCASSIS, *La pensée juive*, 4 Bde., Paris 1987–1996.

Hannah ARENDT, *Die verborgene Tradition. Acht Essays*, Frankfurt/M. 1976.

H. H. BEN-SASSON, *Geschichte des jüdischen Volkes. Von den Anfängen bis zur Gegenwart*, München (3. Aufl.) 1995.

Martin BUBER, *Der Jude und sein Judentum. Gesammelte Aufsätze*, 2. Aufl., Heidelberg 1993.

S. N. EISENSTADT, *Die Transformation der israelischen Gesellschaft*, Frankfurt/M. 1987.

Johann MAIER (Hg.), *Die Kabbalah*, München 1995.

Jacques MARITAIN, *L'impossible Antisémitisme*, Paris 1994.

Arnaldo MOMIGLIANO, *Die Juden in der Alten Welt*, Berlin 1988.

André NEHER, *Jüdische Identität*, Hamburg 1995.

Sergio QUINZIO, *Die jüdischen Wurzeln der Moderne*, Frankfurt/M. – New York 1995.

Franz ROSENZWEIG, *Der Stern der Erlösung* (1921), Frankfurt/M. 1988.

Gershom SCHOLEM, *Judaica*, 5 Bde., Frankfurt/M. 1986–1995.

Bernard WASSERSTEIN, *Vanishing Diaspora. The Jews in Europe since 1945*, Cambridge, Mass. 1996.

6. Islam und Westen – Islam im Westen

Wie üblich stammt die beste Einführung von Bernard Lewis, als beste aktuelle Darstellung sei auf die zeitgeschichtlichen Bilanzen von Reinhard Schulze oder von Olivier Roy (s. u. unter 8. Fundamentalismus) verwiesen.

Rifa'a Rafi' AL-TAHTAWIs Bericht über Paris: *Ein Muslim entdeckt Europa*, München 1988.

Mohammed ARKOUN, *Essais sur la pensée islamique*, Paris 1984.

Archives de Sciences Sociales des religions, 40. Jg., No. 92 (Octobre – Décembre 1995), Themenheft: »L'Islam en Europe«.

Carsten COLPE, *Problem Islam* (2. Aufl.), Weinheim 1994.

Ernest GELLNER, *Der Islam als Gesellschaftsordnung*, München 1991.

Gilles KEPEL, *Les banlieues de l'Islam*, Paris 1987.

Gilles KEPEL, *Allah im Westen*, München 1996.

G. KEPEL / Yann RICHARD (Hg.), *Intellectuels et militants de l'Islam contemporain*, Paris 1991.

Claus LEGGEWIE, *Alhambra – Der Islam im Westen*, Reinbek 1993.

Bernard LEWIS, *Islam and the West*, Oxford 1993.

Bernard LEWIS, *Die Welt der Ungläubigen. Wie der Islam Europa entdeckte*, Frankfurt/M. – Berlin 1987.

Bernard LEWIS, *Die politische Sprache des Islam*, Berlin 1991.

Bernard LEWIS, *Europe – Islam. Actions et Réactions*, Paris 1995.
Bernard LEWIS, *Der Atem Allahs. Die islamische Welt und der Westen* (i. O.: The Shaping of the Modern Middle East), Wien–München 1994.
Bernard LEWIS / Dominique SCHNAPPER (Hg.), *Musulmans en Europe*, Arles 1992.
Tilman NAGEL, *Geschichte der islamischen Theologie. Von Mohammed bis zur Gegenwart*, München 1994.
Gernot ROTTER (Hg.), *Die Welten des Islam. Neunundzwanzig Vorschläge, das Unvertraute zu verstehen*, Frankfurt/M. 1993
Chantal SAINT-BLANCAT, *L'islam della diaspora*, Roma 1995.
Reinhard SCHULZE, *Geschichte der islamischen Welt im 20. Jahrhundert*, München 1994.
Bassam TIBI, *Im Schatten Allahs. Der Islam und die Menschenrechte*, München–Zürich 1994.

7. Konflikt und Dialog zwischen den Religionen des Buchs

Da die ökumenische und ›Weltethos‹-Literatur so reichlich fließt wie die wohlwollenden Worte auf manchen interkonfessionellen Andachten und interreligiösen Dialogveranstaltungen [regelmäßig informieren darüber kann man sich in der Zeitschrift *Dialog der Religionen* und im Bulletin der Wiener KWR – »Kontaktstelle Weltreligionen« – *Religionen unterwegs*], seien hier lieber zwei ältere Außenseiter hervorgehoben: Petrus Abälards philosophischer Dialog und Arnold Toynbees weltpolitische Bilanz.

Petrus ABÄLARD, *Gespräch eines Philosophen, eines Juden und eines Christen*, Frankfurt/M.–Leipzig 1995.
Serge S. AVERINCEV, *Atene e Gerusalemme. Contrapposizione e incontro di due principi creativi*, Roma 1994.
Ernst-Wolfgang BÖCKENFÖRDE / Edward SHILS (Hg.), *Jews and Christians in a Pluralistic World*, London–New York 1991.
Michael VON BRÜCK / Jürgen WERBICK (Hg.), *Der einzige Weg zum Heil. Die Herausforderung des christlichen Absolutheitsanspruchs durch pluralistische Religionstheologien*, Freiburg/Br.–Basel–Wien 1993.
CUSANUS: Nicolai de Cusa, *Cribratio Alkorani – Sichtung des Korans*, 3 Bde., Hamburg 1989.
Esprit, No. 220 (H. 4, Avril 1996), Themenschwerpunkt: »Le choc des cultures à l'heure de la mondialisation«.
Albert HOURANI, *Der Islam im europäischen Denken*, Frankfurt/M. 1994.
Samuel P. HUNTINGTON, »The Clash of Civilizations«, *Foreign Affairs*, Vol. 72, No. 3 (Summer 1993).

Samuel P. HUNTINGTON, *Kampf der Kulturen. Die Neugestaltung der Weltpolitik im 21. Jahrhundert*, München 1996.

Hans KÜNG, *Projekt Weltethos*, München–Zürich 1990.

Hans KÜNG / Josef VAN ESS, *Christentum und Weltreligionen – Islam*, Tb.-Ausg.: München–Zürich 1994.

Hans KÜNG / Karl-Josef KUSCHEL (Hg.), *Kein Weltfrieden ohne Religionsfrieden. Antworten aus den Weltreligionen*, München–Zürich 1993.

Hans KÜNG / Karl-Josef KUSCHEL (Hg.), *Erklärung zum Weltethos. Die Deklaration des Parlaments der Weltreligionen*, München–Zürich 1993.

Karl-Josef KUSCHEL, *Streit um Abraham. Was Juden, Christen und Muslime trennt – und was sie eint*, München–Zürich 1994.

Karl-Josef KUSCHEL (Hg.), *Christentum und nichtchristliche Religionen*, Wiesbaden 1994.

Bernard LEWIS, *Cultures in Conflict. Christians, Muslims and Jews in the Age of Discovery*, Oxford–New York 1995.

Kurt NOWAK / Gérard RAULET (Hg.), *Protestantismus und Antisemitismus in der Weimarer Republik*, Frankfurt/M. 1994.

Karl Heinrich RENGSTORF / Siegfried VON KORTZFLEISCH (Hg.), *Kirche und Synagoge. Handbuch zur Geschichte von Christen und Juden.* Darstellung mit Quellen, 2 Bde., Stuttgart 1968, Tb.-Ausg. München 1988.

Steven RUNCIMAN, *Geschichte der Kreuzzüge*, 3 Bde., München 1957–1960 (Sonderausg. in 1 Bd.: München 1995).

Christoph SCHULTE (Hg.), *Deutschtum und Judentum. Ein Disput unter Juden aus Deutschland*, Stuttgart 1993.

Arnold TOYNBEE, *The World and the West.* The Reith Lectures, Oxford 1953.

Henry VAN STRAELEN S.V.D., *L'église et les religions non chrétiennes au seuil du XXI. siècle*, Paris 1994.

8. Fundamentalismus und Moderne

Kein Schlagwort ist so umstritten wie der Fundamentalismus. Empirisch nahezu flächendeckend (begrifflich freilich nicht einheitlich) sind die demnächst fünf Bände des von Martin Marty und Scott Appleby koordinierten ›Fundamentalismus-Projekts der amerikanischen Akademie der Künste und Wissenschaften‹, theoretisch am gehaltvollsten ist Martin Riesebrodts Studie. Politisch wichtig sind die Arbeiten von Olivier Roy zum Islam(ismus). Meine eigene Auffassung habe ich in Thomas Meyers Sammelband und später auch in einer Fallstudie zur Katholischen Bewegung Comunione e Liberazione präzisiert.

349

Sadik J. AL-AZM, *Unbehagen in der Moderne. Aufklärung im Islam*, Frankfurt / M. 1993.

Uwe BIRNSTEIN (Hg.), *Gottes einzige Antwort. Christlicher Fundamentalismus als Herausforderung an Kirche und Gesellschaft*, Düsseldorf 1990.

Dialog der Religionen, Heft 1 / 1994: Themenheft »Fundamentalismus«.

Mark JUERGENSMEYER, *The New Cold War. Religious Nationalism Confronts the Secular State*, Berkeley, ca. 1993.

Otto KALLSCHEUER, »Katholischer Integralismus als postmoderne Bewegung«, in: *Religion und Kultur* [Sonderband Nr. 33 der *Kölner Zeitschrift für Soziologie und Sozialpsychologie*], Opladen 1993.

Gilles KEPEL, *Die Rache Gottes*, München–Zürich 1991.

Gilles KEPEL, *Der Prophet und der Pharao*, München–Zürich 1995.

Hubert KOCHANEK (Hg.), *Die verdrängte Freiheit. Fundamentalismus in den Kirchen*, Freiburg/Br.–Basel–Wien 1991.

Martin E. MARTY / R. Scott APPLEBY (Hg.), *The Fundamentalism Project*, Chicago and London 1991 ff. [bisher erschienen Bd. 1, *Fundamentalisms Observed*; Bd. 2, *Fundamentalisms and Society*; Bd. 3, *Fundamentalisms and the State*, usw.].

Martin E. MARTY / R. Scott APPLEBY, *Herausforderung Fundamentalismus*, Frankfurt/M.–New York 1996.

Thomas MEYER (Hg.), *Fundamentalismus in der modernen Welt*, Frankfurt/M. 1989.

Bahman NIRUMAND (Hg.), *Im Namen Allahs. Islamische Gruppen und der Fundamentalismus in der Bundesrepublik Deutschland*, Köln 1990.

Prokla. Zeitschrift für kritische Sozialwissenschaft, No. 96/Sept. 1994 (Sonderheft: »Fundamentalismus und neue Religiosität«).

Martin RIESEBRODT, *Fundamentalismus als patriarchalische Protestbewegung. Amerikanische Protestanten (1910–1928) und iranische Schiiten (1961–1979)*, Tübingen 1990.

Olivier ROY, *L'echec de l'Islam politique*, Paris 1992 (auch in engl. Übers. erschienen).

Olivier ROY, »Le néo-fondamentalisme islamique ou l'imaginaire de l'oummah«, in: *L'Esprit*, No. 220 (Heft 7, April 1996).

Bassam TIBI, *Die Krise des vormodernen Islam. Eine vorindustrielle Kultur im wissenschaftlich-technischen Zeitalter*, Frankfurt/M. 1991.

Bassam TIBI, *Islamischer Fundamentalismus, moderne Wissenschaft und Technologie*, Frankfurt / M. 1992.

Bassam TIBI, *Die fundamentalistische Herausforderung. Der Islam und die Weltpolitik*, München 1992.

Malika ZEGAL, *Gardiens de l'islam. Les oulémas d'Al Azhar dans l'Egypte contemporaine*, Paris 1996.

9. Status quo und aktuelle Tendenzen
Bestandsaufnahmen zur religiösen Wirklichkeit in Europa

Die europäische Diskussion kann sich mittlerweile durchaus auf komparative Datenerhebungen stützen; siehe in den jeweiligen Ländern die entsprechenden Arbeiten von Zulehner, Garelli, Hervieu-Léger, Dobbelaere, Gabriel etc. Das beste Gesamtbild vermitteln die beiden Bände der Fondazione Agnelli; einen guten soziologischen Überblick bietet für den deutschen Kontext (und mit Konzentration auf die katholische Kirche und das Verschwinden des kompakten katholischen Milieus) das Buch von Karl Gabriel; empfehlenswert ist auch der recht breitgefächerte Vergleich der Situation diesseits und jenseits der Oder im Sammelband des Deutschen Polen-Instituts, hg. von Ewa Kobylinska und Andreas Lawaty. Zum aktuellen Konflikt in Bosnien und seinen religionshistorischen Aspekten bietet Noel Malcolms Buch einen guten Überblick.

AGNELLI-Stiftung: Fondazione Agnelli (Hg.), *La religione degli europei*, 2 Bde., Torino 1992/93.

Sheena ASHFORD / Noel TIMMS, *What Europe thinks. A Study of Western Values*, Dartmouth 1992.

Jörg BERGMANN, Alois HAHN und Th. LUCKMANN (Hg.), *Religion und Kultur*, Opladen 1933 [= Sonderheft der *Kölner Zeitschrift für Soziologie und Sozialpsychologie*, Bd. 33].

Grace DAVIE, *Religion in Britain since 1945. Believing without Belonging*, Oxford 1994.

Grace DAVIE / Danièle HERVIEU-LÉGER (Hg.), *Identités religieuses en Europe*, Paris 1996.

Michel DE CERTEAU / Jean-Marie DOMENACH (Hg.), *Le christianisme éclaté*, Paris 1974.

Forschungsjournal Neue Soziale Bewegungen, No. 3–4/1994 (Sonderheft: »Die herausgeforderten Kirchen. Religiosität in Bewegung«).

Karl GABRIEL, *Christentum zwischen Tradition und Postmoderne*, Freiburg/Br. – Basel – Wien 1992.

Franco GARELLI, *Religione e chiesa in Italia*, Bologna 1991.

Franco GARELLI, *Forza della religione e debolezza della fede*, Bologna 1996.

Franco GARELLI / Marcello OFFI (Hg.), *Fedi di fine secolo*, Milano 1995 [Ergebnisse der im Rahmen des International Social Survey Programme zu Anfang der 90er Jahre erhobenen Daten zur Religiosität in 13 Ländern, von den USA bis zu den Philippinen].

Danièle HERVIEU-LÉGER, *Vers un nouveau christianisme?*, Paris 1986.

Peter HÜNERMANN (Hg.), *Das neue Europa. Herausforderungen für Kirche und Theologie*, Freiburg/Br. – Basel – Wien 1993.

Otto KALLSCHEUER, *Gottes Wort und Volkes Stimme*, Frankfurt/M. 1994.
Franz Xaver KAUFMANN / Arnold ZINGERLE (Hg.), *Vatikanum II und Modernisierung. Historische, theologische und soziologische Perspektiven*, Paderborn 1996.
Ewa KOBYLINSKA / Andreas LAWATY (Hg.), *Religion und Kirche in der modernen Gesellschaft. Polnische und deutsche Erfahrungen* [Veröffentlichungen des Deutschen Polen-Instituts Darmstadt, Bd. 8], Wiesbaden 1994.
Noel MALCOLM, *Geschichte Bosniens*, Frankfurt/M. 1996.
Guy MERMET, *Euroscopie*, Paris 1991 (dt.: *Die Europäer*, München).
Paul M. ZULEHNER / Hermann DENZ, *Wie Europa lebt und glaubt*, Düsseldorf 1993 [Ergebnisse der 1981–83 und 1990/91 durchgeführten Erhebungen der empirischen Wertestudie: European Value System Study Group].

10. Kirche und Staat

a) Die gespaltene europäische Christenheit
   Literaturhinweise von Trutz Rendtorff

William A. CLEBSCH, *Christianity in European History*, 1979.
Europa und der Protestantismus, hg. von B. BRENNER, 1993.
Franz X. KAUFMANN, *Religion und Modernität*, 1989.
Kirchen im Kontext unterschiedlicher Kulturen, hg. von G. KRETSCHMAR u. a., 1991.
Talcott PARSONS, *Christianity. International Encyclopedia of the Social Sciences*, Bd. 2, 1968.
Josef RATZINGER, *Wendezeit für Europa?*, Freiburg/Br. – Basel – Wien 1991.
Trutz RENDTORFF (Hg.), *Protestantische Revolution?*, 1993
L. SCHEFFCZYK, *Die Christenheit in Europa*. Forum Katholische Theologie 8, 1992.
Rolf SCHIEDER, *Civil Religion*, Gütersloh 1988.
Ernst TROELTSCH, *Die Soziallehren der christlichen Kirchen und Gruppen*. Neudruck 1994.

(b) Kirche, Staat, Religion und politische Kultur

Drei Empfehlungen: Jacques Maritain fürs Grundsätzliche, Ernst Wolfgang Böckenförde für die staatsrechtlichen Fragen und Ronald Dworkin für ein konkretes normatives Minenfeld. (Zum Gegen-Modell USA siehe in den 70er Jahren die Debatten zur Civil Religion, und heute philosophisch John Rawls und theologisch Thiemann.) Kurt Nowaks politische Geschichte des

Christentums in Deutschland seit der Aufklärung wird wohl für einige Zeit ein Standardwerk bleiben.

Lord ACTON, *Selected Writings of Lord Acton*, ed. by J. Rufus Fears, 3 Bde., Indianapolis 1985.

Robert N. BELLAH, *The Broken Covenant. American Civil Religion in the Time of Trial* (2. erw. Aufl.), Chicago 1992.

Robert N. BELLAH / Pillip HAMOND, *Varieties of Civil Religion*, New York 1980.

Ernst W. BÖCKENFÖRDE, *Schriften zu Staat – Gesellschaft – Kirche*, 3 Bde., Freiburg/Br. – Basel – Wien 1989.

José CASANOVA, *Public Religions in the Modern World*, Chicago 1994.

Clark E. COCHRAN, *Religion in Public and Private Life*, New York – London 1990.

Alain CORBIN, *Die Sprache der Glocken. Ländliche Gefühlskultur und symbolische Ordnung im Frankreich des 19. Jahrhunderts*, Frankfurt/M. 1996.

Ronald DWORKIN, *Die Grenzen des Lebens. Abtreibung, Euthanasie und persönliche Freiheit*, Reinbek b. Hamburg 1994.

Ernest GELLNER, *Bedingungen der Freiheit. Die Zivilgesellschaft und ihre Rivalen*, Stuttgart 1995.

Kent GREENWALT, *Religious Convictions and Political Choice*, New York – Oxford 1988.

Heinz KLEGER / Alois MÜLLER (Hg.), *Religion des Bürgers. Zivilreligion in Amerika und Europa*, München 1986.

Claude LEFORT, »Permanence du théologico-politique?«, in: *Le temps de la reflexion*, II (Themenschwerpunkt: »Le religieux dans le politique«), Paris 1981.

Hans MAIER, *Kritik der politischen Theologie*, München 1970.

Jacques MARITAIN, *Man and the State*, Chicago 1951.

Patrick MICHEL, *Politique et religion. La grande mutation*, Paris 1994.

A. Victor MURRAY, *The State and the Church in a Free Society* (The Hibbert Lectures, 1957), Cambridge 1958.

Richard John NEUHAUS, *The Naked Public Sphere. Religion and Democracy in America*, Grand Rapids, Mich. 1984.

Kurt NOWAK, *Geschichte des Christentums in Deutschland*, München 1995.

Dallin H. OAKS (Hg.), *The Wall between Church and State*, Chicago 1963.

Pouvoirs, No. 75/1995 (Themenheft: »La laicité«).

John RAWLS, *Political Liberalism*, New York 1993.

Rolf SCHIEDER, *Civil Religion. Die religiöse Dimension der politischen Kultur*, Gütersloh 1987.

Ronald F. THIEMANN, *Religion in Public Life. A Dilemma for Democracy*, Washington, D. C. 1996.

G. WEWER / H. ABROMEIT (Hg.), *Die Kirchen und die Politik*, Opladen 1989.

11. Säkularisierung, Religion und Moderne

Die letzten beiden Abschnitte bedürfen keiner besonderen Kommentierung; es werden unter 11. vor allem theoretische Standard-Autoren bzw. Hinführungen oder Kommentare zu ihnen genannt. Empfehlung: Peter Bergers »Zwang zur Häresie« und (in 12.) Michael Walzers Aufsatz zum politischen Problem der Toleranz.

Robert N. BELLAH, *Beyond Belief. Essays on Religion in a Post-Traditional World*, Berkeley, ca. 1971.

Peter L. BERGER, *Zur Dialektik von Religion und Gesellschaft. Elemente einer soziologischen Theorie*, Frankfurt/M. 1973.

Peter L. BERGER, *Der Zwang zur Häresie. Religion in der pluralistischen Gesellschaft*, Frankfurt/M. 1980.

Peter L. BERGER, *Auf den Spuren der Engel. Die moderne Gesellschaft und die Wiederentdeckung der Transzendenz* (2., erw. Aufl.), Freiburg i. Br. 1991.

Peter L. BERGER, *Sehnsucht nach Sinn. Glauben in einer Zeit der Leichtgläubigkeit*, Frankfurt/M. – New York 1994.

P. BERGER / Th. LUCKMANN, *Modernität, Pluralismus und Sinnkrise*, Gütersloh 1995.

Pierre BOURDIEU, *Rede und Antwort*, Frankfurt/M. 1992.

Pierre BOURDIEU, *Raisons pratiques*, Paris 1994.

Sigrid BRANDT, *Religiöses Handeln in moderner Welt. Talcott Parsons' Religionssoziologie im Rahmen seiner allgemeinen Handlungs- und Systemtheorie*, Frankfurt/M. 1993.

Jacques DERRIDA/Gianni VATTIMO (Hg.), *La Religione* (Annuario Filosofico Europeo), Roma – Bari 1996.

Ernest GELLNER, *Pflug, Schwert und Buch*, Stuttgart 1990 (München 1993).

Jürgen HABERMAS, *Theorie des kommunikativen Handelns*, 2 Bde., Frankfurt/M. 1981.

Jürgen HABERMAS, *Faktizität und Geltung*, Frankfurt/M. 1992.

Danièle HERVIEU-LÉGER, *La religion pour mémoire*, Paris 1993.

Peter KOSLOWSKI (Hg.), *Die religiöse Dimension der Gesellschaft. Religion und ihre Theorien*, Tübingen 1985.

Gilles LIPOVETZKY, *La crépuscule du devoir*, Paris 1992.

Thomas LUCKMANN, *Die unsichtbare Religion*, Frankfurt/M. 1991.

Niklas LUHMANN, *Funktion der Religion*, Frankfurt/M. 1982.

Niklas LUHMANN, »Die Ausdifferenzierung der Religion«, in: ders., *Gesellschaftsstruktur und Semantik*, Bd. 3, Frankfurt/M. 1989.

Giacomo MARRAMAO, *Die Säkularisierung der westlichen Welt*, Frankfurt/M. – Leipzig 1996.

David MARTIN, *A General Theory of Secularization*, Oxford 1978.

Karl MARX, »Zur Judenfrage«, in: *Deutsch-Französische Jahrbücher* (1844) [in: MEW, Bd. 1].

Wolfhart PANNENBERG, *Christentum in einer säkularisierten Welt*, Freiburg i. Br. 1988.

Friedrich SCHLEIERMACHER, *Über die Religion* (1799), Stuttgart 1969.

Hans-Horst SCHREY (Hg.), *Säkularisierung* [*Wege der Forschung*-Sammelbd.], Darmstadt 1981.

Charles TAYLOR, *Quellen des Selbst. Die Entstehung der neuzeitlichen Identität*, Frankfurt/M. 1994.

Ernst TROELTSCH, *Die Bedeutung des Protestantismus für die Entstehung der modernen Welt*, München 1924.

Ernst TROELTSCH, *Die Soziallehren der christlichen Kirchen und Gruppen*, Tübingen 1912 (Neudruck 1994).

Gianni VATTIMO, *Credere di credere*, Milano 1995.

Max WEBER, *Gesammelte Aufsätze zur Religionssoziologie*, 3 Bde., Tübingen 1920.

Robert WUTHNOW, *Rediscovering the Sacred. Perspectives on Religion in Contemporary Society*, Grand Rapids, Mich. 1992

12. Multireligiöse Gesellschaft, Multikulturalismus, Toleranz

Edmund ARENS (Hg.), *Anerkennung des Anderen. Eine theologische Grundlegung interkultureller Kommunikation*, Freiburg/Br. – Basel – Wien 1995.

Friedrich BALKE / Rebekka HABERMAS / Patrizia NANZ / Peter SILLEM (Hg.), *Schwierige Fremdheit. Über Integration und Ausgrenzung in Einwanderungsländern*, Frankfurt/M. 1993.

Comunità di Sant'Egidio (Hg.), *Stranieri nostri fratelli. Verso una società multirazziale*, Brescia 1989.

Alexander DEMANDT (Hg.), *Mit Fremden leben. Eine Kulturgeschichte von der Antike bis zur Gegenwart*, München 1995.

Claus LEGGEWIE, *multi kulti. Spielregeln für die Vielvölkerrepublik*, Berlin 1990.

Charles TAYLOR u. a., *Multikulturalismus und die Politik der Anerkennung*, Frankfurt/M. 1993.
Michael WALZER, »Politik der Differenz. Staatsordnung und Toleranz in der multikulturellen Welt«, in: *Transit*, H. 8 (Herbst 1994).

Personenregister

(Die kursiv gesetzten Ziffern verweisen auf den Anhang)

Hinweis

Kürzere Fassungen der Beiträge David Martins und José Casanovas erschienen bereits im Heft 8 der Zeitschrift *Transit*. Für diese Ausgabe wurden sie erweitert bzw. die Übersetzungen vom Herausgeber neu redigiert.
Alle Zwischenüberschriften stammen vom Herausgeber.

Über die Autoren

Rémi Brague, geboren 1947, ist Professor für arabische Philosophie an der Pariser Sorbonne. Er lehrte und forschte u. a. in der Schweiz (Universität Lausanne) und in den USA (Penn State University, Boston University). Er veröffentlichte u. a. einen Kommentar zu Platons Menon (1978) sowie *Du temps chez Platon et Menon* (Paris 1982); *Aristote et la Question du monde* (Paris 1988); und (als Hg.) *Saint Bernard et la Philosophie* (Paris 1993). In deutscher Übersetzung erschien: *Europa. Eine exzentrische Identität* (Frankfurt/M.–New York 1993).

José Casanova, geboren 1951, ist Professor für Soziologie an der New School for Social Research (Graduate Faculty). Er veröffentlichte u. a. *Public Religions in the Modern World* (Chicago 1994); *The Opus Dei Ethic and the Modernization of Spain* (i. E.).

Dan Diner, geboren 1946, ist Professor für Neuere und Außereuropäische Geschichte an der Universität Essen-GHS sowie an der Universität Tel Aviv (Institut für deutsche Geschichte). Er veröffentlichte u. a. *Der Krieg der Erinnerungen und die Ordnung der Welt* (Berlin 1991); *Verkehrte Welten. Antiamerikanismus in Deutschland* (Frankfurt/M. 1993); *Weltordnungen* (Frankfurt/M. 1993).

Otto Kallscheuer, geboren 1950, ist Philosoph und Politologe und war Mitglied des Institute for Advanced Study in Princeton. Er veröffentlichte u. a. *Marxismus und Erkenntnistheorie in Westeuropa* (Frankfurt/M.–New York 1986); *Glaubensfragen* (Frankfurt/M. 1991); *Gottes Wort und Volkes Stimme* (Frankfurt/M. 1994).

Bernard Lewis, geboren 1916, ist Professor Emeritus für Nahost-Studien an der Princeton University. Er war langjähriges Mitglied des Institute for Advanced Study (Princeton), Mitherausgeber der *Encyclopedia of Islam* (1956–1986) und der *Cambridge History of Islam* (1970). Von seinen Büchern erschienen in deutscher Übersetzung u. a. *Die Welt der Ungläubigen*

(Frankfurt/M.–Berlin 1993); *Die Assassinen* (Frankfurt/M.–Nördlingen 1989); *Die politische Sprache des Islam* (Berlin 1991); *Der Atem Allahs* (Wien–München 1994).

Niklas Luhmann, geboren 1927, ist Professor für Soziologie Emeritus an der Universität Bielefeld. Er veröffentlichte u.a. *Funktion der Religion* (Frankfurt/M. 1977); *Soziale Systeme* (Frankfurt/M. 1984); *Soziologische Aufklärung*, 5 Bde. (Opladen 1970–1990); *Gesellschaftsstruktur und Semantik*, 4 Bde. (1980–1995); *Die Wissenschaft der Gesellschaft* (Frankfurt/M. 1990).

David Martin, geboren 1929, Professor für Soziologie Emeritus an der London School of Economics, war u.a. mehrjähriger Vorsitzender der internationalen Gesellschaft für Religionssoziologie; hat nach seiner Emeritierung (1990) u.a. an der Lancaster University, an der Southern Methodist University in Dallas und an der Oxford University gelehrt. Er veröffentlichte u.a. *A General Theory of Secularization* (Oxford 1978); und *Tongues of Fire. The Explosion of Protestantism in Latin America* (Oxford 1990).

Trutz Rendtorff, geboren 1931, ist Professor für Evangelische Theologie an der Universität München, Präsident der Ernst-Troeltsch-Gesellschaft, Vorsitzender der Kammer der Evangelischen Kirche Deutschlands für Öffentliche Verantwortung und Mitglied der Synode der EKD. Er hat u.a. das dreibändige *Handbuch der christlichen Ethik* (Neuaufl. 1993) und den Sammelband *Protestantische Revolution? Kirche und Theologie* (1993) herausgegeben und veröffentlichte zuletzt *Vielspältiges, Protestantische Beiträge zur ethischen Kultur* (Stuttgart 1991).

Martin Riesebrodt, geboren 1948, ist Associate Professor of Sociology and Sociology of Religion an der University of Chicago (Department of Sociology & Divinity School). Er hat Max Webers Studie zur Lage der ostelbischen Landarbeiter in der Max-Weber-Gesamtausgabe ediert (1984) und veröffentlichte u.a. *Fundamentalismus als patriarchalische Protestbewegung* (Tübingen 1990; auf englisch: Berkeley, Ca. 1993).

Robert Spaemann, geboren 1927, ist Professor für Philosophie Emeritus an der Universität München. Er ist Mitherausgeber des *Historischen Wörterbuchs der Philosophie* (1970 ff.) und veröffentlichte u.a. *Der Ursprung der Soziologie aus dem Geist der Restauration* (1957); *Reflexion und Spontaneität* (Stuttgart 1963); *Rousseau – Bürger ohne Vaterland* (München 1980); *Moralische Grundbegriffe* (München 1981); *Die Frage Wozu* (München 1981); *Das Natürliche und das Vernünftige* (München 1987); *Glück und Wohlwollen* (Stuttgart 1990).

364

Charles Taylor, geboren 1931, ist Professor für Politische Wissenschaft und Philosophie an der McGill University, Montreal, und Professor für Philosophie an der Université de Montréal. Von seinen Büchern erschienen in deutscher Übersetzung u. a.: *Erklärung und Interpretation in den Wissenschaften vom Menschen* (Frankfurt/M. 1975); *Hegel* (Frankfurt/M. 1978); *Negative Freiheit? Zur Kritik des neuzeitlichen Individualismus* (Frankfurt/M. 1988); *Multikulturalismus und die Politik der Anerkennung* (Frankfurt/M. 1993); *Quellen des Selbst* (Frankfurt/M. 1994).

Michael Walzer, geboren 1935, ist Professor für Sozialwissenschaft am Institute for Advanced Study (School for Social Science) in Princeton, New Jersey, Mitglied des American Jewish Congress und Herausgeber der Zeitschrift *Dissent.* Von Walzers Büchern erschienen in deutscher Übersetzung u. a.: *Gibt es einen gerechten Krieg?* (Stuttgart 1983); *Exodus und Revolution* (Berlin 1988); *Kritik und Gemeinsinn* (Berlin 1990); *Zweifel und Einmischung* (Frankfurt/M. 1991); *Sphären der Gerechtigkeit* (Frankfurt/M.–New York 1992); *Zivile Gesellschaft und amerikanische Demokratie* (Berlin 1992); *Lokale Kritik – Globale Standards* (Hamburg 1996).

Joscha Schmierer

Mein Name sei Europa

Einigung ohne Mythos und Utopie

Band 13212

Die europäische Einigung ist ins Stocken geraten, und das aus mehreren Gründen: Das Ende des Ost-West-Konflikts wirft die Frage auf, ob die nächsten Anstrengungen eher einer *Erweiterung* der Europäischen Union gelten sollen oder ob die *Vertiefung* der bisherigen, auf das westliche Europa beschränkten Gemeinschaft im Vordergrund stehen sollte. – Die Anforderungen, die die bevorstehende Währungsunion an die einzelnen Volkswirtschaften stellt, drohen die Zustimmung der Bürger zur europäischen Einigung zu erschüttern. – Einen ähnlichen Effekt hat auch das Demokratiedefizit der Europäischen Union: Die Entscheidungen aus Brüssel wirken immer direkter auf unser aller Leben, aber unsere Mitspracherechte sind derzeit noch unterentwickelt. Aus dem Blick gerät angesichts dieser aktuellen Schwierigkeiten leicht, was für ein gewaltiger Friedenserfolg allein die bisher schon erreichte europäische Einigung ist. Wer hätte vor fünfzig Jahren wohl zu hoffen gewagt, daß die europäischen Mächte wenige Jahrzehnte nach dem Zweiten Weltkrieg nicht mehr in Kriegen mit Massenheeren aufeinander losgehen würden, sondern in Konferenzen um Milchquoten streiten? In einer Reihe von historisch fundierten Essays, die die geopolitische Konstellation ebenso berücksichtigen wie die gegenwärtigen Entscheidungszwänge und die zukünftigen Weichenstellungen, plädiert Joscha Schmierer für eine entschlossene Fortsetzung der europäischen Einigung.

Fischer Taschenbuch Verlag

fi 474 / 3